◆ 省级特色专业武术与民族传统体育建设项目

中国式摔跤教程

U0719626

丛书编委会

主　任　于振海

副主任　胡玉玺

委　员　李远伟　阎　彬　田文林

本书编委会

主　编　胡玉玺　陈胜利

副主编　（按姓氏笔画排序）

　　　　王　跃　余省威　蔡海生

编　委　（按姓氏笔画排序）

　　　　凡　博　杨泽生　崔乃伦

西安交通大学出版社
XI'AN JIAOTONG UNIVERSITY PRESS

内容提要

本书从历史、教学、技法、防身、力量、评判与鉴赏等多个角度,对中国式摔跤进行了广泛的论述,其主要内容包括:中国式摔跤的历史、特点与作用,中国式摔跤与中国传统文化,中国式摔跤的教学手段、技术练习方法、力量练习方法和评判与鉴赏等。

本书可作为体育院校学生、普通高校学生专项选修课、校任选课的使用教材,也可作为喜欢中国式摔跤工作者的参考用书。

图书在版编目(CIP)数据

中国式摔跤教程/胡玉玺,陈胜利主编. —西安:西安交通大学出版社,2014.4(2021.12重印)
ISBN 978-7-5605-6115-8

Ⅰ.①中… Ⅱ.①胡… ②陈… Ⅲ.①中国式摔跤-高等学校-教材
Ⅳ.①G886.2

中国版本图书馆 CIP 数据核字(2014)第 063196 号

书　　名	中国式摔跤教程
主　　编	胡玉玺　陈胜利
责任编辑	王华丽　邱高翔

出版发行	西安交通大学出版社
	(西安市兴庆南路 1 号　邮政编码 710048)
网　　址	http://www.xjtupress.com
电　　话	(029)82668357　82667874(发行中心)
	(029)82668315(总编办)
传　　真	(029)82668280
印　　刷	西安五星印刷有限公司

开　　本	727mm×960mm　1/16　**印张** 20.125　**字数** 376 千字
版次印次	2014 年 5 月第 1 版　　2021 年 12 月第 6 次印刷
书　　号	ISBN 978-7-5605-6115-8
定　　价	49.80 元

读者购书、书店填货,如发现印装质量问题,请与本社发行中心联系、调换。
订购热线:(029)82665248　(029)82665249
投稿热线:(029)82668803
读者信箱:med_xjup@163.com

前言

中国式摔跤历史悠久、内容丰富、体系完备，是我国劳动人民在长期生活与斗争实践中创造的，是一项优秀的民族文化遗产，是中国传统体育不可分割的重要部分，体现浓厚的东方文化色彩。中国式摔跤对于增强体质、防身抗暴、娱乐观赏、振奋民族精神、培养意志品质等都具有十分重要的作用，因而，备受世界各国人民的广泛推崇，也深受人们的喜爱。

目前，我国普通高校大学生对中国式摔跤的历史发展、技术动作了解甚少，同时在我国普通高校针对大学生开展中国式摔跤这一中国传统体育项目的学校又非常少，这十分不利于这一优秀的民族文化遗产的健康持续发展。为了继承和发展民族传统体育文化遗产，同时随着社会的发展和进步，大学生健康教育的质量与品位也在不断提高，需要掌握更多健身手段与方法，尤其是广大青年学生需要具有一定个性的特色运动，并有专业性和多样性需求。适应时代发展与学生需求，本书在编写过程中着重体现了以下几个特点。

坚持面向全体大学生的"以人为本，健康第一，终身体育"的指导思想。依据大学生身心发展特点，遵循教育和体育规律，全面理解新的《全国普通高等学校体育课程教学指导纲要》的课程理念、课程性质和课程价值，根据其规定的课程目标，即运动参与、运动技能、身体发展、心理发展和社会适应等五个领域目标进行编写；在编写过程中，坚持科学性、教育性、健康性、兴趣性、发展性、指导性和富有特色、继承中国传统体育的原则；在课程内容设置上，坚持中国式摔跤的健身性与文化性相结合，选择性与实效性相结合，科学性与可接受性相结合，民族性与世界性相结合，共性与个性相结合的原则，充分反映和体现教育部、国家体育总局制定的《学生体质健康标准（试行方案）》的内容与要求。

本书在继承中国式摔跤的基础上，以普通高校大学生为教学对象，对一些传统的技术进行了改进，并根据普通高校大学生教学过程的需求以及教学实践经验，对中国式摔跤的技术体系进行了重新分类与排列，增加了一些现代体育教学及训练的相关内容，以适应普通高校大学生教学过程。内容选择上紧紧围绕"大学生""健身防身""实用"等核心理念，力求使学生感到有意义、有趣味、有指导性。其次，框架体系和体例新颖，是一项有益的尝试，也是本书的一个特色。

1

　　由于清代是中国式摔跤形成的关键时期,因而其在动作名称和手法上还保留有满族、蒙古族与北京地方语的痕迹,在读音和用字上并不一致,为此,本书对此类问题也做了一些修正。在本书的编写过程中,我们深深感到传统体育的研究与发展任务十分艰巨,需要广大同行及多学科的同仁共同参与。

　　本书是郑州大学体育学院"武术与民族传统体育省级特色专业"的重要建设内容与成果,该书的编写得到了郑州大学体育学院领导与学院专业建设委员会的关心与支持。胡玉玺、陈胜利、蔡海生、王跃、余省威等几位同志具体承担了本书的编写任务。其中,王跃教授审定了本书的编写思路与纲目,并担任了全书的修订工作与技术指导;胡玉玺编写了第一、二、五、七章;陈胜利编写了第八章;蔡海生编写了第六章;余省威编写了第三、四章;在王跃教授的指导下,郑州大学体育系研究生参与完成了第九章"中国式摔跤运动损伤与预防"的编写工作,其中凡博参与了该书第九章第一节、第二节的编写工作,崔乃伦参与了该书第九章第三节的编写工作,杨泽生参与了该书第九章第四节的编写工作。全书技术示范动作由郑州大学体育学院学生李长琨、王杰进行示范;技术摄像由郑州大学体育学院袁晋文同志完成,教学游戏的组织摄像由乔梁同志完成。感谢郑州大学体育学院摔跤班的学生参与完成教学游戏组织部分的摄像工作。

　　该书在编写中引用和借鉴了相关著作内容与成果,在此一并致谢。由于作者水平有限、编写时间短促,书中难免存在一些不足之处,真诚希望专家与读者提出宝贵建议,以便今后进行修订与完善。

作者

目　录

1

第一章 中国式摔跤概述

内容提示：在中国式摔跤概述这一章节中主要对摔跤的基本概念、中国式摔跤的基本概念、中国摔跤产生的萌芽、秦汉至南北朝时期中国摔跤的发展、隋唐至宋时代中国摔跤盛行、元明清时代中国摔跤多民族的融合、民国时期的中国式摔跤运动、中华人民共和国成立后中国式摔跤的发展、世界各地发展中国式摔跤概况等内容进行了阐释。

第一节　中国式摔跤的形成与发展

一　摔跤的基本概念

摔跤，是人类为了生存，与自然万物搏斗、进化，逐步演变形成的一种防身健体的自卫运动。我们知道，摔跤运动是世界上最古老的体育项目之一。由于各个国家和民族的特点不同，产生出各种风格的摔法。现今世界摔跤有四大项，五个种类：①国际式摔跤，分自由式、古典式两种；②中国式摔跤；③柔道；④相扑；⑤桑勃摔跤。

二　中国式摔跤的基本概念

中国式摔跤是以摔的技术为主体的，起源于徒手武术中的一门专门技术。它是中国武术中的踢、打、摔、拿四大主技之一。后来它和踢、打、拿分开了，集各个武术门派的精华，徒手动作，自成一门，但现在和拳术仍有联系，只是各自发展了。它是历史上中国摔跤整合、升华与规范化的产物。其技术特点简称"一倒一立"，即两名运动员在对抗中，通过使用技法使对方身体三点着地即不再对抗，即没有像柔道的"寝技"，故又称"站立跤"。就我国摔跤来说，有山西跤（以抱腿著称）、蒙古跤、西藏跤、朝鲜跤等，种类繁多。我国摔跤在 20 世纪 60 年代初期，由北京体育大学王德英教授正式定名为"中国式摔跤"。

通过观摩、演练摔跤，我们会感受到国际跤跪撑、坐桥、双肩触地的残酷；柔道关节技、绞技、擒技使人窒息，及反关节使用的残忍；中国式摔跤，逆关节为犯规，将对手摔至躯干着地，也为保护对方自己保持站立者得 2 分，将对方摔倒，自己也倒下后落地，或在对方身体上失掉平衡得 1 分，并且中国式摔跤的技术动作远远多出国际跤及柔道的技术动作。我们通过演练中国式摔跤，会发现东方中华民族是一个充满爱意、友谊、善良和智慧的伟大民族，我们因此而自豪。中国式摔跤是遵照一定的规则、二人徒手相搏、使用各种摔跤技法将对方摔倒的一项民族形式的传统体育。其悠久的历史，丰富的技理，在健身、防身、尚礼、自娱等理论观念指导下，深受中国古代哲学、儒家伦理、武学兵家、传统美学的影响。在长期发展演变的过程中，逐步形成了自身的运动规律，并以其独特的技术风格著称于世，成为祖国文化遗产的一部分。

中国式摔跤是中国历史上各民族摔跤运动发生、发展最后整合、升华、规范与现代化的产物。研究中国摔跤运动发展的历史，有助于我们了解中国式摔跤形成的历史背景，并完整地理解中国式摔跤的民族特色和文化内涵。"只有民族的，才是世界的"，我们应当从历史中寻根溯源，理清脉络，为继承和发展民族优秀的摔跤文化奠定基础。摔跤是我国最古老的体育项目之一。由于我国历史悠久，地域广阔，摔跤的叫法很多，古代称摔跤为"角抵""角力""相扑""争跤""掼跤""摔角"，到了近代才统一叫做"摔跤"。

三　中国摔跤产生的萌芽

根据文字记载和传说，早在 4000 年前，原始人为了求得生存，在狩猎过程中，在人与人或部落与部落之间的冲突中，利用徒手搏斗的形式，以求得食物或自卫，便产生了原始的摔跤动作。

公元前 11 世纪，周朝初年，摔跤作为练兵的一项军事科目出现。据《礼记·月令》中记载："孟冬之月……天子乃命将帅讲武，习射御角力。"由于当时兵器差，射箭、驾车、角力都是军队操练的主要科目。

另外，原始人无意识地追扑嬉戏活动以及同类间求偶竞争也是摔跤活动的来源之一。因为在原始社会中，男子为了显示勇力或取悦于心慕的女性，最简单又最方便的方式就是徒手摔跤。这也是摔跤活动的重要起源。再次，古代原始战争中，除了使用棍、棒、刀、枪、斧、箭等兵器外，注重力量和勇气的徒手搏斗仍占重要的地位。据《史记·五帝本记》载："轩辕氏初立，有蚩尤氏兄弟七十二人，铜头铁臂……轩辕氏诛之于琢鹿之野户。"铜头铁臂是指头戴着有角的面具、护具，使用顶及摔法取胜，因此摔跤在中国曾被称为"角抵"，相传起源于蚩尤氏。这种徒手搏斗的技术，渐渐发展成为民间角抵戏，在冀州一带，称为撤尤戏，人们头带牛角以相抵。

黄帝时期，蚩尤部落就擅长摔跤，并在战斗中发挥了积极的作用。那时蚩尤部落的人,头戴有角的面具对摔,称之为"角抵",角抵也就是早期的摔跤活动。

四　秦汉至南北朝时期中国摔跤的发展

角抵(角力)在春秋以前,属于奴隶主贵族用于训练军队的项目。在秦时更名为角抵。角者,角技也;抵者,相抵触也。从秦以后,中国成为统一的封建制国家,正式将前朝历代的角力定名为"角抵",取消了用于祭祀的那些烦琐的礼仪制度,单纯用来娱乐和比赛。这就是"讲武之礼,罢为角抵"。在宫廷中,发展成为综合的文体表演项目——角抵戏,摔跤只是其中的一种。

因秦销毁兵器,民间持兵器练武受到限制,角抵得到进一步的发展。当时在民间广泛流传的可能是类似日本"大相扑"的"角抵"。1975 年,湖北江陵凤凰山秦墓出土的一个大篦,其上部弧形背面的角抵彩画,可作佐证。

两汉经济、文化繁荣,中外交流频繁,角抵戏内容更加丰富多彩,形成了综合性的文体大会演,称"角抵奇戏"或"角抵百戏"。规模宏大,盛况空前。每年春、夏两季在京城举办大规模的角抵戏活动,三百里内的老百姓都赶来观看,热闹非常。

两晋南北朝是一个社会动荡和民族文化融合的时期。居于我国北方的匈奴、鲜卑、羯、氐、羌等少数民族由于气候的变冷而纷纷南侵。受这些北方游牧民族的影响,角力(又称"相扑"、"拍张")作为一种单独的体育活动在社会上广泛流行,而且各地有各地的特点,相互间也经常进行比赛交流。史籍有两晋庾东扑杀"西城健胡"和北齐时"宠胡"何狠萨"扑杀"王绰的记载,说明当时角力与西域少数民族有交流,而且可以杀死对手。这个时期,摔跤的地位低下(非治国安邦之术的"下技"),但仍纳于百戏之中。

总之,由军事训练逐渐向竞技活动和娱乐活动转变与发展是这一时期摔跤活动的特点。此后,角抵艺伎和竞技也分道而进,艺伎以宫廷为主,竞技多在军队和民间演练。这一时期,宫廷角抵艺伎中还萌生了女子角抵,供统治阶层嬉戏消遣。

五　隋唐至宋时代中国摔跤盛行

隋朝初年,国家的统一为角抵活动的复苏提供了条件,在宫廷、民间的节日活动中都有所发展。据《隋书》记载:"郡邑百姓自正月十五日起角抵戏。"另外还记载:"大业六年丁丑,角抵大戏于端门街,天下奇技异能毕集,经月而罢。"角抵戏的盛行引起部分人的非议,认为败坏风俗、耗费财力,建议颁布禁令。这也从反面说明了民间角抵戏的盛行,其规模和花费都很大。

唐代国力强盛,经济繁荣,在文化方面具有高度的开放性,表现出兼容并包、雍容大度的气象。摔跤作为一种文艺体育活动,在宫廷、民间以及军事训练等方面均广泛开展,异彩纷呈。在唐代,角抵是宫廷观赏和娱乐的主要节目之一。唐代许多皇帝,如穆宗、敬宗、宪宗、玄宗等都嗜于此道。为此,宫中还设有专为皇帝娱乐服务的御用摔跤队——"相扑朋"。军队训练中也多用角抵,左右神策军(禁卫军)中即多善角抵者,皇帝也常赴神策军观看角抵。民间摔跤亦十分盛行,有所谓"瓦市相扑者",常于节日时集市庙会上进行卖艺表演活动。宋代出版的《角力记》是我国最早的体育(摔跤)史论著,有许多唐代和五代的摔跤史料,记载唐代时摔跤活动:"观者如堵,巷无居人,从正月上元至五月方罢",可见当时活动的盛况。

隋唐五代,涌现出许多角抵名手。《续高僧传》载:隋文帝时,有番人善相扑,无人能胜。文帝后诏来法通和尚与之角力,"西番人大败"。五代时后唐庄宗李存勖就善于摔跤,声称谁能胜他,可以赏州刺史的官衔。

唐代始行武举制,对摔跤的发展也起了促进作用。当时摔跤的称谓除"角抵""相扑"外,又有"手搏"之称。唐代摔跤形式如何,其说法不一。但敦煌藏经洞里,藏有唐代壁画相扑图,图中人物赤身裸背,光腿腒足,形象十分生动,与如今的日本"大相扑"酷似。据说日本"大相扑"即是从唐代传去的。

从唐代开始,拳击运动逐渐兴起,现在日本人仍叫拳术为"唐手"。和摔跤相比,它的规模还很小,但拳术的兴起和发展标志着古老的摔跤运动中击和摔两类技术的分离,摔跤逐渐向以摔为主的方向发展。

宋代摔跤称"挣跤"或"相扑",在隋唐五代的基础上继续发展。宫廷军队中设有专门的组织对摔跤手的训练进行管理,并有一套对相扑手进行甄别、考试、选拔、晋升、赏赐等的严格制度。军中有军头司(又叫内等子)管辖职业"相扑手";由"左右军"中选拔相扑手120名,供朝廷大会、圣节、御宴时为皇帝"当殿相扑"助兴,而平时相扑手则做宫廷护卫。

宋代以民间结社组织为主体的民间练武活动蓬勃兴起,摔跤的赛事形式不断丰富,赛制也愈加多样化。北宋城市瓦肆已有"小儿相扑"和"女子相扑",有人因此而出名。南宋市镇角抵更发达,出现了"角抵社""相扑社"等专门组织,其成员大多为职业性,高手颇多。仅《武林旧事》中就列举了赛关索、董绕大等53人,其中女子中较有名的有嚣三娘、黑四姐等。他们相扑技艺高超,在各项比赛中享有盛誉。南宋抗金英雄岳飞带领的岳家军的相扑遗风流传至今,在山西忻州地区形成了"挠羊"风俗的摔跤活动。

当时的相扑活动形式大致分两类:一类为正式争胜负的比赛(如"打擂"),由官府出面组织,如临安南高峰"露台争跤"即属此类。另一种是平时在瓦舍等市民游艺场所进行的表演,属群众娱乐性活动。"乃路歧人聚集一等伴侣,以图标手之资。先以女脆数对打套子,令人观睹,然后以替力者争交"(《梦粱录》卷20《角抵》)。

宋代时,相扑有较大发展,北宋首都开封每年都举行一两次相扑比赛,并且成为一种流行的娱乐表演节目,甚至出现了女子相扑。史料记载,正月十八上元节,首都开封有"妇人裸体相扑"。女相扑手身穿无领、短袖的比赛服装,进行相扑表演,引得观者如堵,连皇帝都去观赏。但此开放之举,却遭到朝廷重臣、著名史学家司马光的激烈反对,他认为这样有伤风化。为此上书皇帝,请求禁止,酿成"妇人裸体相扑风波"。但女子相扑并未因此绝迹,到南宋时,首都临安举行男子相扑,总是先由女子相扑手进行表演,以招揽观众。但是也有历史记载宋代相扑(争交)时,上身全裸(女人穿短衣),下身光腿赤足,足下登鞋。宋代相扑广泛开展于公元1110~1127年北宋末期,《水浒传》中的第七十四回"燕青智扑擎天柱,李逵寿张乔坐衙",燕青打擂争跤王,已将"摔"的技艺描述得淋漓尽致。书中所述动作就是现在中国式的散手跤,穿裆掼。所说宋代已将摔跤技艺升华及推向普及阶段。南宋岳飞抗金御敌,全军上下以跤健魄。也就是从这个朝代开始,摔跤竞技已形成,并单独分门立派。宋代摔跤在技术上有了很大的提高。

六　元明清时代中国跤多民族的融合

　　元朝是蒙古族贵族建立的王朝,为了防止汉族和其他少数民族人民反抗,元朝统治者严禁民间相扑等习武活动,以便"悉悍之术不作,凶悍之技不传"。所以汉等民族中相传的摔跤活动很快衰落了。但蒙古族有自己的摔跤运动,称"巴邻勒都"或"搏克",与宋朝中原的相扑不同,在元代之前的规则与现代的"自由式摔跤"相似,即摔倒后,仍然相搏,以令对方双肩着地为胜。元代初期,由于社会安定,摔跤活动性质向观赏转移,蒙古族摔跤发生了变化,胜败的标准是将对方扑放于地,这与现行蒙古式摔跤的胜负标准是一致的。蒙古族贵族十分喜爱摔跤运动,他们有自己的选手和摔跤队。摔跤是蒙古族"男儿三艺"(骑马、射箭、搏克)之一,不仅男子,女子也善其道。《马可·波罗游记》曾记载,海都之女艾吉阿姆用搏克选婿,结果没有一个男子能战胜她,她因此而赢得了一万多匹马。这个故事已广传为草原佳话。

　　元代时,中国摔跤运动主流与形式上的变化对后世中原和少数民族地区摔跤活动都有深远影响。元代蒙古族入主中原,其摔跤成为主流,相扑被边缘化,明清之后,便少见有关相扑的记载。相扑在中国消亡,但在日本却延续下来。日本有关相扑比较确切的文字记载,是8世纪初编纂成的《日本书纪》,书内记述第三十五代天皇(公元641~645)为了接待古代朝鲜百济国使者,召集了宫廷卫士举行相扑竞赛。尽管有专家称,在公元4~6世纪,中国角力已随大量东渡的大陆移民传到日本;相扑在中国出现后,也很快传到日本。但日本的相扑是否由中国输入,目前没见到明确记载。徒手相搏,或一较高低,或闲暇游戏,应该是人类社会特别是男系社会里最通行的竞技游戏。因此,摔跤之类的活动,各民族当中都曾存在。但日本的相扑不仅和中国的角抵相似,也与敦煌石窟中相扑图中的相扑打扮一致,这很难说是一种纯粹的巧合;从日本有关相扑的文献记载正好和中国相扑发展时代相呼应看,很难说这之间没有什么关系。至少"相扑"一词是从中国传入日本,大概不会有什么异议。

朱元璋建立明朝后,一反蒙古族的风俗,力图恢复唐宋旧制,大力提倡相扑,相扑在宫廷和民间又有所恢复。但因为拳术在当时有了很大发展,削弱了相扑的重要地位,所以,击、摔结合的相扑,始终没有恢复到唐宋时的盛况。明代许多名为"角力"、"相扑"的历史资料,实际指的都是拳术。

明代时,相扑被列入六御之内,成为军队训练的重要武技之一,军队中有专门研究相扑技术的机构。明末,明王朝为平侵倭寇骚乱和农民战争,曾派官员出使日本,将中国的相扑术传入日本,19世纪末后被革新为今日的柔道。

清代时,顺治、康熙皇帝等看到采取民族隔离政策的局限性与不可行性,于是主动学习并吸收汉文化,在本民族原有的"布库"基础上,吸收蒙、汉各民族的技艺,大力提倡相扑。摔跤活动较唐、宋更为盛行,风靡全国。不仅在平地摔,还进一步发展到马上摔跤。大凡宫廷宴乐、礼宾集会和时令佳节,皇宫都要在大庭广众下进行布库表演,场面十分壮观。清帝每年"木兰秋围"围猎之余,还要蒙古诸台长和盟长"恭进筵宴,习武合欢",进行所谓"塞宴四事"的活动,其中布库的比赛尤为精彩和激烈。现存故宫博物院的《塞宴四事图》,就是其情况的反映。

满族原来固有的"布库",汉译为"撩脚"或"撩跤",主要以脚法为主,兼带擒拿之技,具有独特的满式风格,是满族人民擅长的技巧。这种摔跤形式注重脚的勾、掠、绊、撇的使用,一旦负者倒地,不得再攻。这与近代的中国式摔跤极为相似。汉族的角抵常用手臂搏斗,亦用腰功制敌,蒙古族的角力重力取,二者与库布还稍有不同。清代时,布库从原先的以脚力取胜,吸取汉族角抵、蒙古族角力等技能后,发展成以臂、脚、腰三功结合,技巧与力量相统一的"善扑",使中国近代的摔跤运动大体完备。满族的布库、汉族的角抵相扑与蒙古族的角力相搏是中国近代摔跤运动的三大来源。

清廷侍卫府专设有"相扑营",后称之为"善扑营",是清王朝的皇家摔跤队。善扑营专门搜罗和训练善扑能手,为宫廷表演相扑取乐,定期与蒙古各部摔跤能手进行比赛。平时担任宫中守卫,御试武进士时充当执事。

善扑营编制有300名相扑力士,由正都统统领,下设翼长。善扑营分东、西两个营。相扑力士满语称"布库",俗称"扑户",又称"扑虎"。布库分成头等、二等和三等三个等级,头等最高,按照等级发给律薪。善扑营还是专门研究提高相扑技术的机构,每个扑户都自练绝活。清末中国跤术已发展到较高水平,集中表现在讲求"四两拨千斤"的摔法的技巧上。除上述"官跤"外,民间消遣娱乐性摔跤叫"私跤"。京、津、保定各地多有私跤场与传授私跤者。清末,善扑营瓦解星散,官、私跤合流,跤技得到进一步普及和发展。

总之,摔跤运动由于清代皇帝的大力提倡以及满族、蒙族和汉族跤手的交流学习,跤术不断融合,跤技不断提高,规则不断完善,为我国独树一帜的"中国式摔跤"跤种的确立奠定了基础。可以说,中国式摔跤是我国各族跤手共同创造和发展起来的,是我国深厚历史文化的一项遗产。

清末与民国时期对中国式摔跤继承与发扬中国式摔跤经历代演练,容纳各族及各个省份地区的摔法,于清代已为朝廷所垄断并职业化。清代皇室偏爱摔跤竞技,跤技高手经层层选拔,与宫廷大内高手、武术精英,珠联璧合,进一步挖掘、研究、整理、演练、锤炼,使这一摔技达到炉火纯青之境。所纳高手组成"善扑营",也就是保护皇帝不挂刀的职业贴身御林军。

辛亥革命以后,善扑营解体,积200多年专业训练的经验,可想而知当时的技术水平绝对是不低的,可惜目前没有一部完整地记录当时技术方面的资料。据说在民间有跤谱流传,也可惜数量很少,拥有者又大多秘不外传,所以市面上很难看到,这对于中国式摔跤的发展无疑是一个不小的损失。善扑营解体以后,一部分扑户流散到民间,成为中国式摔跤的传播者,在民间留下了许多佳话。在他们的带动与教导下,一代代人才辈出,一批批高手涌现。特别值得一提的是,头等扑户宛永顺(称宛八爷)收高徒沈友三和宝善林,二人在20世纪30年代的天桥撂地卖艺,一时双雄并举,使中国式摔跤达到了一个高潮。后来,沈友三移居河南,只有宝善林一旗独擎,在北京影响极深,当时不论男女老少没有不知道天桥宝三跤场的。

中国式摔跤从清代开始到现代在燕赵河北最为流行,目前我国各地的中国式摔跤技术都是从京、津、保定流传出去的,所以大家都知道河北是中国式摔跤的摇篮。华北为强,其摔技精湛又分为北平跤、保定跤、天津跤三大主流。

七 民国时期的中国式摔跤运动

在北京、天津等地有不少人以表演摔跤为职业。当时的武术组织中央国术馆和精武体育会也有摔跤科目,曾举行过几次全国性比赛。1936年,还进行过女子摔跤比赛。

佟忠义:1948年在上海举行的全国运动会女子摔跤比赛中获得了优胜。佟忠义的弟子刘飞(江苏省江都人),也是那次大会比赛的轻量乙级优胜者,于香港教摔。佟忠义在1935年著有《中国摔角法》。

卜恩富:通称卜六,天津人,曾在天津警察局作事,兼教天津摔跤。1935年在上海举行的第六届全国运动会摔跤比赛中,他战胜了当时著名的北京代表宝善林,从而名噪一时。

宝森:字善林,通称宝三或宝三爷,北京人。民国初年,他在北京闹市天桥卖艺,曾从"小辫王"学摔跤,天性刚猛,号称"北京第一力士"。

沈友三:通称沈三或沈三爷,北京人。他在北京天桥卖艺,卖外伤药和大力丸等。沈友三和宝森同是民国初年北京摔跤之雄。两人在天桥闹市设练习场,表演"活跤"(即假装实战的摔跤表演),以招揽顾客,然后卖药。

马一奎:河北保定人,自幼从张凤岩学保定摔跤,后在中央国术馆学武术。1935年,他在上海举行的第六届全国运动会摔跤比赛中获得重量级优胜。

常东升:字漫天,河北保定人,他在10岁前从张凤岩学保定摔跤,15、16岁时到各地参加大会比赛未曾败过,由于他的技术美妙快速,人称"花蝴蝶"。常东升年仅22岁就被任为中央国术馆的摔跤教官,以后又历任湖南省的技术队和各地军队的摔跤教官。1948年在上海举行的第六届全国运动会摔跤比赛中,他获得中级的优胜。常东升是继张凤岩之后的保定摔跤第一人,年青时即被称为"摔角大王",于台湾任摔跤教官,著有《摔角术》。

八 中华人民共和国成立后中国式摔跤的发展

20世纪50年代初,新中国百业待兴。中国式摔跤这一国粹由中华人民共和国体育运动委员会主任贺龙元帅批示,在全民健身群众活动的基础上全国各省相继建立了职业专业队,系统地弘扬升华了这一国粹。河北在天津的基础上建立了专业队,张鸿玉老先生任河北队首席执鞭教练。张鸿玉老先生1925年先拜于六合门李洪斌先生门下,学习武术及擒拿正骨,后拜天津南市清和街牛肉铺掌柜王昆山老师学习摔跤,王昆山的老师即是清朝"善扑营"的"布库"小鬼崔与大老冯(冯得禄)。小鬼崔有几手绝招,即看家的绊子,与对手一照面即可将对手摔晕过去。大老冯跤法细腻、诡诈,常在对方没来得及反应就将对方置于穷途。张鸿玉老先生与跤坛泰斗张魁元、张鹤年、张连生在天津培养出不少各民族全国冠军和运动健将,如崔福海、张冒清、杨海生、僧格、丹巴、金木岩、其才德等。本省及外省名将都将受教于他们,为我国体育摔跤事业做出了贡献。

50～60年代,由全国摔跤冠军的摇篮、人才济济的天津代表河北组队,后来形成闻名全国的快、准、狠多边风格的天津跤,列队阵容战将有宝刀未老的大老九张魁元老前辈、衣不沾尘的杨子明、神鬼难拿的王恩信、跤坛天贼孟广彬、铁别子贾福才、威猛只将高福桐、闪电侠客蒋学刃等人。我国首批运动健将河北摔跤队占据三名:张魁元、杨子明、孟广彬,其中以杨子明最为突出,在1956年全国摔跤赛中以十战全胜的成绩夺取全国冠军,将中国式摔跤的"快"字诀发挥升华到极致,直上九天,摘星揽月,漫游跤界星河。至今在世界中国式摔跤跤坛上留下他们可歌的一篇。

中华人民共和国成立后,中国式摔跤有了很大的发展。1953年第一届少数民族运动会上,中国式摔跤被列为正式竞赛项目,前几届全运会也均被列为正式比赛项目,并每年举行全国锦标赛。1956年和1957年,中华人民共和国体育运动委员会相继颁布了"中国式摔跤运动员等级制"和"中国式摔跤规则",将中国式摔跤运动正规化。1953年第一届全国民族形式体育运动表演及竞赛大会上的摔跤比赛,是历史上空前的摔跤大赛。各地区、各民族的摔跤运动员在天津市欢聚一堂,比试较量,切磋技艺,交流经验,提高了技术水平,增进了民族团结。

这次比赛是按大会审订的《民族形式体育运动摔跤暂行规则》进行的,规定比赛时运动员赤背穿坚固的短上衣,系腰带,穿轻便长裤和布质短靴——突出民族形式。后来,为了适应摔跤运动的发展,1955年在中央体育学院(现北京体育大学)开设摔跤专修课,培养摔跤专业人才,先后毕业的学生多数担任了各省、市、自治区和国家集训队摔跤及柔道的教练员,同时着手摔跤方面的科学研究工作。1956年国家体委颁布了中国式摔跤运动员等级标准。在北京举行的1956年全国摔跤比赛,是我国第一次举行的摔跤单项比赛,有21个省、市、自治区代表队的96名运动员参加。在这次比赛大会上通过了我国第一批10名中国式摔跤运动健将。第一届全运会后,由于三年自然灾害,练习摔跤的人少了,技术水平下降,中国式摔跤一时处于低潮。1963年后才逐渐恢复,业余体校有了摔跤班,并组织了各种形式的比赛。十年动乱期间,各种摔跤比赛停止了,有的地方甚至禁止人们练习摔跤。直到1974年才恢复全国比赛。1975年第三届全运会上的摔跤比赛参加比赛的单位和运动员不多,技术也没有发展。

打倒"四人帮"后,摔跤界通过拨乱反正,逐渐恢复正常活动。私人跤场和厂矿的摔跤队逐渐恢复活动,练习中国式摔跤的人又多起来。1982年和1986年的第二届和第三届全国少数民族运动会都把摔跤列为主要比赛项目。第四届全运会上,摔跤比赛分为十个级别。摔倒对方一跤根据动作的幅度和倒地的情况可以得1分、2分或3分。参赛运动员都经过系统训练,技术水平普遍提高。技术战术向着积极快速的方向发展,一代新手在成长。如内蒙古队员董雅臣勇猛顽强,体力充沛,动作敏捷、连贯,善于抓上就用,连续进攻,不给对方以喘息机会,他在比赛中所向披靡,名震跤坛。

中国摔跤运动有悠久的历史,它是一种民族形式的体育项目,也是中国文化遗产之一,是一项高雅、文明的运动,它的高雅就在于不是置对手于死地,而是体现了健体与对抗中的人文内涵,是中华文明的象征。

九 传承民族文化,竞群共同发展,中国式摔跤迎来春天

1. 北京人呼唤对中国跤再认识

《北京晚报》在体育版面,曾刊登了笔者的短文《北京冷了中国跤》,旨在呼唤北京人对此项运动的再认识,依靠民众之力做好北京的群众性体育工作。中国式摔

跤是我国广大人民群众所喜闻乐见的优秀的民族传统体育项目之一,北京又是中国式摔跤重要的发祥地,重振中国跤雄风,不仅是业内人士的希望,也是人民群众的要求。北京重振中国跤的辉煌要依靠人民群众的支持、业内人士的努力和各级有关领导的关怀。1993年中国跤"告别"全运会后,这一运动项目迅速沉寂,全国锦标赛和冠军赛十分冷清,甚至停办。自中国摔跤协会下属的中国式摔跤发展管理委员会于2004年成立后,这个中华民族优秀传统体育项目的赛事逐步规范。近期,中国跤这一优秀民族传统体育项目受到很多单位和有识之士的关注、重视和支持,比赛、座谈等活动越来越多。

2. 中国式摔跤在民间复苏

就在雅典奥运会如火如荼之际,一群津门汉子却为了一项濒临失传的中国古老体育运动尽心尽力。由于我国体育的奥运战略,使得中国式摔跤这一流传了几千年的古老技艺日渐式微。为了传承这一国粹,几位老人在海河边孤单守望;为了弘扬这一国粹,几位民企老板慷慨解囊。海河边的一块沙地上,里三层外三层围了百余人,叫好声阵阵传来。场中一老一少两位武者正在对峙。只见少年身手敏捷,抢上底手,背步拧腰,一招"叉入"紧接一个"回马勺",都被老者一一化解。这一幕发生在天津海河边的沙地上。这块沙地,就是天津"顺达跤社"的跤场。

3. 中国式摔跤在首都职工中复苏

沉寂多年的中国式摔跤,因其浓郁的民族特色和独到的运动魅力,开始在首都的职工生活中扎根蔓延。在北京举行的第二届首都职工中国式摔跤等级教练员考评班,就是中国跤在职工中培育出的又一朵鲜艳的花蕾。更为可喜的是,中国跤在首都职工中萌发出了新的生机与活力。北京市职工体育协会副秘书长张振英介绍说,目前中国式摔跤在首都职工中都有不同程度的开展,同时各种形式的交流赛、邀请赛也开始举办这一项目。

4. 中国式摔跤正吸引着越来越多农民的参与

我国农运会的比赛中开设有中国式摔跤比赛项目。行内人士欣喜地说,中国式摔跤正从我国北方农村走向全国,并在走向市场方面进行了一些成功的尝试。这个项目前景喜人。参加农运会中国式摔跤赛的农民选手远远超过上届,共有19个省(市、区)的79名选手参加了在绵阳举行的决赛阶段的比赛。不仅内蒙古、山西、安徽等中国式摔跤开展广泛的省区派出了强劲阵容,上海、江西、浙江、江苏、湖北、四川等南方省市也踊跃参赛。

5. 中国式摔跤有了全国冠军赛

经中国摔跤协会、中国式摔跤管理委员会和中国式摔跤人3年多的努力,有着4000多年历史的中国式摔跤终于走过漫长的寒冬,迎来了春天。在河北唐山市揭幕的2006年"中新杯"全国中国式摔跤冠军赛中,共有31支队伍报名参赛,参赛人数接近 400 人,是恢复中国式摔跤比赛以来规模最大的一次。专家认为,这一比赛规模空前,参赛的俱乐部更多,尤其引人注目的是清华大学和首都体育学院也都派队参赛,还有中学队和小学队等,这表明京跤复苏的步伐正在加快。为了更进一步刺激中国式摔跤的发展,冠军赛参赛人员的资格范围扩大:中国跤王争霸赛各级别前八名、全国体育大会各级别前八名、全国锦标赛前八名、全国大学生运动会各级别前六名、各省(市、区)各级别前三名,以及各地市级比赛各级别的前两名。比赛各个级别的前八名将获得参加中国跤王争霸赛的资格。中国摔跤协会副主席周进强表示,在全力备战亚运会和奥运会的间隙举办此次冠军赛,体现了竞技体育和群众体育的协调发展,体现了奥运会与民间传统体育的协调发展。

6. 中国式摔跤有了跤王争霸赛

2004 年和 2005 年连续两年在中央电视台播出的"中国跤王争霸赛",收视率均高达 1.3％,稳居白天节目排名第一名,全天节目前十名。这说明中国跤运动有着庞大而稳固的观众群,此项运动独具魅力以及在中国具有良好的发展前景。2006 年"中国跤王争霸赛"正是在这种热浪滚滚的前提下,再次将属于中国人自己的中国跤推向电视荧屏。

7. 把中国式摔跤推向奥运

"把中国式摔跤推向奥运",一直是国家体育部门工作的重点,也是众多跤坛前辈孜孜以求的目标。作为中国主要的潜奥运项目——中国跤,我国体育部门自2004 年开始,除在各高校相继开始中国式摔跤这一科目,培养更多的高素质中国式摔跤人才外,还专门成立了"中国式摔跤发展管理委员会",在制订中国跤十年发展纲要的基础上,还推出了以"中国跤王争霸赛"、"世界跤王争霸赛"等为主导的系列国家级赛事,旨在进一步加快中国式摔跤走向奥运的步伐。中国跤运动传播国粹竞技精神是深度激发受众的法宝。切、勾、拿、入、揣,招招透炎黄真气,式式显中华精神。

8. 十几所高校人员参加裁判员培训班

这表明,作为中华民族优秀传统体育项目的中国跤,受到了全国本专科院校的青睐。全国中国式摔跤裁判员培训班在北京开学,近百名学员参加。与 10 年前的上一次培训相比,这次不仅人数更多,学员分布的地域也更广,他们分别来自 17 个省、自治区和直辖市。更可喜的是,有 12 所高等院校的人员参加培训。这些学校是:清华大学、首都体院、吉林体院、天津体院、内蒙古师大、西安体院、西北工大、武汉体院、上海体院、上海建桥学院、成都体院、西南师大。参与授课的专家小组成员、首都体院教授苏学良说,参加这次培训的人数多、年轻人多、高校人员多,第一次有了女学员。这是因为"中国跤王争霸赛"推出后,使这项滑入低谷的运动获得了新的发展动力,点燃了人们心中的希望之火。在为期 4 天的培训中,学员学习了裁判员管理办法、理论基础和体育竞赛编排，以及中国式摔跤的历史演变、主要技术动作、竞赛规则等，并参加笔试和实战测试。中国式摔跤是传统文化的瑰宝，尽管被排除在全运会之外，仍有国内外众多的人关注，是一个大有希望的项目。

十　世界各地发展中国跤概况

中国跤运动已经在世界各地得到广泛的发展。目前，在世界各地已经有数十个国家和地区在开展中国跤运动，它们遍及欧洲、非洲、美洲和亚洲；在法国、意大利、美国等国还举办包括"巴黎市长杯"中国式摔跤国际邀请赛、意大利中国式摔跤国际邀请赛、北美中国式摔跤国际邀请赛等国际性赛事。

国际武术联合会目前也正在积极努力，拟通过巴黎举办国际武术散打邀请赛等形式，进一步把融合中华武术中摔跤和拳术、按现代体育竞赛规则而进行的一种新的竞技对抗项目——中国跤推向奥运会。

中国跤在欧美国家、港澳台地区有着相当大的影响，欧洲国家已发起并举办了多届的欧盟摔跤赛，他们也多次要求中国成立中国跤的国际组织。中国摔跤协会审时度势，先从修订规则入手，开始落实推动中国跤的办法。据周进强介绍，规则修订必须本着不断适应项目发展和观众需求的原则：统一、完善、易懂、简洁。新规则于2007年采用。其次是举办有影响力的国内、国际比赛，增强国际间的交流，他还举例说将借鉴韩国人全球普及跆拳道的方式，将高水平的中国式摔跤教练介绍到各个国家，推广、传播中国人自己的民族文化和项目。

十一　中国式摔跤国际邀请赛

1. 天津中国式摔跤国际邀请赛

为庆祝天津建卫600周年，向世界展示天津，让天津走向世界，由国家体育总局、中国摔跤协会、天津市体育局主办，天津电视台、天津市社会体育指导中心、天津—川体育发展有限公司共同承办的2004年中国式摔跤国际邀请赛在天津市青少年体育俱乐部举办。有美国、法国、西班牙、意大利、瑞士、阿尔及利亚、比利时、蒙古、荷兰、摩洛哥、突尼斯、韩国、中国台北、中国香港等国家和地区的近200多名选手参加此次大赛。我国组建了中国队及中国大学生队参加男女各个级别的比赛。竞赛分男子10个级别，女子组7个级别。天津是中国式摔跤的发源地之一（京、津、保），已培养出多名全国冠军，在各个运动会当中取得过优异的成绩。天津市首次举办中国式摔跤的国际比赛，对弘扬民族体育文化，大力促进中国式摔跤运动的发展，使其成为天津的又一亮点，同时对宣传天津，展示近年来天津改革开放的成就将起到积极的作用。

2. 北京中国式摔跤国际邀请赛

北京中国式摔跤国际邀请赛于 1997 年 12 月 25 日至 27 日在北京地坛体育馆举行。来自美、英、法、意、日、韩等十几个国家和地区的 60 多名选手,在男子 10 个级别和女子 4 个级别的角逐中与东道主的两支队伍一比高低。近年来,中国式摔跤在欧美一些国家盛行,创办中国式摔跤俱乐部、组织中国式摔跤比赛日渐增多,其中以法国连办三届"巴黎市长杯"中国式摔跤国际邀请赛的规模和影响最大,并已颇具水平。本次比赛人们在跤场上欣赏到金发碧眼的"老外"穿起褡裢,向中国选手发起挑战。

3. 高校大学生参加中国式摔跤国际邀请赛

出征中国式摔跤国际邀请赛的中国式摔跤国家队和大学生队。集训队队员都是来自各行业的业余跤手,他们中有教师、学生、公安干警,还有来自内蒙古大草原的牧民。入选者都是全国锦标赛上脱颖而出的尖子选手。特别成立的大学生队标志着中国式摔跤运动已经走进高校,更提升了这项运动的文化内涵。目前中国已经有十几所大学设立了中国式摔跤系或专业。大学生队的队员都是来自北京、天津、内蒙古、武汉等体育高校的在校大学生。近年来,中国式摔跤以其独特的魅力享誉世界,在欧洲和美洲很多国家开展得如火如荼。因其不是奥运会项目,中国一直没有正式组建中国式摔跤国家队,自第七届全国运动会上被取消设项以来,这项融汇中国传统体育与文化的运动在中国遭受了多年冷落。面临着中国人可能将向外国人学习中国跤的尴尬局面,一批热爱中国式摔跤的人士在国家体育总局的大力支持下发起成立了国家队,并在中国举办国际比赛来推动这一民族传统体育在海内外的发展。

十二　中国式摔跤在高校的开展

1. 中国式摔跤作为民族传统体育项目在高校开展起来

1998 年,教育部学科调整,把民族传统体育学作为体育学下的四个学科之一,明确了民族传统体育的地位。中国式摔跤作为民族传统体育项目中重要的一支,也被提到了重要的地位。现国内二十多家高校已开办中国式摔跤专业或设立中国式摔跤选修课,培养新一代的中国式摔跤运动员。

2004 年"建桥杯"全国中国式摔跤冠军赛,于 11 月 5～7 日在上海建桥学院体育馆隆重举行。本次大赛由国家体育总局重竞技运动管理中心主办,上海市体育局承办,上海建桥学院协办。这次比赛是近几十年来,如此高规格的全国性摔跤比赛首次走进高校。

第一届全国大学生中国式摔跤团体赛于 2005 年 5 月 1 日至 5 日在山东体育学院日照校区举行,效果良好。在第二届全国大学生中国式摔跤团体赛中,来自全国各地的十五所高校分别派出代表队,角逐团体冠军。来自清华大学、内蒙古师大、天津体院、山东体院等十余所高等院校的 110 多名选手报名,参赛者有中国式摔跤的专业队员也有业余爱好者,并且有硕士、博士等高学历人才。经过为期三天的较量,大赛圆落下帷幕。两次大赛分别共设男子 5 个级别(52kg、58kg、65kg、74kg、85kg)和女子 2 个级别(55kg、65kg),分专业院校组和普通院校组两个小组,采用单循环赛制,以积分确定名次。这昭示着中国式摔跤正在为高校所接受并越来越受到欢迎。2006 年 1 月 16 日全国中国式摔跤裁判员培训班在北京开学,近百名学员参加。与 10 年前的上一次培训相比,这次不仅人数更多,学员分布的地域也更广,东到吉林,西到四川,北到内蒙古,南到广东,他们分别来自 17 个省、自治区、直辖市。更可喜的是,有 14 所高等院校的人员参加培训。这些学校是:清华大学、首都体院、吉林体院、天津体院、内蒙古师大、西安体院、西北工大、武汉体院、上海体院、上海建桥学院、成都体院、西南师大。这表明,作为中华民族优秀传统体育项目的中国式摔跤,受到了大专院校的青睐。

2. 中国式摔跤在高校中的专业地位

我国《普通高等学校本科专业目录》于 1998 年 7 月由教育部正式颁布实施,其中体育学类含有体育教育、运动训练、社会体育、运动人体科学和民族传统体育五个专业,原武术专业修订为民族传统体育项目,拓展为武术、传统体育养生和民族民间体育三个专业方向,这个重新修订的专业目录还是符合现时段的国情和市场需求。然而由于民族传统体育专业是国家控制布点专业,即所谓的单招专业,在招生环节上由国家体育总局控制招生人数,考试题目和方法以及录取标准。因此很难保证现役专业队员的学习和出路问题,每年只招收目前现有专业队设置的体育项目,即规定只招收武术和散打专业的,而传统体育养生和民族民间体育两个专业方向没有招生配额,自然中国式摔跤不在招生系列中。前些年由于灵活变通,武汉、天津、首都等体院招收了少数中国式摔跤学生。

3. 中国式摔跤在高校的存在形式

(1)体育院校民族传统体育专业开设中国式摔跤专项。如:天津体育学院、山东体育学院、武汉体育学院。

(2)体育院校附属竞技体校(竞技体育学院)中国式摔跤代表队。如:上海体育学院、首都体育学院。

(3)高等师范院校、体育院校体育专业开设中国式摔跤专项课。如:内蒙古师范大学、湖南师范大学。

(4)高等院校中国式摔跤高水平运动队。如:清华大学、西北工业大学。

(5)高等学院大学体育选项课。如:北京中医药大学、北京航空航天大学、郑州大学体育系。

第二节　中国式摔跤的流派与技术分类

一　中国式摔跤的技术内容与分类

中国式摔跤在长期发展过程中,深受中国武术的影响,对武术运动的踢、打、摔、拿功夫进行了发展和改造。具体地说,在中国式摔跤运动中,去掉了踢和打等致残、致伤的技术,保留了踹、拿、摔等技术,并在长期的运动实践中,形成了全面、系统的技术体系。中国式摔跤可以分为七大类:

第一类撩腿:撩腿类可分为别子类、勾子类。

(1)别子:可划分为大拿别子、挟头别子、反挟头别子、支别子、抱胳膊别子、盖后圈别子、韫别子、挂带别子、花别子、跳步别子、切别子。

(2)勾子:可划分挟头挑勾子、盖后圈勾子、撩勾子、反挂门撩勾子、压勾子、换腰撩勾子、挂带撩勾子。

第二类蹦子:蹦子类可分为揾和揣。

(1)揾类:可又分为挟头揾、盖后圈揾、圈胳膊扭、扠入揾、抱胳膊韫。

(2)揣类:可分为抓小袖揣、借对方抓上领揣、见手揣(搓后揣)、偏门揣、借手揣、反挂门揣、抓中心带揣。

第三类蹲踢:蹲踢可分为扑脚类、搓压类、扒子类。

(1)扑脚类:可又分为大拿扑脚、架梁脚、抹脖脚、抹脖里冲、散手踢、扠踢、冲踢、偏门踢、端踢、弹踢、补踢、摇扯脚、拦门脚、抱胳膊脚、落步脚、扛踢、转环脚。

(2)搓压类:抓上领搓压、抓小袖搓压、反挟头搓压、见手搓压、抓偏门搓压、抱胳膊搓压、扠搓压、掏搓压。

(3)扒子类:抓上领扒子、抓偏门扒子、扒拿子、躺扒子、见手扒子、扒踢子、蹦扒子。

第四类盘腿:盘腿可分为得合类、切子类、搂子类和里刀勾类及挽。

(1)得合类:大得合、披脖子得合、回马了扫小得合、盖后圈小得合、左扠右打小得合、右扠左打小得合、钻头小得合、手得合、三道绕得合、商胳膊小得合、托上领小得合、散手小得合、抱胳膊小得合。

(2)切子类:钻头切子、挟头切子、换腰切子、盖后圈切子、大拿切子、怯切子。

(3)搂子类:箍腰搂子、左扠右搂子。

(4)里刀勾类:大拿里刀勾、偏门里刀勾、抱胳膊里刀勾。

第五类挽类:

挽类:可分为抓直门挽、抓带子挽、圈胳膊挽、盖后圈挽、双堵门挽、抱胳膊挽、摘胳膊挽。

第六类转腰：转腰可分为闪类、把腰类、搈管、掰、靠等类。

（1）闪类：扴闪、盖后圈闪、闪拧子、斟胳膊闪、抱胳膊闪。

（2）把腰类：把腰整、把腰插扦、把腰磨、咬、把腰括、盖后圈整、把腰搂子、把腰穿腿。

（3）搈管、掰、靠等类：搈管、抱胳膊掰、穿裆靠、撒类。

第七类其他摔法：

其他摔法：可分为弹拧子、散手弹拧子（甩鞭）、扣腿、手擢子、拦门削、挤撞里掏、单抱腿、把腰抱腿、抱腿别子、丁掌、披、捞月、扦腿、拉腿、掀、争、耗。

二 中国式摔跤的主要流派

1. 北平跤

天子脚下也称王，是承继清代"善扑营"的遗风形成，王者风范，技术动作大，出场架势小（跤架），形似狸猫夜巡、白猿欲窜，多用俗称"黄瓜架"，它即以力降十会，似苍鹰扑兔刚猛，又一巧破千斤，兔滚鹰翻，轻盈迅捷。

20 世纪 30 年代，那时北平摔跤正是风行一时，北京跤名闻全国，当时北京天桥最强的摔跤高手一位是沈三（沈友三），一位是宝三（宝善林），还有杨春恒等人。沈三练的是民间俗称"细胳膊跤"——武术加跤，神鬼难逃，即快跤，一巧破千斤，现术语称"散手跤"。宝三玩的是"粗胳膊跤"——功力型，以功力压快，刚中强，以力降十会，即现拿着摔的揸把（手）跤。沈三即现在电视剧中的主角甄三原形，沈三比宝三更胜一筹，北京天桥双杰美名至今流传。

总之，京跤主要流行于北京地区，它继承和发展了清代善扑营的功法和技法。特点是功法繁多，动作细腻，以手法著称于跤坛。其传播范围包括河南、上海和沈阳等地，这些地区原有的技术动作与京郊结合起来，又各具特色。

2. 保定跤

也称保定府快跤、散手跤。它重视快速技术，是大架式出场（跤架）。保定跤上盘手法上擅用撕、崩、捅、把位占先，下盘腿倒，上下配合，天衣无缝，打闪认针，妙计连珠，以快打快，刚中有柔，猛中含智，绵里藏针，长于以小制大，左道旁门，散揸相合，潜移默化，瞬间将对手制于末路。

这派摔跤高手近代有平敬一、张风岩、白俊峰、满老明、吴四等人。继后，名家大师有常东升、常东如、常东坡、常东起四兄弟和闫益善、马文奎等英雄前辈。其中首推常东升，其摔技，动作潇洒、飘逸，获"花蝴蝶"之美称，对手常于无形之中败北。曾于台湾任军警界高级总教官，先后在美国、法国、新加坡等国家建立"中国式摔跤馆"。

现代摔跤名将有王彦会(河北摔、跆、拳中心主任),张建忠、沈金刚、郭建生(河北柔道队主教练),周甫、杨建国、王胜利、安长青等。

总之。保定是京畿军事重地,也是著名的武术之乡,当地民间的摔跤运动开展得非常广泛。早年,曾有少林派传人平敬一将武术与摔跤结合在一起,形成别具一格的特色。

3. 天津跤

它是北平跤和保定跤中间型的跤,动作非常的粗野、刚猛、自然。将灵巧、速度、力量融为一体,近代摔跤名师有李瑞东、卜恩富、天津卫四大张(即张鸿玉、张魁元、张鹤年、张连生)。那时天津好手很少与外地名手交锋,名声不如京、保二地那样显赫。天津跤手名扬异地,还得感谢北京跤友。1940年夏,天津张连生只身一人到北平天桥下跤场,多次摔败当地诸侯名将,顿时威名远扬,群雄高呼,接着雄关大开,又走进了津卫大侠张鸿玉、张魁元、张鹤年前去助阵,以武会友,英雄相惜,在一个美丽的夜晚,北京跤坛名手特意在馅饼周饭馆设宴宴请四大张,英侠把盏相聚,星辉互映。北平跤坛从此留下了四大张的美名,四大张之名也就在京津保跤坛传开了。

4. 蒙古族摔跤

蒙古族摔跤也称搏克,是蒙古族传统体育项目,在规格、服装、技术等方面与中原跤种相比别具特色,搏克比赛时,运动员穿带铜钉子的短袖牛上衣和肥大摔跤裤,穿高筒蒙古皮靴。在技术上,讲究手对手,脚对脚,允许抓握手臂躯干和上衣,能用腿脚使绊,不许用手臂触对方下肢。摔倒对方,即终止全场比赛。新疆、黑龙江等地区的摔跤风格,带有蒙古族摔跤的特点。

5. 山西跤

山西摔跤运动有着悠久的历史,忻州、平原等地素有"摔跤之乡"之称。其特点是不穿跤衣,技术上以抓腕、胳臂、挟颈、插肩、锁肘、抱腿为主。

第三节　中国式摔跤的特点与作用

一　中国式摔跤的特点

1. 寓技击于体育之中

摔跤最初是军事训练的手段,与古代军事斗争紧密联系,是武术四大技击方法之一(踢、打、摔、拿),其技击的特点是显著的。在实用中,其目的就是以最有效的方法制服对方,迫使对方失去反抗能力。这些摔跤技艺至今仍在武术散打、军事、公安干警训练与实践中被采用。

摔跤作为一项民族形式的体育运动,既具有体育的属性,也不失其技击的特性,将这种格斗技能寓于竞技,以不伤害对方为原则,这就从单纯的军事需要演变成一项具有独特风格的体育运动。

2. 具有对抗性的技术特征

对抗性是大多数竞技体育的共性特征,在中国式摔跤中表现得尤为突出。在竞赛中,双方没有固定的动作顺序,在激烈的竞技、较力、斗智、斗勇等攻防交替运动中,以快速、巧妙、干净地将对手摔倒在地而形成了两人相搏一站一倒的运动特征。它要求运动员具有精湛的技能、敏捷的身手、强健的体魄和快速的应变能力,因此它又区别于其他对抗性项目。

3. 具有独特的民族风格

中国式摔跤是中华民族优秀的文化遗产,是在中国特定的社会历史条件下逐渐演变发展形成的。因此,它有着鲜明的民族特色。中国式摔跤不同于日本的柔道与蒙古式摔跤,它是从中华民族传统体育文化中分化出来的。中国式摔跤技术严谨、复杂全面,跤术上讲究规范、干净、利落、动作连贯;效果上力求摔得幅度大,摔得潇洒漂亮;动作上追求完美实用。虽然中外摔跤运动都有共性特点,但中国式摔跤是伴随着博大精深的中华武术而发展起来的,它还深受儒家的伦理观、道家的哲理、佛家禅心以及兵家战略观念的影响,同时中国跤技术之全面、击发之巧妙、哲理之深奥,是国外任何摔跤种类都不能与之相比的。

二　中国式摔跤的作用

中国式摔跤具有健身、竞技、娱乐、观赏等价值,是增强体质、锻炼身体的良好手段。

(一)中国式摔跤具有提高素质健体防身的作用 ·························●●●

摔跤运动较力、较技、斗智、斗勇,对抗性强,人体各关节、肌肉几乎都参加运动,因此经常参加摔跤运动,不仅能强身健体,还能促使人体骨骼、肌肉更加发达。由于对抗性强,心脏的工作负荷增大,致使心率迅速增加,血流量增大,全身血液循环得到改善,心肌得到锻炼,心室壁增厚,每搏血输出量增加,从而增加心脏的活动能力。摔跤对呼吸系统、消化系统和神经系统也有良好的影响。摔跤时,肌肉活动所产生的二氧化碳能够刺激呼吸中枢,使得呼吸率迅速上升,从而使呼吸肌发达,肺活量提高。还由于摔跤活动激烈,能量消耗大,因而促进食欲,提高消化能力。摔跤运动需要迅速敏捷,必然加快神经活动的过程,增加反应能力,可以提高神经系统的调节能力和机能的稳定性。

摔跤技术的特点是,以巧妙的方法、最快的速度将对手摔倒在地,关键时刻不仅可以摆脱对方的进攻,或加以控制对方使其处于被动,还可以将其击败或捕获,从而达到打击坏人、保护自己的目的。因此,摔跤训练对公安干警和边防军指战员防卫能力的培养,有着特殊的意义和作用。

(二)中国式摔跤具有竞技观赏丰富生活的作用 ●●●

摔跤对抗性比赛,历来为人们所喜闻乐见。竞技观赏,丰富生活。许多史料和文学名著都有关于擂台争跤场面的描述,围观者都是"人山人海,群情沸腾"。特别是中国跤在双人较力对抗中,使用撕、夺、抽、拉、圆、耘、挣、拧等技法,一人使另一人腾空翻倒在地,进攻者潇洒落地重心不失,稳如泰山,使观众"惊叹不已"。其漂亮的摔跤技法,不但给观众赏心悦目的艺术享受与精神上的愉悦,还使观众感受到中国跤技的高深莫测,促使更多的年轻人投身其中,丰富了人民的生活。

(三)中国式摔跤具有锻炼意志培养品质的作用 ●●●

摔跤练习对意志品质的培养是多方面的。练习要克服疼痛关,从不适应到适应。实战时要克服胆怯怕摔关,逐渐增加胆量和勇气。比赛时若遇强手要克服消极躲避关,要敢于拼搏,提高以弱胜强的信心和智慧。耐力训练至极限和比赛到关键时,要以顽强的毅力坚持拼搏,因此,摔跤训练和比赛可以培养顽强果断的意志品质和无畏精神。摔跤的学习过程也是进行品德教育的过程,如尊师重道、讲礼守信、见义勇为、不持强凌弱、互教互学、以武会友。中国跤在几千年的发展过程中,一向重礼仪,崇尚武德,这些无疑对培养练习者的优良品德,加强社会主义精神文明建设大有裨益。

(四)中国式摔跤具有锻炼人体肢体灵巧性的作用 ●●●

中国式摔跤时两人对立,互用手力抓握对手,同时足力相绊。在紧密的身体接触的战斗中,既相曳持,又相抵距,运用力量、灵敏素质,运转自如巧妙地进行摔跤的方法。在良好的全面身体训练的基础上,结合摔跤运动专项身体素质训练,是提高技术水平的物质基础。任何运动项目的动作,都是通过肌肉的伸缩活动来完成。摔跤运动员的肌肉特别发达、灵巧、敏捷、美丽、有劲,具有精确的协调性和灵活的柔软性。由于无数次的练习和比赛,增进了感觉的灵敏性,一搭手借肌肉的收缩,可以测知对手使用的方法,运用肌肉的屈伸,协调地把力量用到主要的方向去。

第二章 中国式摔跤与传统文化

内容提示: 在中国式摔跤与传统文化这一章节中主要阐释了中国式摔跤文化的内涵、中国式摔跤文化的概念界定、中国式摔跤文化的形成的过程与机制、中国式摔跤与中国传统文化的相互关系、中国武术能够促进中国传统文化的继承与发展。

第一节　中国式摔跤与文化

一　摔跤、中国摔跤和中国式摔跤概念辨别

摔跤就是两人徒手较量,力求把对方摔倒的一项竞技运动。古今中外都有摔跤,最简单的摔跤技术产生原始社会。那时人们为了求得生存,在狩猎时或在部落间的冲突中,广泛利用徒手搏斗,逐渐形成摔跤动作;以后随着习武、健身、娱乐的发展,摔跤便演变成为一项人们喜爱的体育运动。中国摔跤是以中国几千年摔跤运动实践为背景、以京跤为基础、吸收国内多民族摔跤技术并参照现代国际摔跤规则、经过长期整理而发展形成的独立运动项目。中国式摔跤是参照现代竞赛规则,以京津两地的摔跤技术为基础,吸收了多个民族的摔法而形成的、受特定比赛规则限制的现代运动项目,是对众多民族跤种整理、融合、升华与规范的产物。其技术特点是,在两人直接接触后,通过自身身体运动使对方身体三点着地,而自己则保持站立状态。

中国式摔跤历史悠久、内容丰富、自成体系,被列为世界十大搏击术之一,是我国劳动人民在长期的生活与斗争实践中创造的传统技击术,是一项优秀的民族文化遗产,是中国传统体育中不可分割的重要部分,也是中华民族传统文化的重要体现形式之一。历史上,中国式摔跤曾经有过若干称谓,其含义也不尽相同。古代有过手搏、相扑等说法。近代有中国式摔跤名称,而中国式摔跤一词使用较为频繁是在我国摔跤在 20 世纪 60 年代初期,由北京体育大学王德英教授正式定名为"中国式摔跤"。这些称谓尽管名称上在不同的时期多种多样,但从符号意义上来说,都

表达了中国武术的文化性质,即中国式摔跤文化既不属于那种纯"精神理念"的文化,也不属于那种"物态化"或"制度化"的文化,而是一种"技""艺""术"的文化,并且是围绕"武"的本质属性和内涵价值而存在和延伸的。

中国式摔跤是以中国摔跤为主体,并结合维吾尔族摔跤、朝鲜族摔跤、藏族摔跤、彝族摔跤等各地各少数民族跤种的一个总称。这些跤种在技术、规则、服装等方面都存在很多差异,并且长期在我国各地流传,它们与汉族地区各种摔跤流派一起统称为中国摔跤。我们这里研究的中国摔跤主要以中国式摔跤为主,其文化指向也以汉族摔跤的发展历史脉络和文化构成为主体。

二　中国式摔跤文化的概念界定

广义的"文化"着眼于人类与一般动物、人类社会与自然界的本质区别,其涵盖面非常广泛,所以又被称为"大文化"。狭义的"文化"排除人类社会历史生活中关于物质创造活动及其结果部分,专注于精神创造活动及其结果,所以又被称做"小文化"。由此看来,中国式摔跤文化应该是属于前者而不是后者,而且应该是一种大文化范畴内的体育文化。体育文化是人类文化的一部分,是一种特殊形式的文化。它是一种广义文化概念的应用,即应包括体育的物质文化、制度文化和精神文化三个组成部分。如果再往下划分的话,中国式摔跤应该说是一种中华民族传统体育文化。中华民族是以汉族为主体的民族,中华民族传统体育文化则主要是以汉族文化为主体的多民族融合文化。中华民族传统体育在其形成与发展的过程中,中国文化的"安土地,尊祖宗,崇人伦,尚道德,重礼仪"的价值模式对其产生了非常大的影响,使其表现出独特的文化特色。

中国式摔跤文化是大文化背景下的体育文化,属于中华民族传统体育文化中的一个小分支,它以现在流行的中国摔跤为文化主体,以诸多少数民族摔跤为文化补充,存在于中国地域范围内的,由摔跤活动而衍生的物质、制度、精神三个层面的文化总称。

三　中国式摔跤文化的形成过程与机制

作为中国传统体育文化的一部分,中国式摔跤文化的产生和形成必然带有中国传统体育文化产生和形成的一般特征。作为中国式摔跤文化,在产生和形成过程中,由于受到中国传统文化的浸润而且从母体文化不断地汲取养分,因此又表现出了明显的民族文化特性,形成了与其他体育项目和传统武术迥异的独特特征。

从事物产生和发展学意义上,中国式摔跤文化诞生于原始狩猎活动。在原始群落时代,"人民少而禽兽众",原始人类为了生存而不断与恶劣的自然环境斗争,其攻击和防卫动作就是中国式摔跤文化的原型。部落和部落之间产生了战争活动,原始的攻防格斗动作从生产劳动中分离,形成了军事战斗动作的中国式摔跤文化。动作技能是冷兵器时代军队作战能力的重要因素,因此对士兵的训练就包括了若干摔跤动作。在长期的历史演进中,中国式摔跤文化走上了化之路,扩大了中国式摔跤的社会文化基础。中国式摔跤文化是在生命的搏杀中提炼出来的,是人体动作的最高成就之一,是人体潜能高度发挥的方式,也是最佳的运动方式,因此具有极高的健身价值。同时具备了促进个体完善、身心全面发展的体育功能。

中国式摔跤文化形态吸取有益元素,并日以衍生出了多元化的功能。摔跤诞生于中华民族的生产实践和武装斗争中,经过若干代人的创造、完善而形成了中国式摔跤,是中华各民族智慧的结晶。中国历史上的无数次战争使得各民族的摔跤技法得以交流、融合,互相取长补短而发展至极致。

中国式摔跤不仅吸收了各民族的摔跤技法动作,形成了众多的流派。在长期的演化过程中,中国式摔跤不断接受和吸取中国传统文化的想精髓,并在这种思想指导下寻求摔跤的改良之方。历代武学家通过研究改良中国式摔跤动作,使其变化多端、攻防巧妙、招式精妙绝伦,更由于蕴含中国哲学、兵法、数学等内容,成为中华体育文化宝库中一朵灿烂的奇葩。

通过以上分析,我们可以看出,中国式摔跤文化起源于先民的生产斗争和生活实践,古代社会的历次战争为中国式摔跤的发展客观上提供了交流的场所,其世俗化进程使摔跤走向大众并与其它文化形态得到一定程度上的结合,涵溶于中国传统文化使中国式摔跤获取了不断发展与完善的思想资源,并发展成为自成一体的摔跤文化体系。

第二节　中国式摔跤与传统文化

紧随经济全球化的步伐,文化全球化亦已成为当今世界的一大潮流,中西方文化的不断碰撞,加快了文化的前进步伐。为争取一定的国际地位,为自强自立,为在国际竞争中占有一席之位,越来越多的国家更加注重发扬本民族的优秀文化传统,在广泛汲取各民族先进文化的基础上,构建富有本民族特色的传统文化。辞海对文化的阐释是:"从广义上来说,指人类社会历史实践过程中所创造的物质财富和精神财富的总和。从狭义上来说,指社会的意识形态,以及与之相适应的制度和组织机构。"中国式摔跤既是中国传统文化的一个重要分支也是中国传统文化的重要组成部分。

中国传统文化是以中华民族为创造主体,在中国大地上形成和发展起来的,具有鲜明民族特色,影响了整个社会历史,较为稳固而又具有动态特征的物质文化和精神文化的总和。中国传统文化融中国的思想、艺术于一体,是中国的特色、中国的标志。中国式摔跤作为一种文化形态,作为中国传统文化的一个特殊的分支,以其独有的肢体表现形式向世人展示它的魅力与内涵,技术是中国式摔跤的物质层次,规则是中国式摔跤的制度层次,而内在的是中国式摔跤的精神层次。中国式摔跤自身的特点,中国式摔跤的存在,中国式摔跤的发展无一不对中国传统文化的发展进步有积极的作用,它是中国传统文化的财富。

一 传统文化对中国式摔跤的影响

"中国传统文化是一个以儒学为主流,并融不同时期的不同民族、不同流派的文化要素于一炉的巨大复合体。"儒家、道家、佛教释家,是中国传统文化的主流思想,中国式摔跤的产生、发展深受这三家思想的影响,中国式摔跤博大精深的文化内涵便是这三家思想的肢体表现。

1. 中国式摔跤与儒家思想

儒家思想主要是涉及政治、伦理和教育的思想,其中以"在家为孝,入国为忠"作为最高道德标准,孔子强调的"礼",则是维持这一标准的秩序规范。在传统道德观念的影响下,逐步形成尚武崇德的思想观念,这是中国式摔跤的特色和优良传统。

古时习武授德,都有严格的要求和规则,在习跤中培养传统武德、尊师重道、讲礼守信、重义轻利、宽以待人、严于律己的道德情操,是习练摔跤的真谛。总之,中国式摔跤将这些儒家思想牢牢抓紧,并渗透其中,是武德的根源。也可以说,儒家文化的精髓已完整地传给了习练中国式摔跤的人,中国式摔跤与儒家文化水乳交融,相得益彰。

2. 中国式摔跤与道家思想

道家思想,是整个中华传统思想的哲学基础,它决定了中国传统文化总的发展模式。老子认为"天下万物生于有,有生于无。"中国式摔跤的基本理论与老子的思想紧密相连,中国式摔跤的种种外在形态,如中国式摔跤的神韵、绝技等等,都是道家学说的实践。故一切人事,顺应自然方能获得生存与发展。因此中国的传统文化具有重和谐、重整体的思维特点,这种价值观念,制约着中国式摔跤活动的建构进而决定着武的动作、造型和技术形态与模式。协调统一的动作则使人感到灵活、自如、敏捷、潇洒,给人一种轻松自如的感觉,从而体会到一种气势,一种和谐美。中国式摔跤也正是在"和"的关系中才产生其独特的美,中国式摔跤也正是因为这种审美关系,才使自身具备了"整体之美"。道家思想在中国传统文化的发展中有着极其重要的作用,中国式摔跤中"形神兼备"就是对道家思想的最好阐释,道家思想是中国传统文化的哲学基础,同时也是武术思想认识论的自然性根源。

3. 中国式摔跤与宗教文化

宗教文化是中国传统文化中一个非常重要的组成部分,同时也是武术得以形成发展的重要文化环境之一。作为宗教文化传入中国,很快便与中国的传统文化相融合,并在中国式摔跤的发展过程中起到了重要作用。

二 中国式摔跤与传统文化的传承与发展

  中国式摔跤融健身、搏击、观赏为一体,既具备了人类体育活动强身健体的共同特征,又具有东方文明所特有的哲理性、科学性、艺术性,是一种特殊的民族传统文化形态,是中华文化重要的组成部分,是人类文明的传奇。具有中国特色的传统文化,有着多种多样的表现形式,中国式摔跤便是其中一种重要的肢体表现形式。中国式摔跤除具有文化的特点之外,最重要的是中国式摔跤还具有技击的特点,中国式摔跤的技击性是中国式摔跤区别于其他形式传统文化的一个重要特点。

  中国式摔跤既有与现代体育活动相关的身体运动内容,又是与中华民族历史文化息息相关的传统文化现象,是一种"活态人文遗产"。保护中国式摔跤文化遗产,既是我们民族文化传承和发展的基础,也是维护中华文化独特性和复兴中华文化的重要一环。武术这一中国特有的非物质文化遗产深受传统文化的熏陶,富有浓郁的东方文化特色,能够间接促进传统文化的继承与发展。

第三章 中国式摔跤技法的力学分析

内容提示:在中国式摔跤技法的力学分析这一章节中主要阐释了中国式摔跤的生物力学基础、中国式摔跤力的力学特性、稳定原则在中国跤术中的应用、中国式摔跤的跤架与移动的力学分析。

第一节　中国式摔跤的生物力学基础

跤力是摔跤运动中的专项力量,特指中国跤术专项技术中所体现的有特色的劲力。本章主要从以下两个方面介绍中国跤术中的跤力知识:①稳定的力学基础;②跤力的力学特性。中国式摔跤的跤力符合生物力学原理,它是一种活体的相互对抗运动,因此在分析问题的时候,不能简单地把人体看成刚体,也不能完全应用普通力学原理去分析。在教学中要根据学生的实际能力,结合实践进行讲解。

一　稳定的力学基础

在摔跤运动中,对立的双方应用各种技术动作的目的是为了破坏对方的站立平衡,将对方摔倒,同时保持自身平衡站立。站立平衡的稳定性(简称为稳定)与其在对抗中的技术运用和基本功的练习有密切的关系。人不论怎样摔倒,都有一个共同点,那就是两脚底翻离地面,人体重心超出"支撑面"。

(一)支撑面、基底范围的大小与稳定 ·············●●●

在地面上,一个处于静止和稳定平衡状态的物体,其底部必有一个支撑面。支撑面是指由物体各支撑部位的表面及它们之间所围成的面积组成的范围。支撑面面积越大,物体的稳定性也越大。人是以脚底做支撑来维持站立平衡的。人站立时的支撑面由两脚底触地部位的表面及它们之间所围成的面积组成。

然而人是一个活体,摔跤时运动员在不断移动过程中常常会单脚离地转换,人站立时不同站立方式的支撑面为单脚独立。这时,两脚间在地面的垂直投影范围(最小可支撑范围)比单脚的支撑面更能反映其稳定性,我们常称之为基底范围。站立时的基底范围,是两脚底和其间所张开的面积在地平面上的垂直投影。如两脚同时站立在水平地面上,它的支撑面就是基底范围。如果用部分脚底立在地面上,这时他的基底范围就是两个整脚底在地平面上的垂直投影和其间所张开的面积。

总之,基底范围是影响运动员站立稳度的一个因素。基底范围越大,稳度越高,要破坏其平衡所需用的外力则也越大,也就是将对方摔倒的难度越大。

(二)重心位置与稳定

在地球上,一切物体无不受地心引力的作用,重力的方向始终垂直向下,重力的作用点就称为重心。但是,每个物体都是由无数微小的物质所组成,这些微小的物质无不受重力的作用,所以组成物体的每一个微小物质都有一个重心。那么,对于整个物体而言,它的重心是什么呢?是各个微小物质重力的合力的作用点。人体也不例外,人体是由头、躯干、上臂、前臂、手、大腿、小腿、脚等多个环节组成。每个环节都同时受到重力的作用,各有自己的重心,人体全部环节所受重力的合力的作用点就叫做人体重心。由此可见,重心就是合重力的作用点,它在物体上仅仅是一个几何点。几何形状固定的物体,其重心位置是固定不变的。而人是活的运动的物体,其重心并不是恒定在一个点上。

人体重心的位置是随机变化的,随着呼吸、消化、血液循环等生理过程的进行,在一定的范围内移动。在相对静止的状态下,其变化范围在 1.5～2 cm 之间。人在站立时,人体重心在身体正中面上第三骶椎上缘 7 cm 处。由于性别、年龄和体型不同,人体的重心略有差异。在体育运动中,随着身体姿势的变化,人体重心位置也相应发生变化,这种变化对动作技术的影响较大。例如:手臂上举,重心升高;下蹲,重心下降;左侧屈,重心左移;体后伸,重心后移。动作幅度过大,重心可移出体外。一般情况下,重心越低,物体的稳定性越大。重心在地面的垂直投影离基底面某边缘的距离越远,物体在相应方向的稳定性就越大;趋近于基底面的中心,则物体在各方向上的稳定性趋于均衡。

(三)稳定角与稳定

稳定角就是重心垂直投影线(即重力作用线)和重心至支撑面边缘相应点的连线间的夹角。稳定角越大,物体在相应方向的稳定程度越大,即物体在某方位上平衡稳定性的储备能力越大。稳定角能定量地说明物体在多大的范畴内倾倒时,重力仍可产生恢复力矩使物体回复到原平衡位置。稳定角综合地反映了支撑面积大小、重心高低及重心垂直投影线在支撑面内的相对位置这三个因素对稳定性的影响。如果要增大某方向的稳定性,则要增大在此方向上的稳定角,反之亦然。

(四)灵活性与稳度

在摔跤运动中,并不是说跤姿的稳定性越高越好,从而一味地扩大基底范围,降低重心。摔跤胜负的决定因素是多方面的,稳度只是最基础的一个因素,但不是绝对的。在实战中,还要保持高度的灵活性,便于移动,从而有利于寻找战机,并化解对方的进攻。在一定的范围内,稳度和灵活性是相辅相成的,超出这样的范围,稳度越大,灵活性反而下降,不利于实战中进攻取胜和防守反击。摔跤过程中应随时、随地的自我调整重心和基底范围,以保持较好的灵活性和稳定性。

(五)稳定原则在中国跤术中的应用 ●●●

根据以上稳度法则,基底范围越小、重心越高的物体,受外力作用时其重力作用线就越容易超出基底范围,因而其稳定程度也就越差。摔跤时为了保持较大的稳定度和抗衡对方袭来的横力冲击,一般采用两腿左右或前后均开,以扩大基底范围;膝关节微屈,以降低重心。形成前腿稍绷、后腿弓的半丁字步式跤架姿势。

不同的跤架和跤姿,其稳定角随方向而异。在对方稳定角小的方向上用跤,容易破坏定性而将其摔倒。在实战中,不论采取何种手法和步法,都是为了改变对方站立时在各方向上的稳定角,从而寻求在对手稳定角最小的方向上使用跤力将其轻巧地摔倒。总之,中国式摔跤是一项重视技艺的运动,进攻时,要找准对方稳定角最小的方向使招用法;而在防守时,要根据对方动作与力的变化随时随地保持和改变自己的稳定角,以便对抗对手的跤力,防止被摔,甚至可以乘彼之虚,反守为攻。

二 中国式摔跤力的力学特性

(一)本力与跤力 ●●●

中国式摔跤运动中,运动员的力量并不是越大越好,这是因为力量与跤力有本质的区别。平常我们所说的一个人力气大,力大无穷,是指一个人先天禀赋的力量素质,是肌肉中的绝对力量及其储备的表现,应称其为"本力"。在这种力量素质的基础上,经过特定的训练而获得力量的增加和用力技巧的综合,现代运动学称为"专项力量"。通过中国式摔跤特定训练而产生的专项力量,由于训练方法的不同而表现出很大的差异。实际上,中国式摔跤是一种强调技艺的对抗性运动,是力量与技艺完美结合的运动项目。

(二)力偶与跤力 ●●●

物理学上把同时作用于同一物体上的两个大小相等、方向相反(即 $F_1 = -F_2$)。但不在同一条直线上的平行力称为一组力偶。由于构成力偶的两个力的矢量和为零,因而力偶不能影响物体的平移,但它可以使物体发生转动,因为二力之间有力偶矩,力偶矩是两力中的一个力与力偶臂(两力之间的垂直距离)的乘积。例如,汽车司机双手转动方向盘时就是施加一个力偶矩,使方向盘转动。

摔跤运动中的被摔倒地,不外乎以下两种情况:一是身体通过脚底边缘某点的轴旋转倒下,脚不离开地面,整个身长绕轴转动,使身体转动的力是对方所施外力及其本身重力。二是身体绕其自身正交轴(基本上通过身体重心)旋转后,脚底离开地面,下落倒地。

在这种情况下,对方手抓握部位和腿绊部位在其身体正交轴的两边,手的作用力同腿绊之力二者组成一对力偶,使输跤者身体先绕其正交轴转动,失去平衡,后在重力的作用下落地。第二种情况在中国跤术中占有重要的地位。

另外,单纯的一个外力想将对手摔倒也是十分困难的,因为对方很容易防守,如果碰到对方的力量很大,还容易被其借势反攻。而采用力偶原理,二力齐发,对方就难以兼顾,防不胜防。下搓其根,上扳其体,使其绕重心转动,对方只要着了道,则难以反抗,有力无处使,而我方则不费劲。

中国跤术的跤力中处处体现着力偶的特性。上、下(手、脚)之间是一对力偶,左、右手亦是一对力偶。中国式摔跤十分强调底手的作用,就是基于这一原理。

(三)跤力的刚与柔

中国式摔跤的跤力讲究冷脆劲与绵韧劲。冷脆劲就是爆发力,绵韧劲就是柔韧力,二者是矛盾的统一,缺一不可。刚柔相济就是二者有机结合的体现。

(四)绵韧性跤力

在摔跤运动中,肌肉的适度放松(松而不懈)是在对抗中保持身体站立平衡的一个重要因素。因为,肌肉放松时,对方施加到本方身体上的力就不能完全迅速地分布到全身其他部分去,而在接触点邻近的部位就被吸收了,对方的力无法使本方身体产生整体运动,也就不可能摔倒。这种力的吸收现象,就是所谓的"卸劲"。

如果全身肌肉紧张僵硬,关节失去应有的弹性,作用在身体局部的外力就可沿其作用线迅速传递到全身,使全身产生转动,这样就很容易被摔倒。所以摔跤时为了在强大的外力作用下有效地保持自身平衡,在相持阶段必须保持全身肌肉的放松,使对手无从着力,这就是"柔能克刚"的道理,也是跤力要有韧性的涵义。

(五)刚脆性跤力

跤力的绵韧性,是保持身体在运动中灵活性的基础,是有效防守和积极寻找战机的重要条件。当抓住时机,进攻已得势时,则必须运用跤力的另外一种特性——刚脆性。刚是指跤力体现的整体性和强力性;脆是指跤力运用的迅速性,瞬时完成;冷是指跤的突然爆发性,使对方防不胜防,等对方明白时已经输跤了。

运用刚脆性跤力时,必须是在本方已得时和得势的时候,全身肌肉突然瞬时绷紧,产生强大的功率,相当于应用全身的爆发力将对方摔倒;否则盲目应用,反使自己的动作僵化,身体失去弹性,给对方以可乘之机。运用刚脆性跤力还必须干脆、迅速、瞬时完成,若拖泥带水,等对方反应过来,一则会产生对抗性刚力,二刚相碰,容易产生损伤;二是对方可迅速解脱,甚至乘势反攻。

(六)跤力中的化劲

中国跤术的跤力技艺性很强,反对纯粹的蛮力顶抗,讲究"化劲",避实就虚,以巧破千斤。在对抗中,受力一方不能迎着对方的来力硬顶,而应向对方力的作用线的侧方运动和用力,这样就可用很小的力摆脱开对方大力的作用,这就是所谓的"化劲",也叫"四两拨千斤"。

在摔跤竞技中,当出现力量相持性对抗时,能先主动改变力的方向的一方运动员将会占据先手或直接摔倒对方。这是因为在相持状态,改变力的方向可使对手力量落空,处于被动挨摔的境地,甚至其力作用的本身惯性即可令其自行跌倒。

(七)运动中的跤力——圆劲 ●●●

摔跤运动中,常讲"劲须整、力须圆",其中圆的涵义,主要有以下两方面:

其一,是从被摔倒的一方说起。由于人体摔倒时是绕一定的轴翻转倒下,身体各部位在翻转过程中各自绕轴上的对应点做圆周运动。那么,作用在其身体局部的跤力只有沿身体局部圆周运动的弧线的切线方向或与身体垂直才能收到最好的效果。这种始终沿切线方向的力,需要跤手连续改变用力方向,这样总的跤力就表现出一种整体上圆的感觉特性,这就是所谓的"圆劲"。从外表上看,力的作用点在沿一个圆弧形的路线运动。实际上,这种"圆"常常就是上文所说的力偶在运动中的表现。

其二,运动员在使用跤力将对方摔倒的时候,还必须保持自己的站立平衡,"一倒一立",美观大方。好的跤手在摔倒对方时,用跤力使对手和自己同时以自己的重心为圆心做圆周运动,这时自己以重心线平衡旋转不发生倾倒,而对方重心离圆心远,旋转半径大,不断地沿圆周运动,很容易被绊摔倒。这时运动员所用的跤力是沿圆周切线方向的力与一个指向自己的向心拉力的合力,走的也是一个圆弧形的路线。与上一种不同的是,这一种圆力的圆心是自己,而前者是对方身体中的转动轴。在具体的跤绊中,以上两种圆应结合应用,而不能完全分开使用。

第二节 中国式摔跤的跤架与移动的力学分析

中国跤术是以站立摔来决定胜负的。站架和移动在整个摔跤过程中尤为重要。跤架的站立本身就是为了保持身体的平衡和有利于使用各种攻防技术,因此跤架的站立既要注重前后重心的稳定,也要考虑到左右平衡。双方交手后,激烈的攻与防都在移动中进行,移动中身体不断地变换姿势,以增大稳定角,保持重心不越出支撑面,保持自身平衡。所以在摔跤移动中,要遵循以下原则:

第一,是在移动过程中扩大支撑面,保持支撑面。也就是先移动靠近某个方向的脚,然后另一只脚保持原来跤架的姿势。

第二,在移动过程中,不能采用并步和交叉步,造成身体在运动上的不稳定。例如:两脚左右开立时,右脚向左脚靠拢,由于身体向左方向移动,故身体左方向上不稳定,这时对方若做攻击性动作就很难保持自身的平衡。

第三,遵循移动先移重心的原则。例如:移动左脚时,先把重心向右脚方向移动,然后才能移动左脚,最后调整重心,这样就可以避免失去平衡,不给对方可乘之机。

总之,保持身体平衡要注意以下几点:①要善于改变下肢的位置;②扩大支撑面;③降低重心;④移动重心垂直线的位置;⑤要善于使肌肉群放松和紧张;⑥重心移动时,脚步不能离开地面,避免重心升高。

第四,破坏对方平衡的力学分析。破坏对方平衡是摔跤的主要战术之一,通常采用的方法是手拉脚绊,迫使对方失重而翻倒在地。这是两个相反的力量所形成的力偶和翻转力矩作用于对方身体的上部和下部,使对方的身体离开地面翻转倒下。例如:入、揣、手别、切等技术动作,就是手向前的拉力和腿向后的别绊,使对方旋转倒下。这类动作使对方身体绕自己身体的矢状轴、额状轴、斜方向旋转,它的直径是手与脚(或手)之间的距离。

第四章 中国式摔跤的基本功与力量练习

内容提示: 在中国跤术的基本功与力量练习这一章节中主要对徒手基本功练习、中国式的倒地功、专项基本功练习、中国式摔跤的基本功器械练习、中国式摔跤的器械力量练习、中国式摔跤的器械力量练习等内容进行了阐释。

中国式摔跤攻防技术繁多,瞬息万变。它不但要有良好的素质、勇敢顽强的意志品质和机智灵活的应变能力,还必须具有专项所必需的基本功,才能更好地展现专项技能。基本功是摔跤技术的基础要求,同时也是提高摔跤运动员专项身体素质的具体手段和方法。基本功分徒手基本功练习、专项基本功练习和器械基本功练习三大类。

第一节 徒手基本功练习

徒手基本功是通过徒手练习提高专项素质和身体协调能力的基本功法。练习时要注意由浅入深,由慢到快,循序渐进,注意动作规范,持之以恒,不可急于求成,谨防伤害事故的发生。

一 伸筋(柔韧练习)

伸筋是中国式摔跤中柔韧练习的称呼,而柔韧是指人体各个关节的活动幅度以及肌肉、肌腱和韧带等软组织的伸展能力。中国跤术练习者的肩、腰、髋、腿等部位均需要具备特殊的柔韧性,才能在中国跤术练习中表现出大幅度的活动范围。柔韧性差的人,会影响掌握动作技能,还会限制力量及速度、协调能力的发挥,也会造成肌肉、韧带损伤。在中国跤术教学中,要重视练习者的韧性问题,体现出柔中有刚和刚中有柔的效果。经常进行伸筋练习,能增强各个关节、韧带的柔韧性和灵活性,提高肌肉的控制能力和必要的弹性。对提高摔跤动作质量,防止、减少发生伤害事故,都能起到重要作用。

（一）肩、臂柔韧练习 ·· ●●●

肩、臂练习主要是增进肩关节的柔韧性，加大肩关节的活动范围，发展肩部力量和灵活性。主要练习方法有压肩和肩绕环。

1. 双肩绕环

预备姿势：两脚开立，与肩同宽，两臂垂于体前。

动作说明：练习时左右两臂依次做前后绕环；左臂由下向前、向上、向后做向前绕环；右臂由平向后、向下、向前做向后绕环；然后再做反方向的绕环（图4-1）。

图4-1　双肩绕环动作示意图

动作要点：向上抢臂要贴近耳朵；向下抢臂时贴近腿。

2. 垫上压肩

预备姿势：双膝跪在摔跤垫子上，与肩同宽或稍宽。

动作说明：两手前伸，上体前俯，挺胸，塌腰，收髋，并做下振压肩动作（图4-2）。

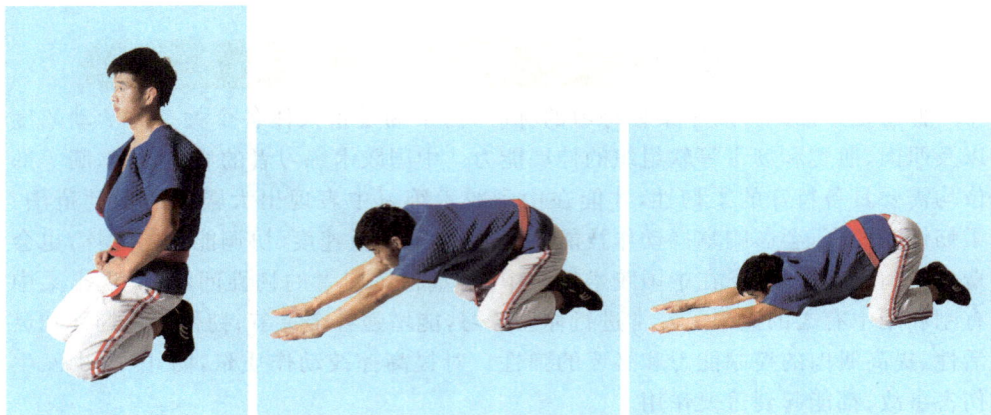

图4-2　垫上压肩动作示意图

动作要点：两臂要伸直，振幅要逐步加大，压点集中在肩上。

（二）腿部柔韧练习 ●●●

腿部伸筋（柔韧）练习，主要有压腿、劈腿等内容。练习的目的主要是拉长腿部的肌肉和韧带，增加柔韧性，加大髋关节活动范围，增加其灵活性以及发展腿部的力量和爆发力。

动作要点：直体向前，向下压振，逐渐增加振幅，以前额、鼻尖触及脚尖。

1. 垫上正压腿

预备姿势：坐在摔跤垫上，两腿前伸脚尖勾起，踝关节屈紧，两手扶按脚底上。

动作说明：练习时两腿伸直，脚尖勾起，踝关节屈紧，上体前屈并向下做压振动作（图4-3）。

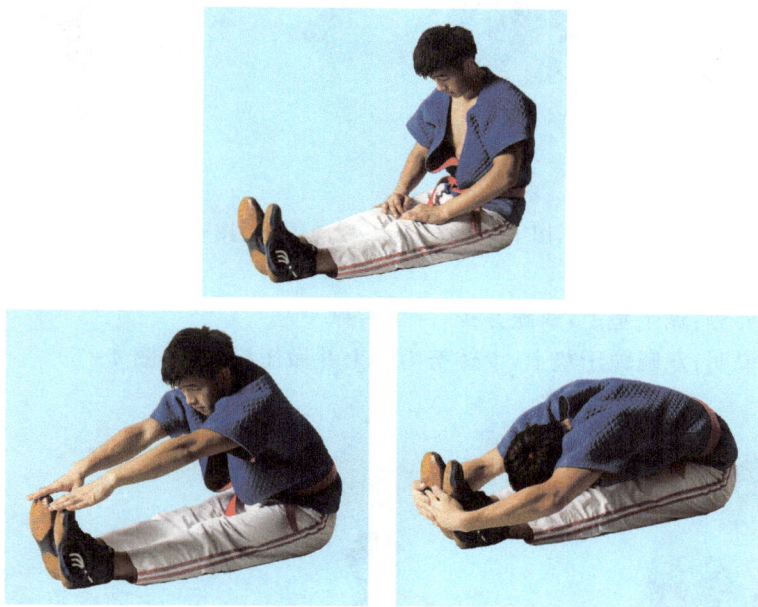

图4-3　垫上正压腿动作示意图

动作要点：直体向前，向下压振，逐渐增加振幅，以前额、鼻尖触及脚尖。

2. 垫上侧压腿

预备姿势：坐于垫上，两腿分开，双手叠放于一侧脚踝处，身体向侧振压至脚尖方向。

动作说明：脚尖勾起，踝关节紧屈，上体向侧压振，左右交替练习（图4-4）。

动作要点：上体挺直，侧体压振，逐步过渡到上体侧卧在被压腿上。

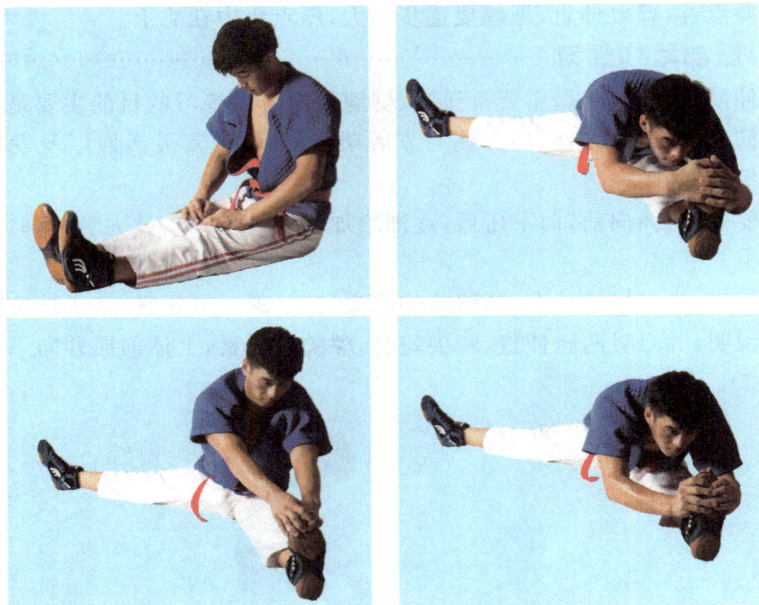

图 4 - 4 垫上侧压腿动作示意图

3. 垫上后压腿

预备姿势：跪于垫上，双腿并拢，两手后撑。

动作说明：双腿跪于垫上，上体努力向上并做压振动作（图 4 - 5）。

图 4 - 5 垫上后压腿动作示意图

动作要点：上体与腰部向上振，挺胸，展髋。

4. 垫上劈叉

劈叉为柔韧性训练的高级阶段，分为横劈腿和竖劈腿两种方法。

①竖劈腿

预备姿势：两手左右扶地或两臂侧平举，两腿分开成直线。

动作说明：左脚后侧着地，脚尖勾起，右腿的内侧或前侧着地（图4-6）。

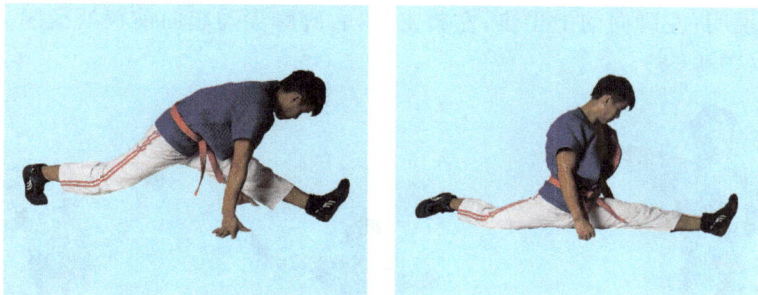

图4-6 竖劈腿动作示意图

动作要点：挺胸，立腰，沉髋，挺膝。

②横劈腿

预备姿势：两手在体前扶地或两手侧平举，两腿左右分开成直线，脚内侧着地（图4-7）。

动作说明：腿左右分开成一字形，双手在体前撑地，使上身正直，两腿左右分开成一线并坐于地下方为合格。

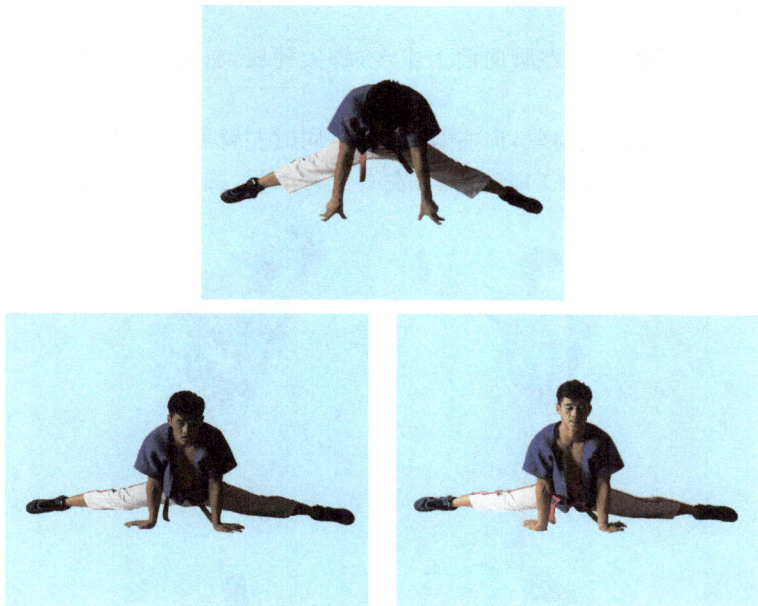

图4-7 横劈腿动作示意图

动作要点：挺胸，立腰，沉髋，挺膝。

5. 正踢腿

预备姿势：两脚并立，两手叉腰或侧平举。

动作说明：左脚向前上半步，左脚支撑，右脚脚尖勾起向前额处猛踢；左右两腿交替进行（图4-8）。

图4-8　正踢腿动作示意图

动作要点：挺胸，直腰，踢腿时脚尖勾起，收腹收髋，踢腿过腰后加速。

6. 侧踢腿

预备姿势：两脚并立，左脚向前上半步，脚尖外展，右脚脚跟提起，身体略右转，右臂后举。

动作说明：右脚脚尖勾紧，向右耳侧踢起，同时左臂屈肘上举亮掌，右臂屈肘立掌于左肩前或垂于裆前，眼向前平视。左右交替练习（图4-9）。

图4-9　侧踢腿动作示意图

动作要点：挺胸，直腰，松髋，收腹猛踢腿。

7. 外摆腿

预备姿势：也叫过腿，两脚并立，左脚向前方上半步。

动作说明：右脚尖勾紧，向左侧上方踢起，经面前向右侧上方摆动，直腿落在右腿旁，眼向前平视。左右交替练习（图4－10）。

图4－10　外摆腿动作示意图

动作要点：挺胸，塌腰，松髋，外摆幅度要大。

（三）腰部柔韧练习 ●●●

腰是贯通上下肢的枢纽，俗话说"摔跤不练腰，终究艺不高"。手、眼、身法、步法四个要素中，腰是较集中地反映身法技巧的关键。腰部练习主要是增加髋关节、脊柱的灵活性、协调性和柔韧性，同时发展腰腹的力量。常见的练腰方法有：前俯腰、涮腰、下腰、头桥、胸压等。

1. 前俯腰

预备姿势：并步站立，两手手指交叉，直臂上举，手心朝上。

动作说明：上体前俯，两手尽量着地，然后两手抱住两脚跟腱，逐渐使胸部贴近腿部。持续一定的时间再起立，还可以向左或向右转体，两手在脚外侧贴触地面（图4－11）。

动作要点：两腿绷膝伸直，挺胸，塌腰，收髋，并向前折体。

2. 涮腰

预备姿势：两腿开立，略宽于肩，两臂自然下垂。

动作说明：以髋关节为轴，上体前俯，两臂随之向左前下方伸出，然后向前、向右、向左、向后翻转绕环（图4－12）。

动作要点：尽量增大绕环幅度。

图 4-11 前俯腰动作示意图

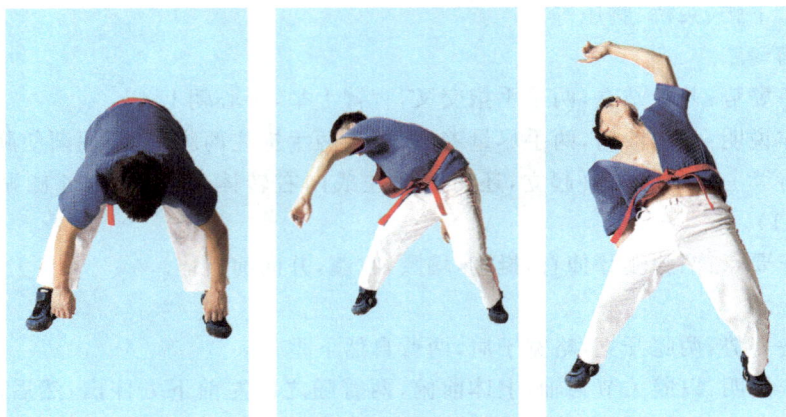

图 4 - 12　涮腰动作示意图

3. 下腰

预备姿势：两腿开立，与肩同宽，两臂伸直上举。

动作说明：腰向后弯，抬头，挺髋，两手和两脚支撑地面成桥形（图 4 - 13）。

图 4 - 13　下腰动作示意图

动作要点：弓腰起桥，尽量缩短手与脚之间的距离。

4. 头桥

预备姿势：两脚开立，与肩同宽，头手撑地向前翻，双脚与头支撑地面。

动作说明:抬头,挺腰,以头和双脚做支点,形成头桥(图4-14)。

图4-14　头桥动作示意图

动作要点:挺膝,挺髋,要向上顶;桥弓要大,脚跟不能离开地面。

二　中国式的倒地功

倒地功是自我保护的练习方法。中国式摔跤是以摔倒对方、自己不被摔倒为特点的竞赛项目。所以练习摔跤时,先要学会倒地时保护对方和自我保护的方法。只有掌握了倒地方法才可避免摔痛和受伤,并能锻炼身体经受震动的能力,发展灵敏、协调等身体素质。

(一)中国式摔跤倒地功的作用 ●●●

1. 保护对方

训练时把对手摔倒并采用一定的手法来保护对手,反映了一个人的品质。因此,提倡"宁输一跤,不伤对方"和"自己的安全和对手的安全一样重要"的原则。

2. 自我保护

要想做好自我保护,首先在思想上要有正确的认识。参加摔跤训练的目的是增强体质,学习自我防身的技术,既要进行科学的锻炼,又要重视自我保护,防止伤害事故的发生。

(二)中国式摔跤倒地功的滚翻练习 ●●●

1. 前滚翻

预备姿势:练习时蹲立,两手向前撑地,两脚蹬地。

动作说明:提臀,同时屈臂低头,屈体前滚;当背部着地时,屈膝团身,两手抱小腿中前部,上体跟上成蹲立(图4-15)。

动作要点:低头团身,方向要正,滚翻圆滑。

2. 后滚翻

预备姿势:练习时背向滚动方向,成蹲立。

动作说明:身体稍向后移,随即双手推地,低头,圆背,团身后滚,屈臂内夹,两手反撑在肩上,手指向后(图4-16)。

图4-15 前滚翻动作示意图

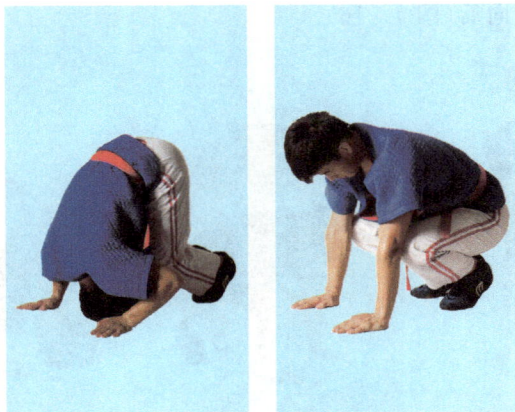

图 4-16　后滚翻动作示意图

动作要点：当后滚至肩、头着地时，臀部上翻，顺势推地。

3. 鱼跃前滚翻

预备姿势：练习时屈膝直立，两臂前摆，同时两脚向下后方用力蹬地，身体向前上方跃起。

动作说明：腾空时留腿控髋，低头，屈体前滚，背部着地时，屈膝团身成蹲立（图4-17）。

动作要点：有明显的腾空，腾空时控髋，撑地轻巧，滚翻圆滑。

图 4 - 17　鱼跃前滚翻动作示意图

第二节　专项基本功练习

　　专项基本功,又叫绊子功,是中国式摔跤练功方法的重要组成部分。是模拟摔跤多种进攻、反攻等技术动作特点而形成的一种针对性很强的技术功法。

　　专项基本功训练是培养专项技术,形成规范的技术动作定型,提高爆发力、协调能力的极好的训练方法之一。它要求因人而异,根据个人形态特点,选择适合其应用的技术内容。练习时应左右交替,技术全面,逐步形成个人的技术风格和特点。基本功种类繁多,效果各异,一般分类为:以脚、腿进攻与反攻的基本技术动作;以臀、腰部位进攻与反击的基本技术动作;以手臂进攻与反击的基本技术动作。为了便于熟记和训练,现把这些基本功法编成谚语韵句,以求全面掌握。

　　　　　　　　　　盘抽蹲踢过,耙刀得合挤。
　　　　　　　　　　崴勾领别跪,掀闪手别掏。
　　　　　　　　　　功法三十二,钻逃踢蹉窝。
　　　　　　　　　　管搂牵别切,绷入披袖揣。
　　　　　　　　　　抱豁倒扛靠,初学要练好。

1. 盘腿基本功

　　盘腿的作用:练下肢的灵活性,并可破解大得合等动作。

　　预备姿势:两腿开立呈高马步姿势,双手自然下垂或双手掐腰。

　　动作说明:左腿支撑身体重心,右腿由左膝关节上部盘腿至髋部,盘腿脚底尽量向内翻;盘左腿时换右腿支撑重心;左右交替练习(图 4 - 18)。

图 4-18 盘腿基本功动作示意图

动作要点：上体直立，支撑腿微屈，上盘腿尽量高至腰髋部位，双腿交换频率要快。

2. 抽腿基本功

抽腿的作用：练下肢的灵活性和协调性，可破解耙子、蹉窝和小得合等动作。

预备姿势：两腿开立，与肩同宽，双手自然下垂，两腿微屈。

动作说明：右腿透步于左腿后做支撑腿，左腿由右腿膝关节上向后盘抽，上体随之转体成 90°。左右交替练习（图 4-19）。

动作要点：上体直立，双腿微屈，松髋，抽腿转体时以支撑腿的脚尖为轴，带动身体旋转拧钻。

3. 蹲踢基本功

蹲踢的作用：是腿部专项力量的一种训练方法。

预备姿势：两腿开立，与肩同宽，深蹲，双手掐腰或自然下垂。

图 4-19　抽腿基本功动作示意图

动作说明：练习时左腿向前上方猛踢，右腿弯曲支撑重心，踢左腿时动作相反，左右交替练习（图 4-20）。

图 4-20　蹲踢基本功动作示意图

动作要点：蹲踢时上体直立，收髋挺膝，勾脚尖，力求踢。

4. 上步踢基本功

上步踢功的作用：是脚部攻击对方的基本功法。踢绊种类很多，因所揪、抓、握部位不同，故名称、功效各异，但脚踢的技法大致相同。踢绊在摔跤技术中是自身失重小、效果好的绊术之一。

预备姿势：练习时两腿左右开立，与肩同宽。

动作说明：左腿上半步，左腿膝关节微屈支撑重心，踢右腿时，发力于右脚的前脚掌内侧，横向贴地面出足扫。踢的高度不超过膝关节，右手（活手）向身后紧拉，左手（底手）随之由下向上方做摆臂动作，踢左脚时动作要领与踢右脚的方向相反，左右交替练习（图 4 - 21）。

图 4 - 21　上步踢基本功动作示意图

动作要点:膝微屈上体直立,踢时横扫有力;随之,坐腰,紧活手,送底手。

5. 蹉窝基本功

蹉绊功的作用:毡叫蹉窝,是以脚部攻击对方的基本功法。蹉的种类也很多,因双手揪抓把位不同,名称、功效各异。蹉绊在摔跤技术中也是自身失重小的绊术之一。

预备姿势:两腿左右开立,与肩同宽。

动作说明:左脚蹉窝时,右脚垫步至右腿做支撑腿,膝关节微屈膝,勾脚尖猛向上蹉挑,左手(活手)同时由上向身后方紧拉,右手(底手)向侧上方抽送。右脚蹉时与蹉左脚的动作方向相反。左右交替练习(图4-22)。

图4-22 蹉窝基本功动作示意图

动作要点:支撑脚和蹉管脚的膝关节微屈;上挑时勾紧脚尖,上下肢协调发力。

6. 上步耙基本功

上步耙功的作用:俗称耙子。也是以脚部攻击的基本功法。耙子虽不像踢、蹉的技术多,但攻击使用时,自身失重小、效果好。

预备姿势:两腿左右开立,两膝关节微屈。

动作说明:左脚向左方上半步做支撑,右腿(活腿)踝关节向里横向弯曲脚面,如镰刀形状向前伸出,随后向自己裆内拉耙;活手配合向前支撑,底手向肋下紧拉。左脚耙拉时与右脚耙的动作方向相反(图4-23)。

图4-23 上步耙基本功动作示意图

动作要点:支撑腿膝关节微屈,耙拉腿挺膝,但脚尖横向弯勾,上下肢协调发力。

7.上步里刀基本功

上步里功的作用:俗称刀勾。属于脚部攻击的绊术动作。与前面不同的是,它是用脚后跟刀蹉对手的小腿。

预备姿势:两腿左右开立,两腿膝关节微屈。

动作说明:右腿(底腿)先向前方上半步,做支撑腿。左腿(活腿)随之向前伸出并翻脚底板,然后用脚跟刀挂,并用力向自己裆中回拉,同时活手(左手)配合向前方支捅,右手(底手)向身后侧拉。右腿刀勾时的动作须与左腿刀勾时的方向相反。左右交替计时或计数练习(图4－24)。

图4－24　上步里刀基本功动作示意图

动作要点:支撑腿膝关节微屈,刀勾腿挺膝外翻,亮脚跟,刀勾时上下肢协调发力。

8. 上步得合基本功

上步得合功的作用:俗称大得合。是以脚部攻击对方的基本功法。

预备姿势:两腿左右开立,与肩同宽。

动作说明:左腿向右腿后透步转体180°。做支撑腿,右腿随之弯膝向外旋挂。左手(活手)向左身后紧拉,右手(底手)由下向斜上方支捅。左腿外挂时的动作要领与右腿外挂的方向相反。左右交替练习(图4－25)。

动作要点:支撑腿挺膝并以脚尖为轴向所挂腿外旋转。起挂腿展髋外挂,上体欺身手支捅。

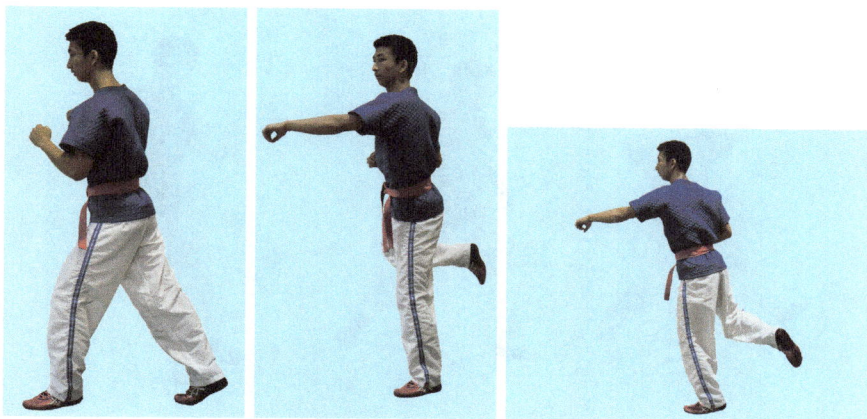

图 4 - 25　上步得合基本功动作示意图

9. 挤桩基本功

挤桩功的作用：俗称顶桩。是以腿膝部位攻击对方的技术功法。

预备姿势：两腿左右开立，与肩同宽，两手自然下垂。

动作说明：两腿左右开立，与肩同宽，两手自然下垂。左腿（活腿）向右斜方上步，右腿（底腿）跟步，同左脚平行，左腿随之向上顶抬，双手向顶抬腿斜上方抽送。右腿顶挤时动作要领与左腿顶挤的方向相反。左右交替练习（图 4 - 26）。

动作要点：支撑腿直立全脚掌着地，挤桩腿高抬，双手抽。

10. 脑切基本功

切绊功的作用：又称脑切子。是以腿部攻击对方的技术功法。

预备姿势：两腿左右开立，与肩同宽。

动作说明：左脚（底腿）向左横向上步，右腿经左腿脚前划步于对手的右腿后方崩打，紧左手（底手），活手由上向下砸，右肩做切的动作。右腿放髋外展，右腿发力，同时带动左腿（底腿）向前跟步，左腿做切的动作与右腿做切的方向相反，左右交替练习（图 4 - 27）。

动作要点：活腿做划步置于对方右腿后，紧手砸肩重心前倾，取腿支撑。

11. 跪腿基本功

跪腿功的作用：又叫小得合。是以腿部攻击对手的技术功法。

预备姿势：两腿左右开立，与肩同宽，膝关节微屈，两手自然下垂。

动作说明：左腿（底腿）向右腿后做背步，右腿（活腿）随之向左转体外旋下跪。上体前倾，右手（底手）向前支捅，左手（活手）下捋摁踝关节处（图 4 - 28）。

动作要点：跪腿欺身捅手。

图 4-26 挤桩基本功动作示意图

图 4-27 脑切基本功动作示意图

图 4 - 28　跪腿基本功动作示意图

12. 搋管基本功

搋管功的作用：是主要以腿部攻击对手的技术功法。

预备姿势：两腿左右开立，与肩同宽，膝关节微屈，两手自然下垂。

动作说明：左腿（活腿）向左斜上方上一大步，滑管对方的右腿，右腿（底腿）随之跟步。左手（活手）向斜上方搋其右臂而后臂弯曲约 90°向回横向搋拉，右手（底手）向右身侧后紧拉。右腿搋管时的动作与左腿搋管的方向相反。左右交替练习（图 4 - 29）。

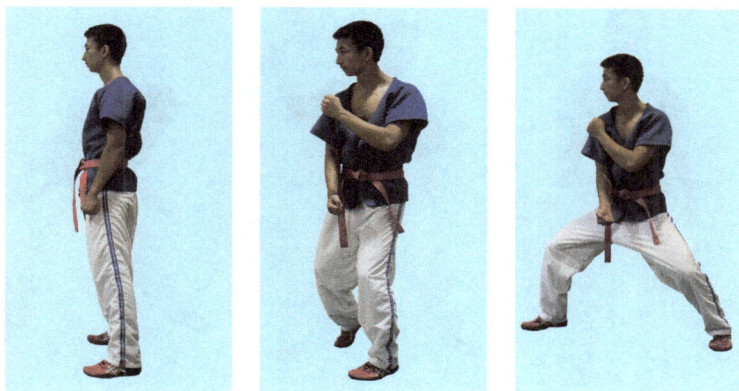

图 4-29 搋管基本功动作示意图

动作要点：滑步插臂猛搋管，下肢管腿上体转。

13. 左右崴基本功

崴绊功的作用：又称长腰崴，是以腿、髋部攻击对方的技术功法。属背脸摔绊子。

预备姿势：两腿左右开立呈高马步，两手自然下垂。

动作说明：上体俯腰，右腿（活腿）以脚尖为轴向外崩拧，上体向前方前倾，转体。左腿（底腿）以脚跟为轴向外转拧成弓步，向左后方长腰背脸。左手（底手）紧拉置左肋下，右手（活手）横向前方支出。左腿做崴时的动作与右腿做崴的方向相反。左右交替练习（图 4-30）。

动作要点：要人髋长腰，俯腰转体背脸。支撑腿弓，崩崴腿伸直，紧底手支活手。

14. 勾子基本功

勾子功的作用：又称挑勾子。是以腿部攻击对手的技术功法，单腿支撑，属背脸摔绊子类。

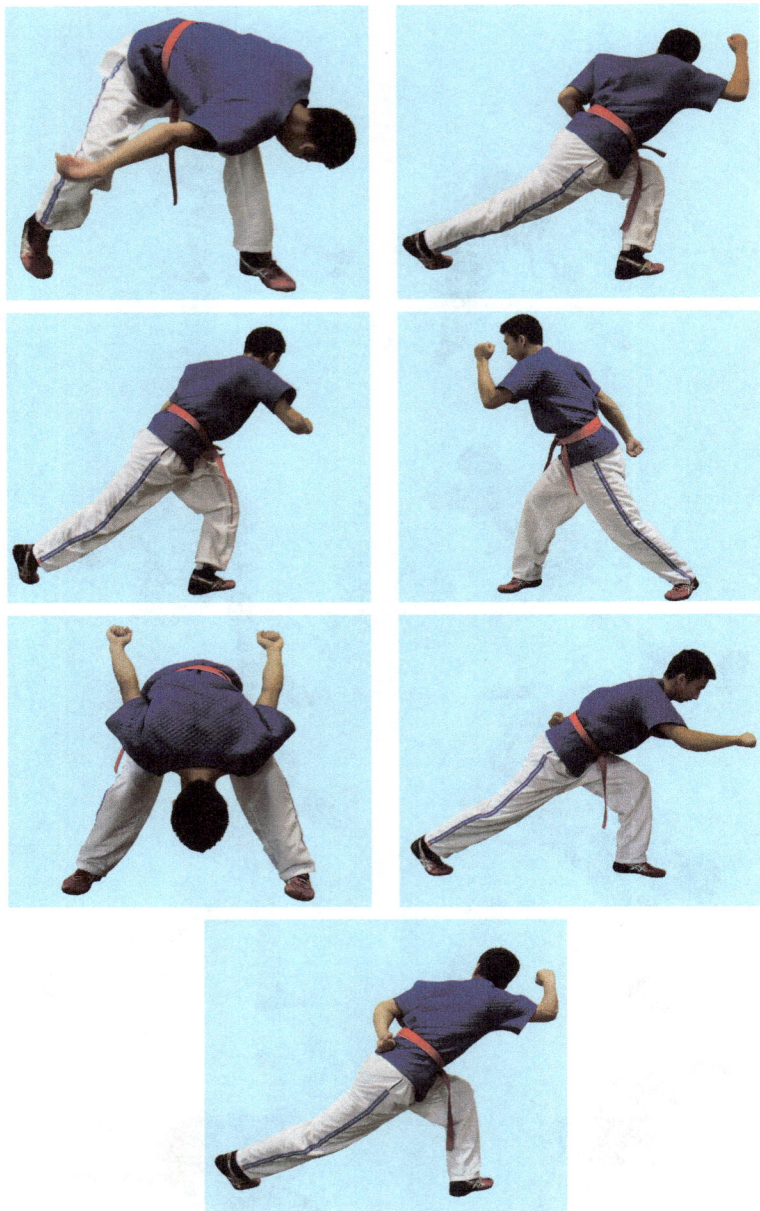

图4-30 左右崴基本功动作示意图

预备姿势：练习时两腿开立成跤架。

动作说明：右腿背步到左腿后做支撑腿，随之两脚以脚尖为轴转体180°。屈膝，左腿立即向后上方猛力挑勾子，左手（底手）向身后紧拉，右手（活手）猛力由上向支撑脚方向裹压。俯腰低头，背脸，支撑腿向后崩拉(图4-31)。

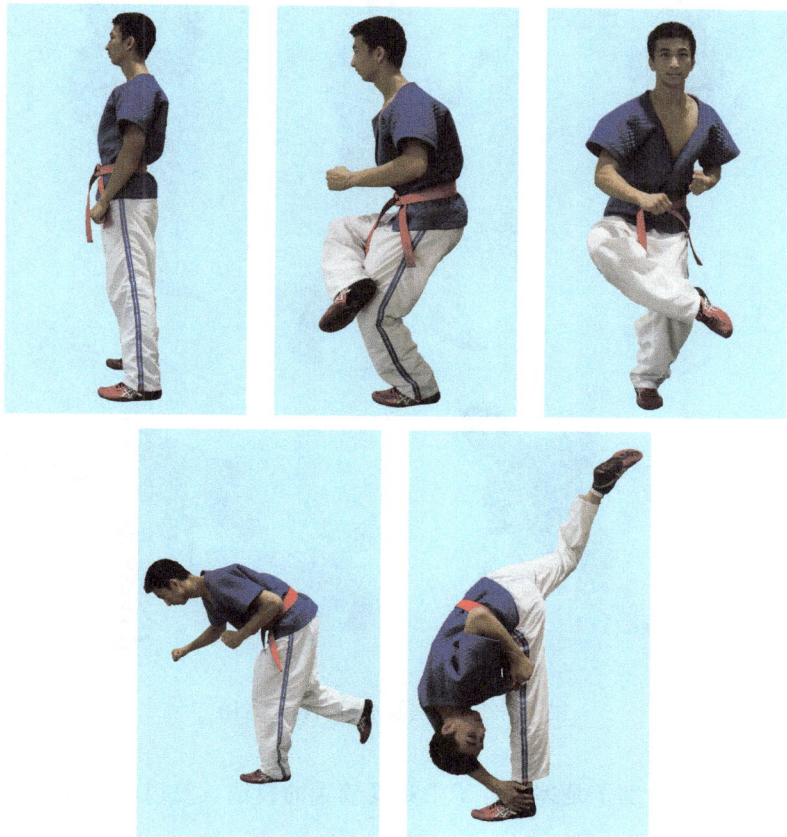

图4-31　勾子基本功动作示意图

动作要点：背步，屈膝转体，扔腿撩勾子，俯腰低头，紧底手裹活手，支撑腿崩拉。

15. 牵别基本功

牵别功的作用：牵别是别子的一种，是以腿部攻击对手的技术功法。属背脸摔绊子类。

预备姿势：练习时两腿开立成跤架姿势。

动作说明：双手先向后圆拉1～2步，右腿(底腿)突然背步，置左腿后面，上肢转体180°，左腿(活腿)向侧后方蹬别，底腿弓，活腿蹬成大弓步姿势。双手向右腿支撑脚方向牵拉。右腿做牵别时的动作要与左腿做牵别时的方向相反。左右交替练习(图4-32)。

动作要点：背步转体，底腿弓，活腿蹬，形成手牵拉、腿蹬别的姿势。

图 4-32　牵别基本功动作示意图

16. 别子基本功

别子功的作用：别子是摔跤绊子中难度较大的技法。是以腿部攻击对方，属于背脸摔绊子类。

预备姿势：练习时两腿开立成跤架姿势。

动作说明：右腿（底腿）背步置于左脚后做支撑腿。同时双手在胸前向自己怀里做紧拉动作，左腿随即外展，横向后撩，上体转体长腰背脸，底手紧于身后，活手向头上部位横揪，使身体成单腿支撑的水平姿势。右腿抽别时的动作与左腿抽别时的方向相反。左右交替练习（图 4-33）。

动作要点：背步转体，活腿外展向后抽撩，撩别腿不宜过高，支撑腿挺膝保持平衡。

17. 绷子基本功

绷子功的作用：绷子是以腰、臀攻击对手的技术功法，属背脸摔绊子类。主要发展腰部力量和灵活性。

预备姿势：练习时两腿开立成跤架姿势。

动作说明：练习时两腿开立成跤架姿势，左腿（活腿）向左斜上方上大步，右腿

（底腿）向左腿后背步，成平行卧步姿势，左手（底手）放置在右身后侧，以维持卧步的平衡。随之腰、髋向内转体180°，双脚拧钻，双手交叉抢臂，同时俯腰背头，双腿绷直向后拉嚓，活手由上向下拉入裆内，底手猛拉至左侧身后，低头至双腿间向后看。左腿上步做绷子时的方向相反。左右交替练习（图4-34）。

图4-33　别子基本功动作示意图

图 4－34　绷子基本功动作示意图

动作要点：上步，卧步，转体抢臂，俯腰扎头，双脚前掌拉嚓。

18. 腰入功基本功

腰入功的作用：又称腰入，是以臀、腰部位攻击对方为主的技术功法。属背脸摔绊子类。主要发展腰部力量、灵活性和上下肢的协调能力。

预备姿势：练习时两腿开立成跤架姿势。

动作说明：右腿（活腿）向左斜上方上一大步，左腿（底腿）背步至右腿后面，填腰转体，双手于胸前交叉抢臂，随后俯腰，腹部紧贴大腿，胸部紧贴小腿，低头于两腿中间，活手尽量往上伸拉，底手尽量往身后紧拉，绷腿向后拉嚓。左腿上步坐腰人时的动作与右腿做人时方向相反。左右交替练习（图 4－35）。

图 4 - 35　腰人基本功动作示意图

动作要点:背步转体,填腰抢臂低头,绷腿拉嚓,双脚趾尖抓地,提脚后跟。

19. 披绊基本功

披绊功的作用:又称披袖,它是以臀、腰部位攻击对手的技术功法。属背脸摔绊子类。主要发展腰、臀部位的力量和上下肢的协调能力。

预备姿势:练习时两腿开立成跤架姿势。

动作说明:双手拉圆劲,配合步法向后撤1~2步,以双脚尖为轴,突然转体180°。下蹲填腰,左手(活手)由下向上横向顶肩(加宽肩长度,使其上肩不宜滑脱),随即蹬腿抬臀。

右腿(底腿)弓步,左腿(活腿)蹬直,俯腰低头,双手从身体两侧向后方拽拉,成弓步抬臀姿势,左腿做披袖动作时与右腿做披袖的方向相反,左右交替练习(图4 - 36)。

图 4-36　披绊基本功动作示意图

动作要点：拉圆劲原地转体下蹲，紧手高抬臀，胸腹紧贴前面支撑腿，低头发力。

20. 揣绊基本功

揣绊功的作用：又称单把揣。揣在摔跤技术中是难度较大的技术动作之一。它也是以腰、臀部位攻击对手的技术功法。两腿支撑，同属背脸摔绊子类。能有效地发展腰、臀力量和上下肢协调能力。

预备姿势：练习时两腿开立成跤架姿势。

动作说明：左腿（底腿）背步于右腿（活腿）后面，双膝弯曲，以双脚为轴转体拧钻180°，底手挂肩填腰，低头俯腰，低头于两支撑腿中间，绷腿向后拉嚓，活手向体侧后尽力托豁，左腿做揣时的动作与右腿做揣的方向相反，左右交替练习（图 4-37）。

动作要点：背步屈膝，转体挂肩填腰，俯腰低头，绷腿拉嚓。

21. 手别基本功

手别功的作用：是以手部为主攻击对手的技术功法。属背脸摔绊子类。主要发展手部的翻豁力量。

预备姿势：练习时两腿开立成跤架。

动作说明：右手（底手）向前支捅随后向后拽拉，右脚（底腿）同时向身后撤步转体180°，进右肩，左手（活手）向上翻豁，长腰背脸，底腿弓，活腿蹬直，底手向身后紧拉，上体前倾，动作形成大弓步。右架做手别时的动作要与左架做时的一样，但方向相反，左右交替练习（图 4-38）。

动作要点：撤步转体，进肩腋下，长腰，背脸，底向上翻豁。底手拉紧，活手向上翻豁。

图 4 - 37　揣绊基本功动作示意图

图4-38　手别基本功动作示意图

22. 手掏基本功

手掏功的作用：是以手脚攻击对手的技术功法。属对脸摔绊子类。主要发展手部力量和脚手配合的协调能力。

预备姿势：练习时两腿开立成跤架姿势。

动作说明：左手（活手）由上向下方紧拉，随之左腿（活腿）向左前方伸，脚尖勾起，脚跟触地，右腿（底腿）跟步的同时，右手（底手）伸向活腿踝关节处由下向上撕掏。右架做掏腿的动作要领与左架掏腿一样，但方向相反。左右交替练习（图4-39）。

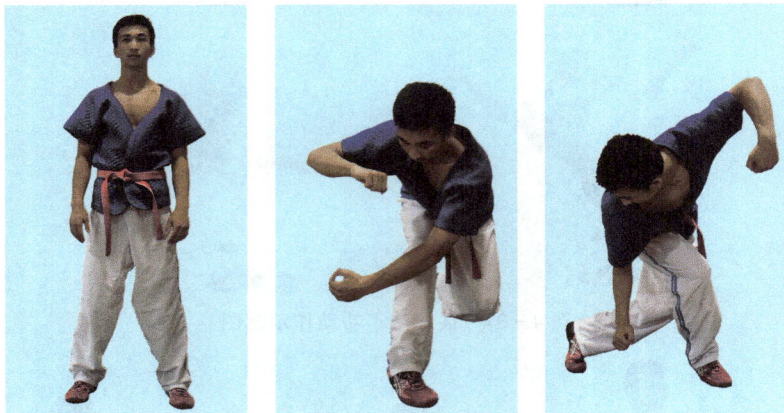

图4-39　手掏基本功动作示意图

动作要点：上步紧手活腿到，底腿跟步底手掏。上下一致协调。

23. 抱腿基本功

抱腿功的作用：抱腿是用手攻击对方的技术功法。双腿支撑，属对脸摔绊子类。

预备姿势：练习时两腿开立，膝关节弯曲成矮跤架站立。

动作说明：练习时两腿开立，膝关节弯曲成矮跤架站立。左腿（活腿）向前方上一大步（约对方裆中），右腿（底腿）随之跟步，双手同时前伸做搂抱于胸前，双腿挺膝向上，双手合抱从胸向左肩上方抽举。右架做抱腿时的动作与左架抱腿一样，但方向相反。左右交替练习(图4-40)。

图4-40　抱腿基本功动作示意图

动作要点:上步下蹲双手抱,手脚协调配合,搂抱站立双臂向上抽举。

第三节　中国式摔跤的器械练习

　　器械基本功练习是借用某些器械进行训练,以达到提高专项素质、专项力量和身体协调能力的手段和方法。器械练习基本功的传统训练方法多种多样。有些器械训练不但至今沿用,而且有很强的训练效果和实用价值,值得我们去保留和沿用。采用各项器械练习,不论是重器械还是轻器械,主要是发展手臂推力、握力和腰腿等的支撑扭转力量。运用技术时,还具有培养长劲、横劲、提压劲、脆劲等功用。有些器械不仅练习力量,还带有技术辅助的功能。器械练习的基本功方法,仍然分手臂功、脚腿功和腰臀功等。

一 手臂功的练习方法

练习手臂功的训练器械有:推花砖、翻砖类、大拧子等,不同的器械有不同的练习方法。不同的练习方法,对手臂不同部位的专项力量有不同的影响。

(一)推花砖(推子) ●●●

推花砖是提高手臂的支、捅、撕、拉、攥等力量的有效训练手段。花砖一般采用耐火砖、铝、铜、铁等不同的材料制成。花砖的大小、重量可依据人体重的级别和力量大小而定。练习的方法有:平推、拽推、卧推和抽推等。步法有原地和移动两种。

1. 平推练习

预备姿势与作用:是原地的练习方法,主要提高手臂力量。练习时手心朝上,将砖收于两肋处。

动作说明:先由左手向前平推,手臂伸直,推出后手心向下(整个手臂与砖有拧转动作,故名花砖),砖收回时仍然手心向上,同时右手向前推出,动作要领同左手一样。两手快速协调地交替练习。

练习时间:练习时间与次数可逐步增加。

2. 卧推练习

预备姿势与作用:是一种左右腿交叉或卧步支推的练习,主要提高手臂力量。练习时两腿左右开立成马步。

动作说明:然后向右转体下蹲卧步,上边的手要用力支捅,底腿要卧蹲在活腿下面。向左卧步支捅的动作同右支捅的一样,但方向相反。左右换跤架练习动作要迅速。

练习时间:练习时间和次数要逐步增加。

3. 抽推练习

预备姿势与作用:抽推配合腿部踢的动作就可进行"抽踢"的技术练习,主要提高手臂力量。练习时两腿左右开立成马步,两手手心朝上平端花砖。

动作说明:抽推时右手(底手)向上抽送,左手(活手)向肋侧下拉,抽推左手时踢右腿,踢左腿时抽推右手。左右跤架交替练习时动作相同,但方向相反。

练习时间:练习时间和次数可逐渐增加。

4. 拽推练习

预备姿势与作用:拽推可以伸长上下肢的肌肉,增强髋关节的力量和手臂的捅拽力量。练习时两腿左右开立成马步,两手平端花砖于两肋处,手心朝上。

动作说明:上身扭转,右手握砖推出,手背朝上,右手砖触及左脚面处,两腿变成前弓后蹬,左手屈臂推砖,手心朝上,长腰。左右架交替练习,动作要领相同,但方向相反。

练习时间：练习时间和次数可逐渐增加。

5. 矮桩推练习

预备姿势与作用：也叫行进推砖法。矮步蹲桩难度大，但此种练习方法能增强臂、腰和腿部的力量。练习时两腿左右开立成马步，两手平端花砖于两肋侧，手心向上。

动作说明：右手持砖向体前平伸推出成手心朝下状，上左脚，用脚尖触地向前走时，脚跟后踢触及臀部，手持砖配合矮步走用力推出和回拉。左右交替上步和两臂的推拉动作要领相同。

练习时间：练习时间和次数逐渐增加。

6. 四步推练习

预备姿势与作用：是移动中的推砖方法。主要是发展上下肢的协调能力。练习时由马步开始走四步，即齐步、背步、上步和崴桩步。

动作说明：两脚配合脚步移动可分别左右推。推完最后一个动作时，再转方向复推，恢复马步。然后上步换向左边推。左右交替移动推的动作要领相同，但方向相反。

练习时间：练习时间和次数逐渐增加。

（二）翻转类练习 ●●●

翻转类也是练习手臂力量的主要方法之一。传统的功法练习多采用垒城墙用的大砖。重砖的练习主要发展手臂的翻抽类力量。可依据练习者的身高及力量大小，用水泥和耐火材料制成 15～25 kg 不等的重砖进行练习。

1. 提翻转砖练习

预备姿势与作用：主要发展手臂部位的提、按、掐、捏等力量。同时还可以锻炼腰部的含、仰等腰劲。练习时两腿左右开立成马步。两手握砖，四指向前，提砖向上翻腕。

动作说明：马步姿势不变，使砖离地面，上体和砖平行，大拇指朝外，两肘自然下垂，两臂贴肋，砖的正面把脸挡住，然后把砖放下还原，但放砖时尽量不放在地上，以增加手臂提翻的难度。

练习时间：如此反复地练习，时间和次数可逐渐增加。

2. 转翻砖练习

预备姿势与作用：主要发展手指和手臂的捏、掐、提、握、按等力量，同时还可以锻炼腰部的力量以及双腿的站桩稳定性。练习时两腿左右开立成马步，两手握砖，四指朝前。

动作说明：双手提砖向上翻腕，砖与身体平行，肘部下垂。马步姿势不变，然后扭身弓步，两手下转，拇指朝外把砖抱在怀内。然后再向右转身，右臂右前伸，左手四指在外,虎口朝上,成托砖状。同时右上臂平直,右前臂在砖后直伸向下,成臂朝前四指在外的反掐砖状,最后把砖推转回来,恢复马步托砖姿势。接着再往左边翻转,但方向相反。

练习时间:练习时间和次数可逐渐增加。

(三)大拧子练习

是传统练习的功法,可用耐火砖和垒城墙用的大砖进行。砖两头可钻成10 cm左右的把子,根据运动员的身高、体重,用水泥或耐火材料制成 $15\sim25$ kg 规格不同的重量,供练习者选用。

1. 横耘练习法

预备姿势与作用:横耘练习结合步法移动,可以发展手臂的抓推、推拉、耘圆、抽、轰等专项力量和腰部的扭、转、翻以及底桩的冲、撤、盘、撑、钻等力量。练习时手握大拧于腹前,两腿左右开立成马步。

动作说明:向右耘圆时手臂向右平伸双臂,随后向自己胸前紧拉。右前紧拉,右腿向右转体 $180°$,接着向左方向再耘拉。左右交替练习时动作要领相同,但方向相反。练习时间:时间和次数可逐渐增加。

2. 抽踢练习法

预备姿势与作用:此练习可以发展手臂的抓推、推拉力量。练习时左右开立成高跤架姿势。

动作说明:双手抓握拧子平放于胸前,配合步法移动可以进行抽踢的练习。右脚踢时,左脚(底腿)上步,右腿(活腿)从右向左上方横踢,同时双手将平行的拧子向竖立方向抽拧,左手(底手)在上,右手(活手)在下。然后再踢左脚,抽送右手。左右跤架交替练习的动作要领相同,但方向相反。

练习时间:练习时间或次数逐渐增加。

3. 勾子练习法

预备姿势与作用:主要发展手臂力量和上下肢协调的能力。练习时两腿左右开立成高跤架姿势,双手抓握拧子平放于胸腹前,配合勾子技术步法可以进行勾子的练习。

动作说明:练习时右腿练习时,左腿(底腿)向右腿后退一步成车轮步,双手抓握拧子随身体向右胸平行紧拉,随之转体右腿向上撩勾子,上体俯腰,同时双手紧握拧子向支撑腿(底腿)方向紧拉。左右架勾子练习的动作要领相同,但方向相反。

练习时间:练习时间或次数逐渐增加。

4. 崴桩练习法

预备姿势与作用:主要发展手臂、腰部的力量。练习时两腿左右开立成马步,双手紧握拧子平放于胸前。

动作说明:右腿做崴桩时,腰部向左拧转,双腿也随之拧钻。左腿(底腿)成弓步,右腿(活腿)蹬直,同时双手握拧子向左前方用力捅送。然后回收拧子和转体恢复预备姿势,再向左边做崴桩。左右架交替练习时动作要领相同,但方向相反。

练习时间:练习时间和次数可逐渐增加。

(四)小梆子练习法 ●●●

小梆子长约 26.7 cm,直径约 5 cm,可按照个人手的大小而定(大约一腕口再加中指大小的圆形),用硬木制成,在梆的中间和两端,车成突起的圆棱。使用时,两手握圆棱的中间握手处(车成圆鼓形),梆的中部棱开为扎细绳之用。

1. 拧小梆子练习

预备姿势与作用:主要发展手臂、手腕力量。练习时两腿左右开立双手紧握小梆子平放于胸前。

动作说明:①两臂垂直部位拧;②两臂前平举拧;③两臂前上举拧;④从上举部位上体前弯扎裆拧;⑤上体向左弯体,右手旁于左脚跟拧;⑥上体向右弯体,左手旁于右脚跟拧;⑦两臂回复垂直部位拧。

练习时间:练习时间和次数可逐渐增加。

2. 扭梆练习

预备姿势与作用:主要发展手臂、手腕力量。练习时两腿左右开立双手紧握小梆子,两臂垂直反握小梆子(掌心向上)。

动作说明:随着腰部向右摆动,两臂自左向右挥动,左臂在上、右臂自下扭梆转动。梆垂直于右肩上,右臂向前推出,交叉在左臂下,两臂成前平举状,掌心向下。如法向左行之,左右交互进行。

练习时间:练习时间和次数可逐渐增加。

(五)千斤梆练习法 ●●●

千斤梆结构:在1.3 m高的架子上面(训练工具)装一个滑轮,用3.3米余的老弦一根(或细绳),一端牢系在梆子的中间,另一端通过滑轮,悬秤锤一个(约1 kg重)。千斤梆练习方法分为两类:一为拧梆,二为扭梆。

下面简述拧梆练习。

预备姿势与作用:主要发展手臂、手腕力量。两脚左右开立(同肩宽),两手指正握千斤梆,掌心向下,两臂垂于体前。

动作说明:拧时手指用力,梆子可由内向外(上转)或由外向内(下转)旋转。拧时肩肘要放松。

练习方法:①两臂前平举拧(前旋和后旋);②两臂前上举拧(前旋和后旋);③两臂前后弯拧(前旋和后旋);④两臂前后仰拧(前旋和后旋)。

练习时间:练习时间和次数可逐渐增加。

（六）大梆子练习法 ●●●

练习大梆子，主要是培养两臂的力量，如提劲、压劲和横劲，也可配合步法和技术辅助练习。如配合步法练习，更能增加运动的幅度和灵活性。

大梆子结构：大梆子是圆形的木梆，长约 0.87 m，粗细和小梆子相同，两端为握手处，中间略粗，以坚硬光滑的木料制成或由 15～30 kg 重的铁梆制成。

1. 压提梆练习法

预备姿势与作用：主要是培养两臂的力量，如提劲、压劲和横劲。两脚开立，屈膝，右手正握梆的前端（前把），掌心向下，左手反握梆的后端（后把），掌心向上。

动作说明：右手向前一压，随即提梆，斜在体前，上把在右肩前，下把在胸前（使劲完全在把上），右手上把，左手下把。向左倒转成左上把，右下把，复向前一压。随即提梆，左右交互进行。

练习时间：练习时间和次数可逐渐增加。

2. 压提梆前进和后退练习法

预备姿势与作用：主要是培养两臂的力量，如提劲、压劲和横劲。两脚开立，正握大梆子，出左架。

动作说明：右脚向前一步，则右手向前一盖，盖后再提梆；左脚向前一步，则左手向前一盖，盖后再提梆，全身自然放松。退步时将梆先提后盖，左右交互进行。盖就是压的意思。

练习时间：练习时间和次数可逐渐增加。

3. 弧形压提梆练习法

预备姿势与作用：主要是培养两臂的力量，如提劲、压劲和横劲。出左架，配合车轮步练习，两手正握大梆子。

动作说明：右脚前出一步，右手向前一盖，左脚上步，右手提梆向右一横；同时以左脚为轴，右脚从右向后扫半周或一周，右臂向后挥成弧形，转至 180°或 360°时，左手向前一盖，左手如法行之。

练习时间：练习时间和次数可逐渐增加。

4. 横梆练习法

预备姿势与作用：主要是培养两臂的力量，如提劲、压劲和横劲。出右架，配合磨盘步练习。

动作说明：以右脚为轴，脚尖碾地，左脚上步，转成 180°弧形；同时两手正握梆子，向右后一横。如法以左脚为轴，向右行之，左右交互进行。这是练习横劲。

练习时间：练习时间和次数可逐渐增加

5. 旋梆练习法

预备姿势与作用：主要是培养两臂的力量，如提劲、压劲和横劲。出右架，配合三点步练习。

动作说明：右架(右手上把,左手下把),右腿移在左脚外侧,同时旋梆(右臂将梆自下向上绕大圈,左臂由上向下续小圈),左脚侧提一步,复成跤架。如法左腿行之。

练习时间：练习时间和次数可逐渐增加

(七)抖皮条练习方法 ●●●

装置：用两根长约 0.87 m、宽约 3.3 cm 的皮条,两端用线裹绕,以便握手。如没有皮条,可用白麻绳绞成辫子,长短宽度同皮条。

预备姿势与作用：抖皮条是练习手抖的力量和转体伸展力量的一种工具。抖劲是右(左)手,由下经上体向左(右)侧抢,左(右)手屈肘在体侧向右(左)后拉所产生的力量。出右架,两手在皮条的两端握手处正握。

动作说明：右手经下向左抢,左臂屈肘,手拉到左胯后侧,然后,左手经下向右侧抢,右肘屈,手拉至右胯侧,如法交互进行。为更好地发挥抖劲和长劲,可配合大挽桩练习。

练习时间：练习时间和次数可逐渐增加。

二 臂、腰、腿功练习法

臂、腰、腿功借助某些器械的训练,可以均衡地发展人体各关节部位和肌肉群的力量,从而达到提高人体综合能力的目的。练习臂、腰、腿功的训练器械有：沙袋、制子、石担、石锁、地秤等。

1. 扔接沙袋练习方法

预备姿势与作用：主要发展手臂的抓、捏、握、逮、拉、抢的力量,也可锻炼步法的灵活性和随机应变的反应能力。练习时两人相距一定的距离对面而立,相互扔接。

动作说明：沙袋用细帆布缝制,在沙包四角装 5 kg 铁砂。相互扔接对方扔来的沙袋接在手里时,两手必须互相抖接,把沙堆积在袋的正面成一圆球形状,再抓握这圆球部位向对方扔出。对方扔接时也要抓握沙袋的凸突部位。接到手后,也来回抖动后再向对方扔出。左右手交替扔接沙袋动作要领相同。

练习时间：练习的时间和次数逐渐增加。扔接沙袋须修剪好指甲,避免受伤。

2. 扔制子练习方法

预备姿势与作用：制子的练习主要发展手臂的拧、翻、抓、握等专项力量,同时可以练习上步、撤步等步法的灵活性。练习时两腿前后或左右开立。

动作说明：制子是由石砖凿制而成的。它形似花砖,大小相同。一人、二人,乃至五六人都可以各种方式互相扔接。制子扔过来的时候,须使制子的柄向对方,接时分盖、撤、掏等方法。左右手可以交替练习,动作要领相同。

练习时间：练习时间和次数可逐渐增加。

3. 石锁的练习方法

预备姿势与作用：综合性地发展身体各部位的专项力量。如手臂的推、提、扬等劲和腰的撑、随、挺劲，以及腿部的弓、绷、上步、撤步等基本功。练习时两腿左右开立成弓步。

动作说明：石锁是用石砖凿成锁状的传统训练器械。石锁的练习，可单手提握石锁于裆内，并将石锁扬臂向上、向前扔出，同时立即换手、换步迎接锁柄。接住后，立即再扬臂扔出，如此换步反复接扔。练习石锁的方法很多，这只是简单的一种。石锁重量可根据个人力量来选用。

练习时间：练习时间和次数可逐渐增加。

4. 平推石担(杠铃)

预备姿势与作用：石担是在一根横杠的两端安上对称的鼓石，形状似杠铃。不同之处是石担两端是安实的，而杠铃两端的铃片是活动的。平推石担主要是练习两腿的稳定能力、腰部的支撑能力以及双臂平推的力量和快速有力的爆发力。练习时两腿左右开立略宽于肩。

动作说明：两手握石担翻腕与肩同高横放于胸前，直臂快速向前平推并收回。

练习时间：连续重复练习，时间、次数可逐渐增加。

5. 闯石担练习方法

预备姿势与作用：闯石担是一项较为复杂的练习方法。它也是以综合发展专项身体素质为目的的一种手段。经常练习可以发展手臂力量和上下肢的协调能力。

动作说明：练习时两手锁握石担的横杠，侧身而立，上后步，成正面开立，同时两手上举，尔后，右步后撤，在恢复原来姿势的同时，落右臂，发挥臂的盖压力量，形成闯前的预备姿势。然后再上步，推举左臂，提支右臂，再形成反正握把闯石担上举姿势。左右上撤步练习闯石担，动作要领相同，但方向相反。

练习时间：练习时间和次数可逐渐增加。

三 综合基本功

中国摔跤式器械训练中的手臂、腰臀、腿部多种练习方法，都有明显的练习特点，那就是使身体某一部位的关节、肌肉得到锻炼和发展。而综合基本功的练习则是通过借助器械的练习，使技术动作与完成该技术相关的关节、肌肉同时得到发展和提高，即专项器械和专项技术混合为一体的综合性训练方法。这种综合性基本功传统的练习方法有很多，例如：地秤、抖皮条、滑车、大棒、木桩等。现简要地介绍几种地秤的练习方法。

地秤是常见的传统训练器械。它形如半个石担。用它可以锻炼手臂的抓推、拧力和腿的钻、崴能力以及腰臀的背、扛、挺力，同时，还可以模拟许多技术动作，例如：刀、勾、别、揣入等绊子进行练习。

1. 刀勾综合基本功

预备姿势与作用：用地秤练习刀勾技术，主要是增进腿刀勾的能力和手与脚的协调配合能力。练习时两腿左右开立成高跤架姿势。

动作说明：地秤立于面前，右手抓握地秤的木柄，身体前倾。把地秤前推，用腿刀勾地秤圆砣上边的木柄，用力向自己裆中刀拉，握柄的右手（活手），同时配合腿刀拉力度，前倾上体用力往裆中送地秤，使地秤由裆中向身后扔出。然后转体拾起飞出的地秤，再用左腿刀挂。左右方向相反。

练习时间：练习时间和次数可逐渐增加。

2. 窝勾（缠刀）综合基本功

预备姿势与作用：用地秤练习窝勾技术，主要是增强腿脚的窝缠、崩挑的专项力量和腿手配合能力。练习时地秤直立面前，右手（活手）抓推地秤木柄，右腿（活腿）缠着石坨的木杠，脚面绷紧贴住木柄下端。

动作说明：用脚尖猛往上崩挑石砣并向前扔出，右手握杆配合腿的挑送，使地秤石砣离开地面向前滑出，然后拾起滑出的地秤再用左脚做窝勾练习。

练习时间：左右腿交替反复练习，其动作要领相同，但方向相反。练习时间和次数可逐渐增加。

3. 挑勾子综合基本功

预备姿势与作用：用地秤练习挑勾子技术，主要是提高攻击腿的挑撩力量和单腿支撑的能力，同时还可以练习上下肢配合的协调性。练习时先站好跤架，活手虎口向上握住秤杆，底腿背步弓身。

动作说明：练习时活腿向后上方撩起，用腿折窝挂挑秤杆下部，把石砣挑起，底腿要保持屈膝站立，同时俯腰低头。把石砣挑撩到最高点时，握杆的活手猛然翻腕，将石砣扔到前面地面。

练习时间：练习时要左右交替，动作要领相同，但方向相反。练习次数、时间逐渐增加。

4. 揣入综合基本功

预备姿势与作用：用地秤练习揣人技术，主要是提高腰和臀部的拱撞力量，同时也可以发展手、臂同时发力的协调性。练习时站好跤架，石砣平放在地上，秤杆朝上。

动作说明：练习时用底手反把握杆，底腿划弧线背至活腿后面，双脚拧钻，上身转体背对秤杆，同时活手迅速抓握秤杆，躬身、低头，使秤杆落在右肩上，绷腿拱臀，将石砣由背后经头上划弧线拉扔至前面地上。

练习时间：练习时要左右交替，动作要领相同，方向相反。练习次数时间逐渐增加。

5. 掏腿综合基本功

预备姿势与作用:用地秤练掏腿技术主要是增强手臂的专项力量。练习时,两腿前后开立成跤架,身体前倾,底手向秤杆前推崴,活手搂抱推(拇指与其他四指并拢)石砣的下部,

动作说明:并用力向底腿方向掏扳,使石砣离地向掏扳的方向移动。掏时活手竭尽全力用提力,底手配合向掏扳方向拉。练习掏腿技术时,要左右交替练习,动作要领相同,但方向相反。

练习时间:练习次数和时间逐渐增加。

第四节　中国式摔跤的力量练习

力量是人体进行体育运动的基本素质之一,是获得运动技能和取得优异运动成绩的基础,直接影响中国式摔跤技术动作的掌握和运动成绩的提高,同时也是其他身体素质发展的重要因素。

中国式摔跤力量器械是为发达肌肉、增强力量的训练器材。这类器材种类繁多、功能专一。适合一、二个人进行专门练习。这类器材大致又可分为较先进的抗阻力的练习架如蝴蝶机、高低滑轮练习器、小臂屈伸器、深蹲练习器架、腿蹬出练习器等和极为常用的健身器材,如系列杠铃、系列哑铃、系列拉力器。

一　臂部力量练习

1. 杠铃直臂上举

预备姿势与作用:两脚开立,两臂下垂持铃(杠铃或哑铃),主要发展运动员上肢肌群的力量。

动作说明:练习时由下向上举。身体微前倾,完全用两臂上举之力,不得借助展体之力。杠铃或哑铃重量的选择,应选择合适的重量避免应重量太重而受伤。

练习时间:练习次数和时间逐渐增加。

2. 杠铃宽握颈后推

预备姿势与作用:两脚开立,两手宽握杠铃放置在颈后肩上。主要发展运动员上肢肌群的力量。

动作说明:练习时用伸臂之力将杠铃从头后推至头上直臂支撑,之后慢慢还原。完全用两臂上举之力,上推时不得借助腰腹力量,下放时动作要慢。杠铃重量的选择,应选择合适的重量避免应重量太重而受伤。

练习时间:练习次数和时间逐渐增加。

3. 杠铃弯举

预备姿势与作用：两脚开立，两臂下垂持铃（杠铃或哑铃）。主要发展运动员上肢肌群的力量。

动作说明：练习时两臂同时用力屈臂将铃举至胸前，之后慢慢还原。做动作前一定要伸直两臂，拉长肱二头肌，不得前后摆动借助用力，下放时动作要慢。杠铃重量的选择，应选择合适的重量避免应重量太重而受伤。

练习时间：练习次数和时间逐渐增加。

4. 臂屈伸

预备姿势与作用：两脚开立，两臂伸直，撑起身体，主要发展运动员上肢肌群的力量练习方法。

动作说明：这是一种在综合练习器上上肢肌群的力量练习方法，练习时，两臂伸直，撑起身体，然后两臂弯曲呈 90°，再缓慢把身体撑起，之后慢慢还原。

练习时间：练习次数和时间逐渐增加。

5. 平推

预备姿势与作用：两手握住综合练习器的扶手，该练习主要发展运动员上肢肌群的力量的练习方法。

动作说明：这是一种在综合练习器上进行上肢肌群的力量练习方法，练习时两手握住扶手，用力向前上方推，直至两臂伸直，然后慢慢还原。

练习时间：练习次数和时间逐渐增加。

二　胸部力量练习

1. 卧推

预备姿势与作用：仰卧在长凳上，两手持杠铃放在胸部。该练习主要发展运动员胸部肌肉及上肢肌群的力量的练习方法。

动作说明：这是一种在练习器上进行练习的一种方法，练习时上肢肌群的力量练习方法两臂用力将杠铃向垂直方向推起，直至两臂伸直，然后慢慢还原。做动作时要挺胸沉肩，用力推时要用胸大肌发力。杠铃重量的选择，应选择合适的重量避免应重量太重而受伤。

练习时间：练习次数和时间逐渐增加。

2. 仰卧飞鸟

预备姿势与作用：仰卧在长凳上，仰卧在长凳上，两手握哑铃置于胸前，两腿分开，该练习主要发展运动员胸部肌肉肌群的力量的练习方法。

动作说明：这是一种在练习器上进行练习的一种方法，练习时练习时随即两臂缓缓向侧下分开，直至肘部低于体侧，使胸大肌充分拉长。用力推时要用胸大肌发力。向下分臂时,肘要微屈并低于体侧,这样能有效地刺激胸大肌。哑铃重量的选择,应选择合适的重量避免应重量太重而受伤。

练习时间:练习次数和时间逐渐增加。

3. 扩胸

预备姿势与作用:坐在扩胸机器上,两手抓住托手板的上端,前臂压在托手板上,肘与肩在水平线上,该练习主要发展运动员胸部肌肉肌群的力量的练习方法。

动作说明:这是一种在综合练习器上进行练习的一种方法,练习时用胸大肌的收缩力将两臂向内夹直至力竭,上体不要前倾,保持后靠坐凳的姿势。向内用力时保持扩胸姿势,使胸肌在收缩过程中更加膨胀重量的选择,应选择合适的重量避免应重量太重而受伤。

练习时间:练习次数和时间逐渐增加。

4. 十字拉力练习

预备姿势与作用:站在扩器械中央,两手两手握住手柄,该练习主要发展运动员胸部肌肉肌群的力量的练习方法。

动作说明:这是一种在综合练习器上进行练习的一种方法,练习时两手握住手柄,用力向内收,直至两拳相对,内收时迅速,还原时缓慢。重量的选择,应选择合适的重量避免应重量太重而受伤。

练习时间:练习次数和时间逐渐增加。

三 腰背部力量练习

1. 下拉练习

预备姿势与作用:两手拉住拉力架的把手,该练习主要发展运动员背部肌肉肌群的力量的练习方法。

动作说明:这是一种在综合练习器上进行练习的一种方法,练习时用力向下拉拉力器,

使肘关节贴近身体的两侧,挺直身体,下拉时不要爆发式用力,还原时要控制速度。重量的选择,应选择合适的重量避免应重量太重而受伤。

练习时间:练习次数和时间逐渐增加。

2. 俯卧体屈伸

预备姿势与作用:俯卧在器械上,两腿固定,两手在颈后固定重物,该练习主要发展运动员背部肌肉肌群的力量的练习方法。

动作说明:这是一种在练习器上进行练习的一种方法,练习时然后用力仰头,做挺身起,身体要呈最大的反弓形。然后慢慢回复。重量的选择,应选择合适的重量避免应重量太重而受伤。

练习时间：练习次数和时间逐渐增加。

四　腹部力量练习

1. 收腹举腿

预备姿势与作用：两手放在综合力量练习架上。该练习主要发展运动员腹部肌肉肌群的力量的练习方法。

动作说明：这是一种在练习器上进行练习的一种方法，练习时用力收腹向上举腿，使上体与两腿夹角为90°，然后慢慢还原。练习时用力点集中在腹肌上，收腹举腿要快，下放还原要慢。

练习时间：练习次数和时间逐渐增加。

2. 仰卧起坐

预备姿势与作用：仰卧在长凳上，两手抱头，两脚固定。该练习主要发展运动员腹部肌肉肌群的力量的练习方法。

动作说明：这是一种在练习器上进行练习的一种方法，练习时用腹肌收缩的力量向前折体，再慢慢倒体还原。收腹屈体时，使胸腹部贴近大腿。双腿下降时要慢，屈体时要快。重量的选择，应选择合适的重量避免应重量太重而受伤。

练习时间：练习次数和时间逐渐增加。

五　腿部力量练习

1. 负重下蹲练习

预备姿势与作用：两脚开立与肩同宽，两手持铃放在肩部，该练习主要发展运动员腿部肌肉肌群的力量的练习方法。

动作说明：这是一种采用杠铃进行练习的一种方法，练习时两手持铃放在肩部，然后抬头、挺胸、塌腰，慢慢下蹲至大小腿夹角小于90°，再慢慢站立。做动作时，做到抬头、挺胸、塌腰，下蹲要慢，起立时要快。重量的选择，应选择合适的重量避免应重量太重而受伤。

练习时间：练习次数和时间逐渐增加。

2. 坐姿腿屈伸

预备姿势与作用：两脚开立与肩同宽，坐在器械上，两手扶住凳子的边缘，双脚紧紧勾住练习器。该练习主要发展运动员腿部肌肉肌群的力量的练习方法。

动作说明：这是一种采用器械进行练习的一种方法，练习时膝关节内缘紧贴器械面，踝关节负重做屈伸动作，充分伸直双腿，然后慢慢还原。重量的选择，应选择合适的重量避免应重量太重而受伤。

第五章 中国式摔跤的基本动作与方法

内容提示: 在中国式摔跤的基本动作与方法这一章节中主要对中国式摔跤的站立姿势——跤架、中国式摔跤的基本步法、中国式摔跤的基本手法、中国式摔跤的服装、跤衣各把位的抢抓与反抢抓、中国式摔跤倒地技术等内容进行了阐释。

第一节　中国式摔跤的站立姿势——跤架

中国式摔跤的跤架,是指运动员在摔跤实战或训练时的站立姿势。这种姿势始终贯穿于训练、比赛的全过程。现已形成的跤架多种多样,如大跤架、小跤架、香炉架、转掌架、小车架、自然架等。虽然跤架姿势各异,但所有站架的目的是维持自身平衡,并有利于进攻与防守。

跤架正确性的意义:摔跤时,为什么要强调跤架正确性的姿势?跤架的正确性,这主要是解决身体的稳定性和动作的灵活性的问题。正确的跤架是:两脚左右开立,约与肩同宽,一脚向前踏出(约一脚远),膝微屈,身体斜向前方并微前倾,体重主要放在后腿上。这种姿势可使全身肌肉处于适宜的紧张状态,给肌肉迅速有力地收缩创造了有利的解剖基础。这样前腿移动快,便于进攻和防守。为了提高这种姿势的稳定性,只要两腿弯屈,上体前倾,把重心保持在支撑面上就行了。如果前脚向不同方向移动,也可提高这一方向上的稳定性。摔跤时,参加摔跤者身体稍许失去平衡就可以给对方造成进攻的机会。因此,把身体重心沿垂线移向支撑面以外时应特别谨慎。向某一方向移动时,可先移动靠近那个方向的脚,这样可以扩大支撑面,而后另一脚再靠过去(滑步)。平常不要使两脚靠拢,或者把两脚交叉起来,这样会缩小支撑面,从而影响身体的稳定性。移动时,腿和脚不要抬得过高,否则一脚支撑时间长,而且重心升高,也会影响身体的稳定性。保持平衡是防守的手段,但这是消极的防守方法,不符合摔跤技术的正确要求。因为光防守不进攻是消极的办法,只能处处挨摔。要明确,防守是为了进攻,只有不断进攻才能掌握主动权,才有利于争取胜利。

现在介绍的是"垂肘式跤架"。也有人把此架称为鹰架或鸟架,其优点是:底手前伸,距对手的小袖直门较近,工作距离短,有利于进攻对方,同时活手的肘部下垂贴着肋部,使自己胳膊周围(上、下、左、右)四个可供揪抓的把位仅剩下外侧一个,这就给对手抢抓自己制造了困难条件,同时也给自己封挡对方创造了有利的条件。

一 垂肘式跤架

动作说明:两脚左右开立约与肩同宽,前后开立约一脚长,脚尖稍内扣,形成两脚既前后又左右的站架姿势。两腿膝关节微屈,身体重心放在两腿中间或偏于后腿。底手前伸约160°,四指并拢成瓦掌,拇指里扣。活手垂肘,肘部自然贴于肋下,肘关节的夹角约为70°～80°。手掌四指并拢,拇、食指张开(便于封挡对方揪抓之手),掌心向侧方。双手的高度,低不过嘴,高不过鼻(图5-1)。

图5-1 垂肘式跤架的动作示意图

二 底腿与活腿

动作说明:站跤架后,前面站位的腿称为活腿。活腿的作用主要是攻击对方的不同部位时,使对方失去平衡。后面站位的腿称底腿,也叫支撑腿。当活腿向对方实施攻击时,底腿所起的作用是支撑维持自身平衡。每一个攻击、反攻、防守等技术动作的完成,都与两腿的合理配合分不开(即支点与力点的合理配合)(图5-2)。

三 左架与右架

动作说明:站架姿势,有左架与右架之分。左架,即左脚在前做活腿,右脚在后做底腿,以左腿担负主要进攻任务的称左架。右架,即右脚在前做活腿,左脚在后做底腿,以右腿担负主要攻击任务的称右架(图5-3)。

图 5 - 2　底腿与活腿的动作示意图

图 5 - 3　左架与右架的动作示意图

第二节　中国式摔跤的步法

　　步法是指在摔跤对抗中脚步移动的方法。它是摔跤技术的重要组成部分。在摔跤实战步法移动过程中，既要保持自身重心平衡，又要伺机攻击对方，因此跤术中有"走对步赢跤，走错步输跤"的说法。同时步法是摔跤时接近对方、远离对方、拉扯对方，借以调整自己身体重心的手段，是攻守方法的基础。掌握步法便于掌握其他技术，而且有助于在比赛中发挥技术和战术。故学习掌握好步法，是一项很重要的基本内容。步法的种类很多，现将几种常见常用的简介如下。

一 中国式摔跤的上步

动作说明:上步是步法中最简单的一种。脚步向前纵向移动的步法叫上步(图5-4)。

作　　用:上步多用于踢、挂、挽、手别等绊子类基本摔法动作。

图5-4　中国式摔跤上步的动作示意图

二 中国式摔跤的撤步

动作说明:撤步也是步法移动中较简单的一种。脚步纵向后移动的步法叫撤步(图5-5)。

作　　用:此步法多用于踢、跪腿、手豁等绊子类基本摔法动作。

图5-5　中国式摔跤撤步的动作示意图

中国式摔跤的滑步

动作说明：前脚往前纵向滑动，后脚（底腿）跟随向前滑动的步法，叫做滑步，亦称格登步（图5－6）。

作　　用：多用于把腰蹩、挤桩、装顶等绊子类基本摔法动作。

图5－6　中国式摔跤滑步的动作示意图

四 中国式摔跤的划步

动作说明：活腿（前腿）经底腿前走弧形步，而不是走直线，这种步法叫做划步（图5－7）。

作　　用：多用于脑切绊子类基本摔法动作。

图5－7　中国式摔跤划步的动作示意图

五 中国式摔跤的跨步

动作说明：底腿横向往外跨步，活腿随之向对方实施攻击，这种横向移动的步法，叫做跨步（图5-8）。

作　　用：多用于大得合、小得合绊子类基本摔法动作。

图5-8　中国式摔跤跨步的动作示意图

六 中国式摔跤的跳步

动作说明：跳步是步法中突然性最大、速度最快的一种脚步移动的方法。实战中，为了进攻的需要，常采用双脚起跳、双脚又同时落位到攻击部位的步法，这种步法就叫做跳步（图5-9）。

作　　用：多用于跳崴、牵别、跳别等绊子类。

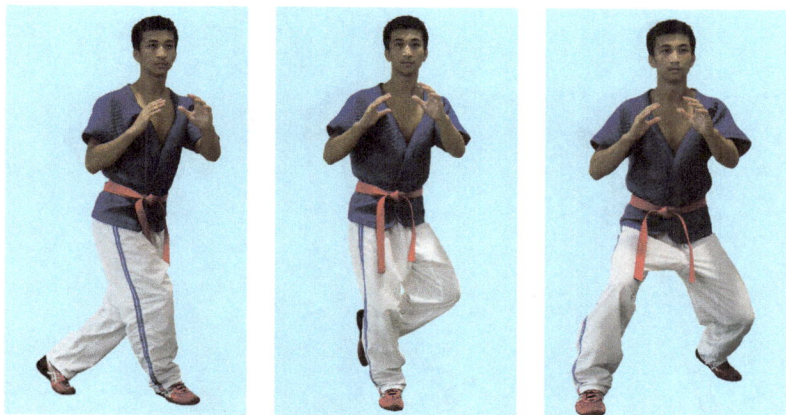

图 5 - 9 　中国式摔跤跳步的动作示意图

七　中国式摔跤的败步

动作说明:败步是一种败中求胜的步法,难度较大。实战中,由于腰部被对方抱拿,既不得脱身又不能进招,活腿不得已向侧后方横跨一步,这种向侧后方移动的步法,叫做败步(图 5 - 10)。

作　　用:待对方扒腰紧追时,可借力转体用腿起勾子或别子。多用于借力打力的绊子类。

八　中国式摔跤车轮步

动作说明:实战中,活腿向后侧走弧线,底腿以脚前掌为轴随之向活腿后撤方向转动,同时双手配合向身后扯拉,这种步法叫车轮步(图 5 - 11)。

作　　用:多用于插闪、侵、掀绊子类。

图 5-10 中国式摔跤败步的动作示意图

图 5-11　中国式摔跤车轮步的动作示意图

九　中国式摔跤背步

动作说明：实战中，底腿向活腿后侧背一步，两脚与肩同宽，随之两脚拧钻脚尖转体（图 5-12）。

作　　用：此种步法多用于背脸摔，如揣、人、披袖等绊子类。

图 5-12　中国式摔跤背步的动作示意图

十　中国式摔跤盖步

动作说明：盖步是背脸摔绊子类的一种步法，在众多步法中，它的姿势优美，难度较大。活腿由底腿膝关节处向外跨一步，随之两脚拧钻脚尖，转体，这种脚步移动的方法叫做盖步（图 5-13）。

作　　用：多用于背脸摔的别子、揣、人披等绊子类。

图 5 - 13   中国式摔跤盖步的动作示意图

十一   中国式摔跤钻子脚

动作说明：钻子脚是背步、盖步揣、披进攻技术的关键环节。实战中,无论是背步或盖步技术在使用时,双脚需提脚跟,以脚前掌为轴拧钻、转体,这种拧钻的步法叫做钻子脚(图 5 - 14)。

作　　用：双脚拧钻后,随之前俯腰,低头,拱臀,绷腿拉嚓,完成进攻动作。

十二   中国式摔跤三点步

动作说明：三点步实际上是两点步,第三步只是攻击脚的上步动作,这样合成三点步。三点步第一步是上活腿稳定自身重心,第二步上底腿是为进攻调整角度的进攻距离(图 5 - 15)。

作　　用：第三步是起脚踢绊对手的支撑腿,配合双手按、挣、紧拉。

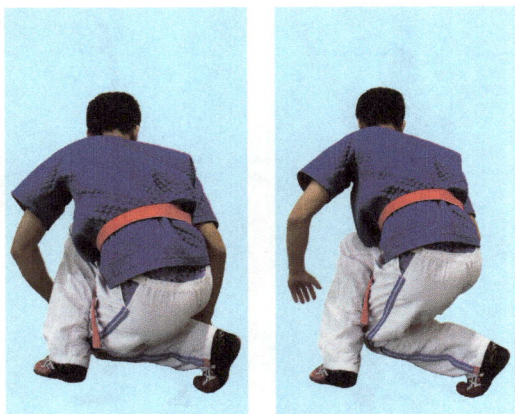

图 5-14 中国式摔跤钻子脚动作示意图

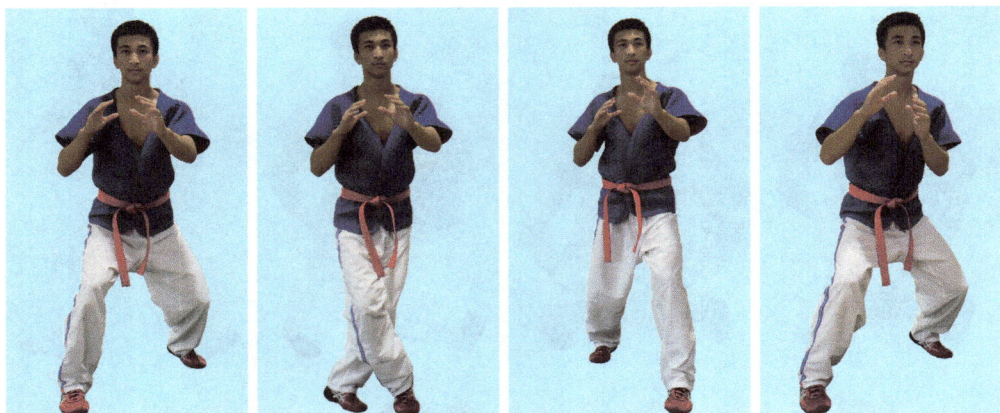

图 5-15 中国式摔跤三点步的动作示意图

第三节 中国式摔跤的手法

手法是摔跤对抗中,抢抓把位与反抢抓的揪抓方法,是摔跤技术的重要组成部分。实战中,抢抓对方的有利把位,解脱对手抓握于自己不利的把位,就可以控制对手或者不被对手控制,从而取得进攻和防守上的主动权。跤术上常说:"手是两扇门,配合腿赢人。""一手法,二绊子。"说明手法在跤术中的重要作用。就跤理而言,实战中能揪抓有利的把位,而自己不被对方揪抓(封控住对方的手),就掌握了场上的主动权,因为实力再强的对手,一旦没有底手,是很难组织起有效进攻的。手法的作用还在于局部和瞬间造成双手封控对方,或造成双手打其一只手的有利局面。控手即进攻就可有力地打击对方,把握赛场上的主动权。手法的技术很多,如腕部的抓握方法、手部的抓握方法、肘部的抓握方法和臂部的抓握方法，以及头部代手的方法等。手法的揪抓与跤衣上的把位密不可分。下面介绍跤衣上应揪抓的把位，以及常用的手法。

一 中国式摔跤的服装

1. 中国式摔跤跤衣

跤衣　摔跤衣用六层棉布制成，在领襟、胸襟、小袖抓握部位要缝的稍密。跤衣规格尺寸大号和小号跤衣规格尺寸较中号增减 4 cm，袖口增减 2 cm。特号跤衣比中号跤衣的尺寸增加 8 cm，袖口增加 6 cm。在跤衣扎跤带位置，以侧面中心线向前后 15 cm，各有一组高 3 cm、宽 0.5 cm、相隔 2 cm 缝制的穿孔，以备穿扎跤带用。

跤衣颜色　跤衣为白色。跤衣所有的边缘两面分别缝有 3 cm 宽的红边或蓝边。表演摔跤衣尺寸同比赛摔跤衣，但外层用红（蓝）绸缎。运动员着摔跤衣后屈臂 90°，袖口要有一拳的空隙。

跤衣跤带　摔跤带用六层棉布制成，颜色同摔跤衣。特号长 4.40 m，大号长 3.70 m，中号长 3.40 m，小号长 3 m，带子宽 2.5 cm。扎腰带时第一圈必须穿过穿孔再由腹前绕到后腰，再绕回腹前打死结。

2. 跤裤　灯笼裤（棉布制成）

跤裤的颜色　颜色与摔跤服相同。沿裤缝处正反面分别缝有 1 cm 宽、间隔 1 cm 的两条红条或蓝条。裤腿底部距踝骨 2～6 cm。

3. 中国式摔跤的跤靴

软底高腰靴。

二 跤衣上应抓握的把位

跤衣是训练和比赛必须穿的专项服装，在跤衣上有可供揪抓握的 8 个把位（图 5－16）。

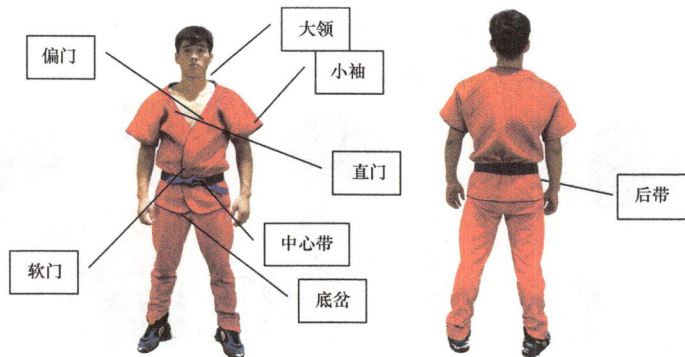

图 5－16　中国式摔跤衣上有可供揪抓握的 8 个把位示意图

三　中国式摔跤的抓握与解脱

（一）中国式摔跤的抓握方法 ●●●

1. 大领抓握方法

（1）大领抓握方法：

动作说明：实战中，甲方拇指在内，其余四指在外（图5－17）。

作　　用：抓握对手，寻找进攻机会。

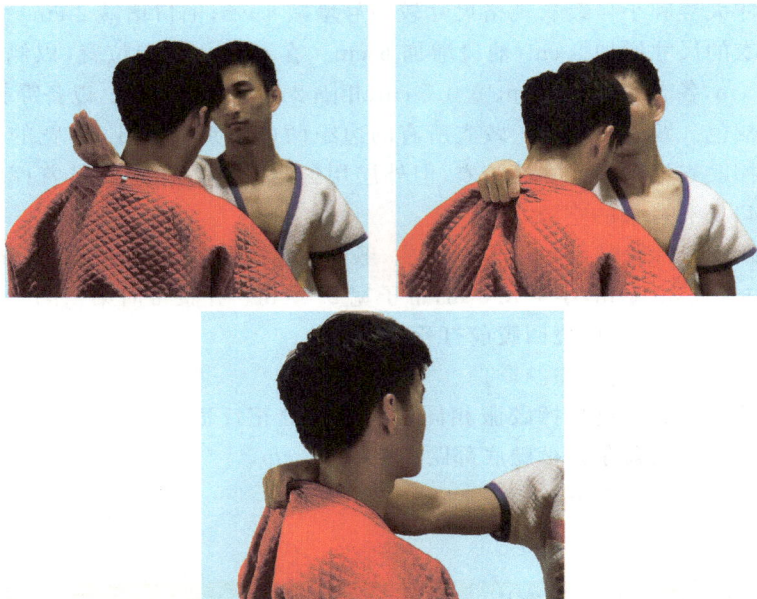

图5－17　中国式摔跤拿大领的基本动作示意图

（2）捌扒领抓握方法：

动作说明：实战中，甲方拇指在外，其余四指在内抓握对手（图5－18）。

作　　用：抓握对手，寻找进攻机会。

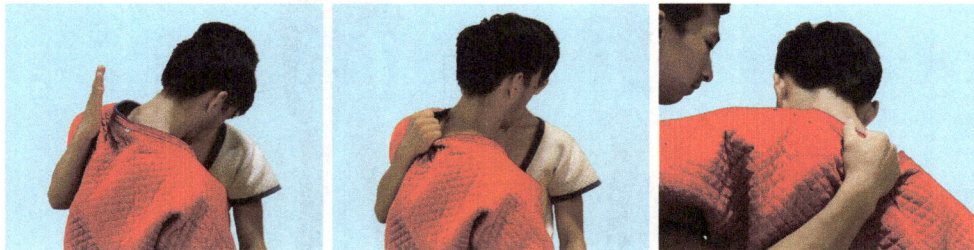

图5－18　中国式摔跤捌扒领抓握方法基本动作示意图

2. 小袖抓握方法

动作说明:实战中,甲方抓握小袖,拇指在外,其余四指在内(图5-19)。

作　　用:抓握对手,寻找进攻机会。

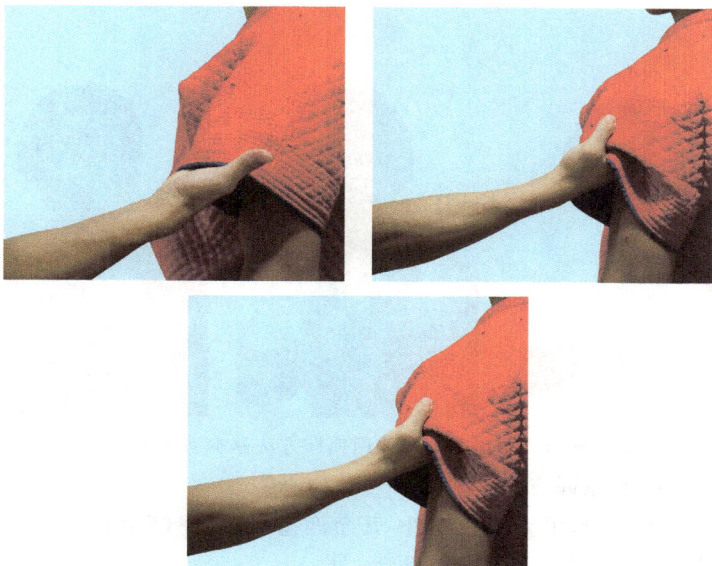

图5-19　中国式摔跤小袖抓握方法基本动作示意图

3. 直门与偏门的抓握方法

(1)直门的抓握方法(揪直门)

动作说明:实战中,甲方拇指在内,其余四指在外,虎口朝上(图5-20)。

作　　用:抓握对手,寻找进攻机会。

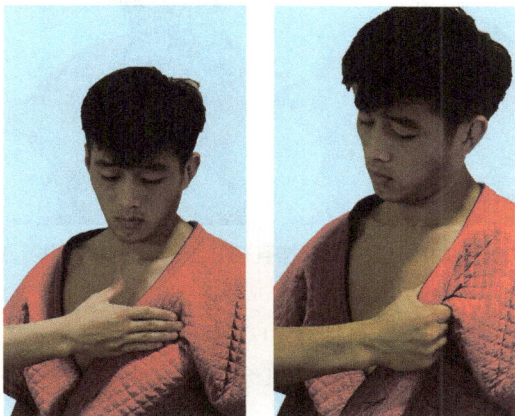

图5-20　中国式摔跤直门的抓握方法基本动作示意图

（2）偏门的抓握方法（揪偏门）：

动作说明：实战中，甲方拇指在外，其余四指在内，虎口朝上（图5-21）。

作　　用：抓握对手，寻找进攻机会。

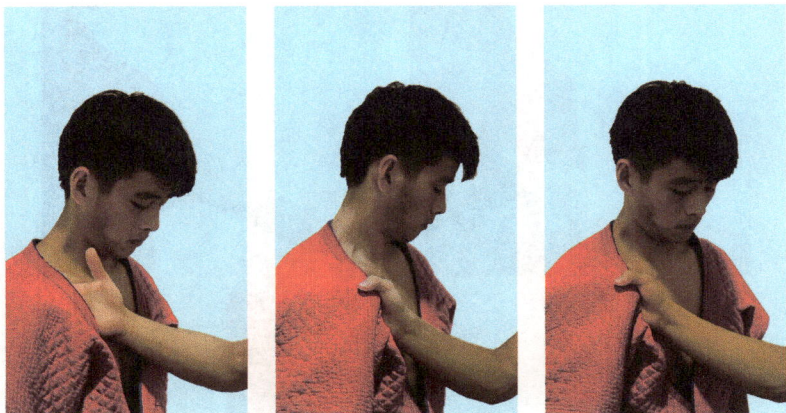

图5-21　中国式摔跤偏门抓握方法基本动作示意图

（3）反挂直门的抓握方法：

动作说明：实战中，甲方拇指在外，其余四指在内，虎口朝下（图5-22）。

作　　用：抓握对手，寻找进攻机会。

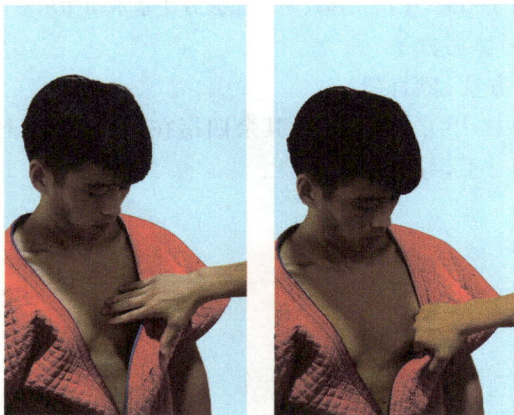

图5-22　中国式摔跤反挂直门抓握方法基本动作示意图

注：揪软门的方法与揪直门相同。

4. 中带的抓握方法（也叫挂带或揪中心带）

动作说明：实战中，甲方拇指在外，其余四指在内，手心朝下（图5-23）。

作　　用：抓握对手，寻找进攻机会。

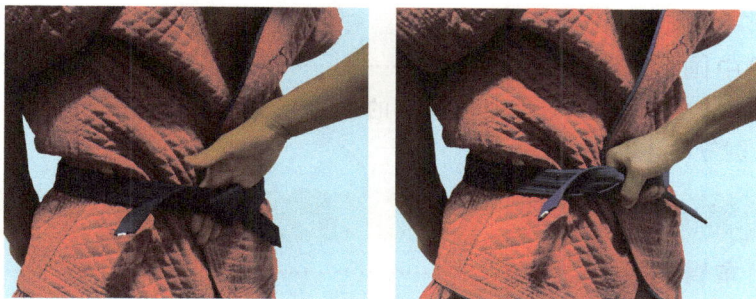

图5-23　中国式摔跤中带抓握方法基本动作示意图

5.后带的抓握方法

动作说明:实战中,甲方右(左)手经对方左(右)肩,拇指在内,其余四指在外,手心朝下捌抓对方后带(图5-24)。

作　　　用:抓握对手,寻找进攻机会。

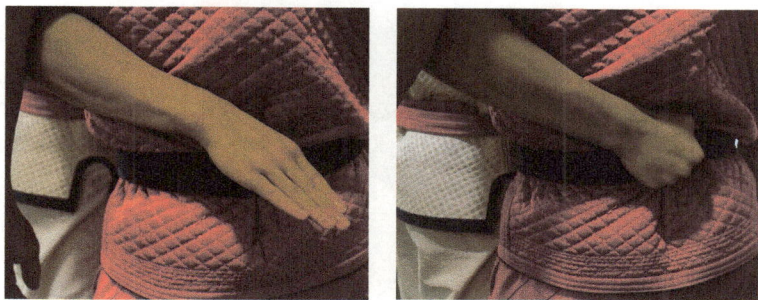

图5-24　中国式摔跤后带抓握方法基本动作示意图

6.底岔的抓握方法

动作说明:实战中,甲方拇指在外,其余四指在内,虎口朝上(图5-25)。

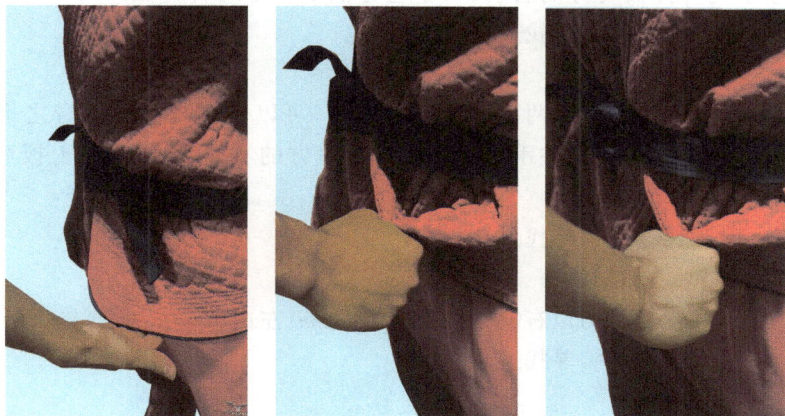

图5-25　中国式摔跤底岔抓握方法基本动作示意图

作　　用:抓握对手,寻找进攻机会。

(二)中国式摔跤的基本手法 ●●●

手法是指在双方争抢手和对摔时的手部动作,主要有拿、挣、撕、捅支、摞(luo)、掐、捌等动作。

四 手臂的抓握方法

(一)拿臂的基本方法 ●●●

1. 拿臂的基本方法

动作说明:实战中,甲方两手拿住对方一臂,可以拉攥。如要拿住对方右臂,先用右手抓握对方右腕,再用左手掐住对方右肘(图5-26)。

作　　用:抓握对手,寻找进攻机会。

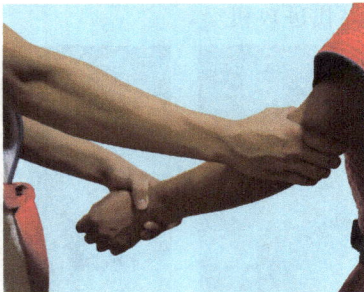

图5-26　中国式摔跤拿臂基本动作示意图

2. 倒臂的基本方法

动作说明:实战中,甲方两手倒拿对方一臂,横于自己胸前。如要捌拿对方右臂,先用左手向外挑拨对方的右腕,右手趁势掐拿对方的右肘往回拉(图5-27)。

作　　用:抓握对手,寻找进攻机会。

3. 接臂的基本方法

动作说明:实战中,甲方两手接拿对方一臂,可以借对方夺臂仰身之机向对方进招。如果接拿对方右臂,左手从外向里按压对方的右前臂,右手向上扳对方的右上臂(图5-28)。

作　　用:抓握对手,寻找进攻机会。

4. 摞臂的基本方法

动作说明:实战中,甲方以右(左)手掳住对方的右(左)上臂,并往回摞拉(图5-29)。

作　　用:抓握对手,寻找进攻机会。

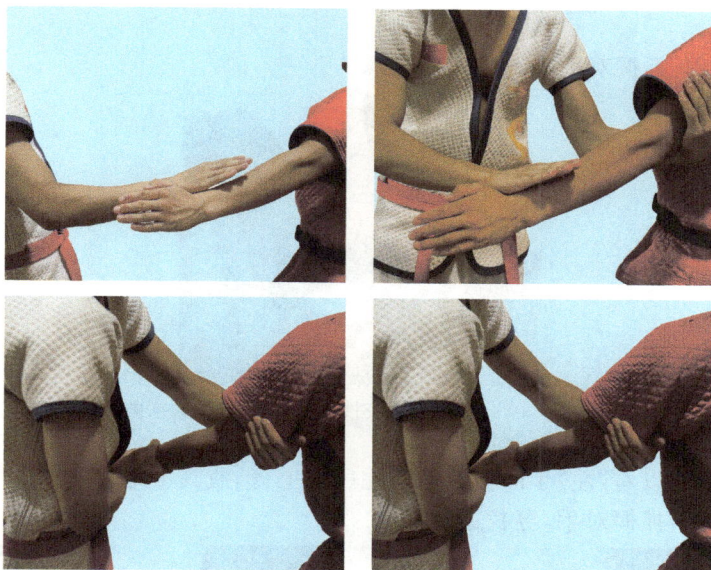

图 5-27　中国式摔跤倒臂基本动作示意图

图 5-28　中国式摔跤接臂的基本动作示意图

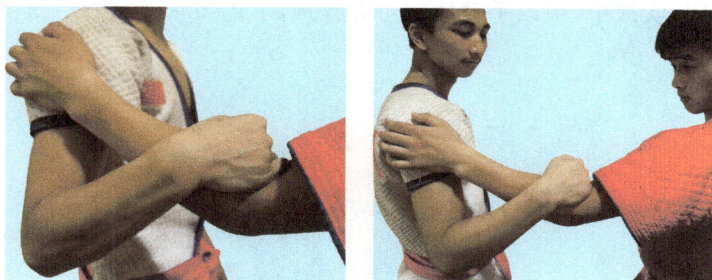

图 5-29　中国式摔跤摞臂的基本动作示意图

5. 抄臂的基本方法

动作说明：实战中，甲方以左（右）手从对方右（左）臂的外侧，将其上臂抄住捧严(图5-30)。

作　　用:抓握对手,寻找进攻机会。

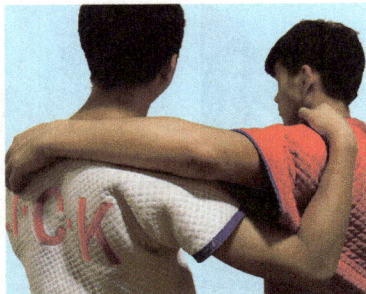

图5-30　中国式摔跤抄臂的基本动作示意图

6.圈臂的基本方法(死胳膊):

动作说明:以右(左)手圈住对方的左(右)上臂,使其不得转动(图5-31)。

作　　用:抓握对手,寻找进攻机会。

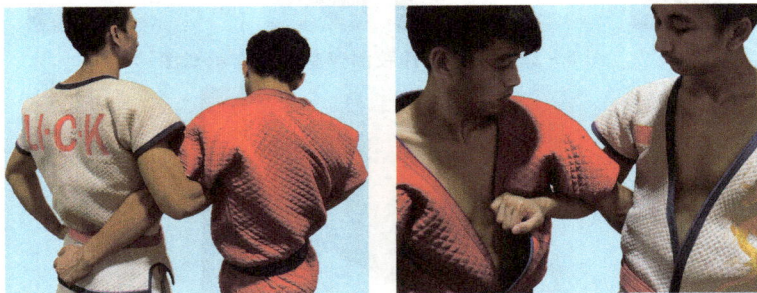

图5-31　中国式摔跤圈臂的基本动作示意图

(二)颈部的抓握方法

1.抱脖基本方法

动作说明:实战中,甲以手臂搂住对方脖颈,手指和掌根同时用劲将其钳住(图5-32)。

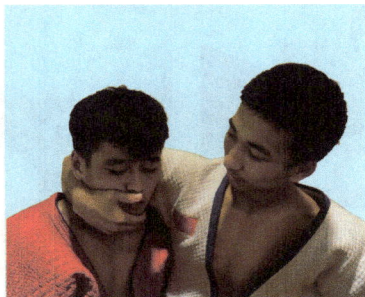

图5-32　中国式摔跤抱脖基本动作示意图

作　　用：抓握对手，寻找进攻机会。

2. 夹脖基本方法

动作说明：实战中，甲方与对方背脸，以肘部夹住对方的脖颈（图5-33）。

作　　用：抓握对手，寻找进攻机会。

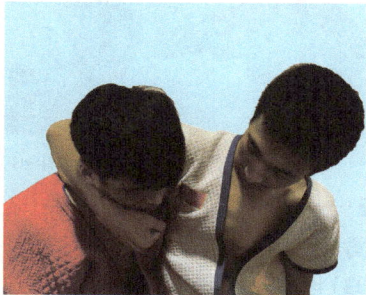

图5-33　中国式摔跤夹脖基本动作示意图

3. 反夹脖基本方法

动作说明：实战中，甲方与对方对脸，以肘部夹住对方的脖颈，腋下用力，以手管住对方的下巴（图5-34）。

作　　用：抓握对手，寻找进攻机会。

图5-34　中国式摔跤反夹脖基本动作示意图

五　跤衣抓握方法

（一）撕的基本方法

动作说明：是行走间来回换手，反正把左右揪着对方门子使其不能反揪，并乘对方落步或舍腰之机立即使用招术进攻。例如撕裆抹眉等就是使用横撕劲，主要是左、右手横力向两边撕（图5-35）。

作　　用：抓握对手，寻找进攻机会。

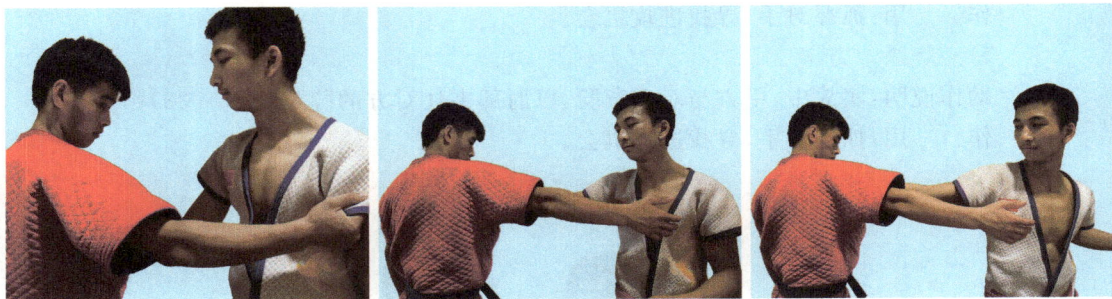

图 5 - 35　中国式摔跤撕的基本动作示意图

（二）捅的基本方法 ●●●

动作说明：实战中，甲方用底手揪着对方的小袖。进攻或防守时，用手捅着对方，使其用不上劲，无法欺身（图 5 - 36）。

作　　用：抓握对手，寻找进攻机会。

图 5 - 36　中国式摔跤捅的基本动作示意图

（三）捌的基本方法 ●●●

动作说明：如乙一把揪或反挂甲直门，甲上体侧转，用胸部压住乙的肘部，另一手则扣揪住乙的偏门，转腰使用捌（lie）劲，将乙手捌开（图 5 - 37）。

作　　用：抓握对手，寻找进攻机会。

图 5 - 37　中国式摔跤捌的基本动作示意图

(四)拄的基本方法 ●●●

动作说明:是由上直着往下用力按的动作,可使对方向前扑趴。这股拄劲可以把身体的劲贯串到臂部,是一种直臂下按的力量。在反攻抱腰的技术动作中,有个跤绊叫拄(zhu)(图5-38)。

作　　用:抓握对手,寻找进攻机会。

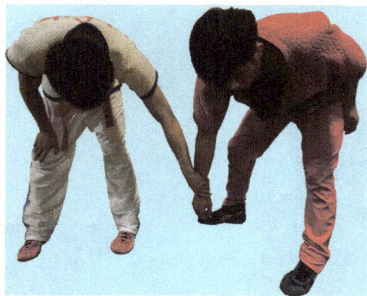

图5-38　中国式摔跤拄的基本动作示意图

(五)揽臂的基本方法 ●●●

动作说明:底手由下往上夹住对方上臂部位的动作就叫揽臂(图5-39)。

作　　用:抓握对手,寻找进攻机会。

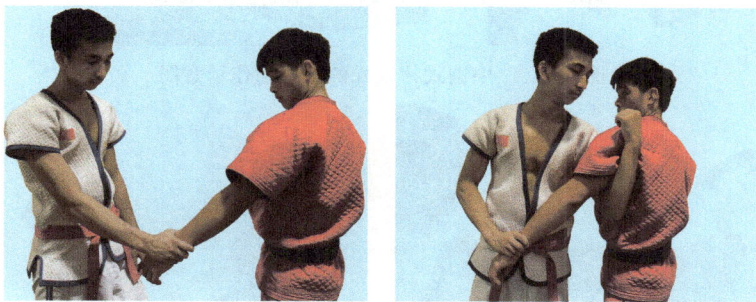

图5-39　中国式摔跤揽臂的基本动作示意图

(六)揉的基本方法 ●●●

动作说明:跤术里两手揪拿某一部位称揉。揉带手心朝下(图5-40)。

作　　用:抓握对手,寻找进攻机会。

(七)拍的基本方法 ●●●

动作说明:是一种猛、脆、硬的劲。在进招前使用掸可起到声东击西的作用。猛一掸手可把对方的揪把或刚要揪抓的手拍开,以便进攻(图5-41)。

作　　用:抓握对手,寻找进攻机会。

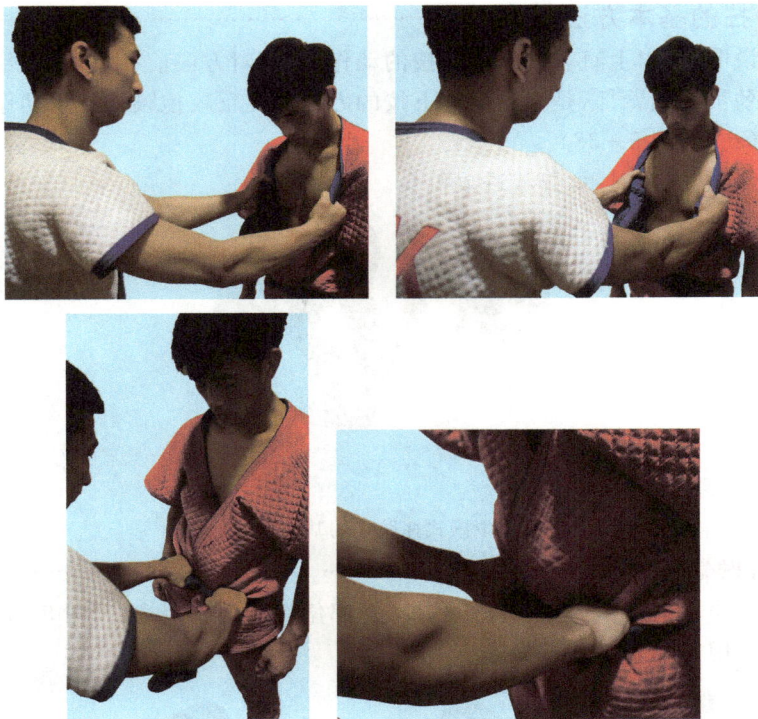

图 5-40 中国式摔跤搂的基本动作示意图

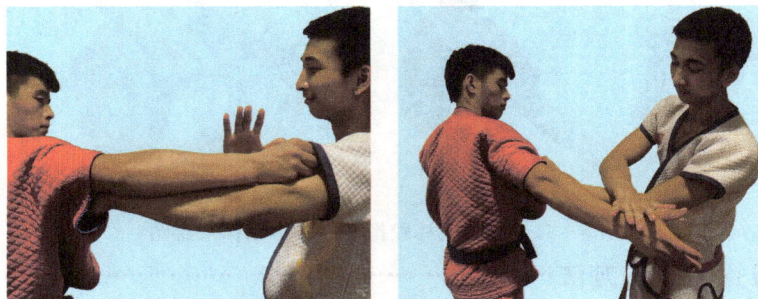

图 5-41 中国式摔跤拍的基本动作示意图

　　总之,跤衣上有 8 个把位名称、左右 16 个可抓握的固定把位。外加其他的如夹脖、抱臂倒拿等把位,都是摔跤练习者必须学习的揪抓技术。当然,摔跤运动员练习摔跤时,既要根据个人的身高、素质、技术特点,选练适合自己应用的把位,又要熟悉其他把位的抓握和开解方法。只有熟练掌握了各把位的抓握与开解技术,才能在实战中攻能得心应手,守能被动不惊。

第四节　中国式摔跤倒地技术

1. 中国式摔跤前倒地

前倒地方法是身体向正前方倒地的一种自我保护方法,前倒地为缓冲身体向前倒下重力,免使身体正面撞击垫子。其练习方法有如下几种:两腿跪地前倒及站立向前倒地训练法。在实战中没有这种倒法,但为了自己的安全,在练习中采用各种方向的倒法是必要的。

预备姿势:两足开立,两前臂曲肘于面部前。

动作说明:上体向前仆倒下,两手开掌,手指略向内,两手掌着垫的同时屈肘,抬头勿使脸面着地(图5-42)。

图5-42　站立前倒地动作示意图

动作要点:双臂成45°角,向内侧在脸前成八字形,用前臂拍地向前倒时下腹用力,用两脚尖和前臂支撑身体。注意腹部和胸部不要着地。

2. 中国式摔跤后倒地

后倒地方法是倒地方法中的一种,是一种倒地自我保护的方法,同时练习身体的结实程度和内脏器官经受振动的一种有效方法。初学摔跤时,首先要学会和掌握好倒地方法。倒地方法学会和掌握之后,若给对方摔倒也不会被摔痛和摔伤身体。每次投入训练之前,都先要做向前、向后、向侧倒地的各种倒地方法。

预备姿势:立正,两手臂向前平举。

动作说明:屈腿向后坐倒下时,臀、腰、背依次着垫,两臂伸直,手掌拍击垫子,后脑勺尽可能不碰撞垫子,目视腰带(图5-43)。

作　　用:保护自身后背不被对手摔伤。

图5-43　站立后倒地动作示意图

动作要点:从站立姿势做半蹲姿势时臀部要落在脚跟后再后滚,两臂前举要平行,后倒时要低头以保护后脑勺,两臂拍地时要用手臂拍地,如撑地容易使肘关节受伤。

3. 中国式摔跤体侧倒地

在中国式摔跤中身体侧面倒地机会是较多的。为了缓冲身体侧面倒地时的重力,免受身体摔痛或摔伤,中国式摔跤学习者必须掌握体侧面倒地方法。侧面倒地的练习可分为仰卧侧面倒、蹲低侧倒地、最后过度的直立侧倒。

预备姿势:左足向前迈一步,右足向左上方踢去,屈左腿。

　　动作说明:身体同时向右侧倒下,用手掌和手臂拍击垫子,目视腰带,然后,站起来向左侧做同样的动作(图5-44)。

　　作　　用:保护身体不被对手摔伤。

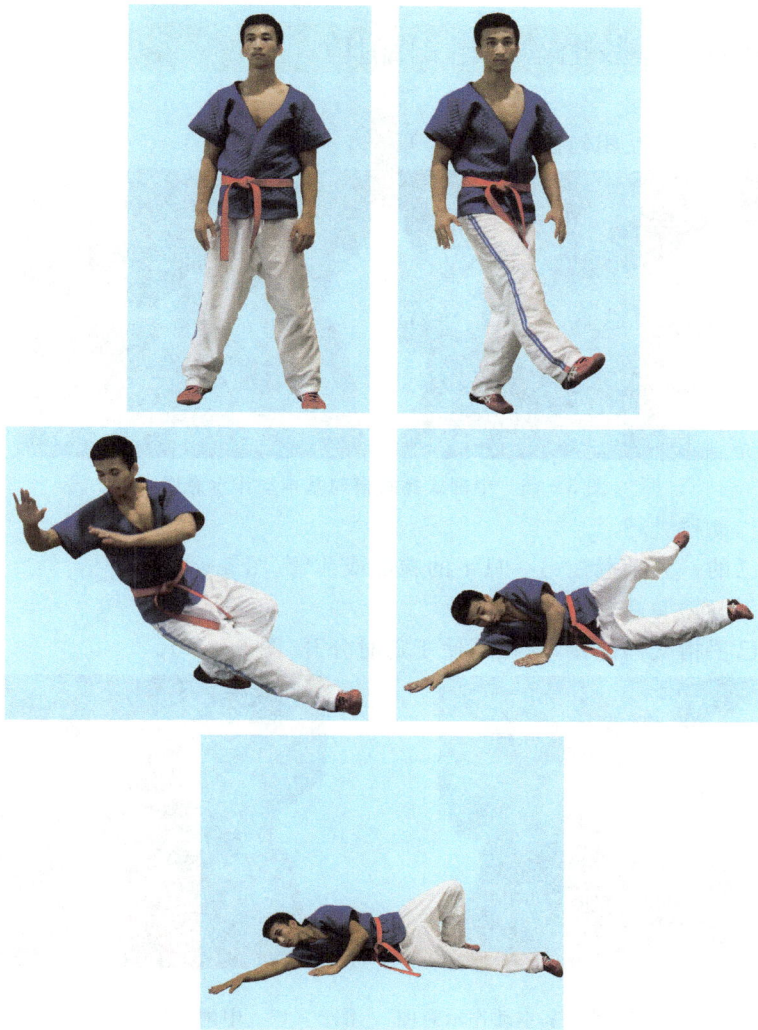

图5-44　直立侧倒地动作示意图

　　动作要点:从站立姿势到蹲低姿势时,用左脚后跟支撑住臀部,使臀部不着地直接向后倒。当臀部着地时,原支撑的左脚迅速向前伸直和右脚并在一起向上举起。

第五节 中国式摔跤搭勾、搭扣及腰带系法

一 中国式摔跤搭勾与搭扣动作

1. 搭勾动作过程

用手指把两手互相勾住(图5-45)。

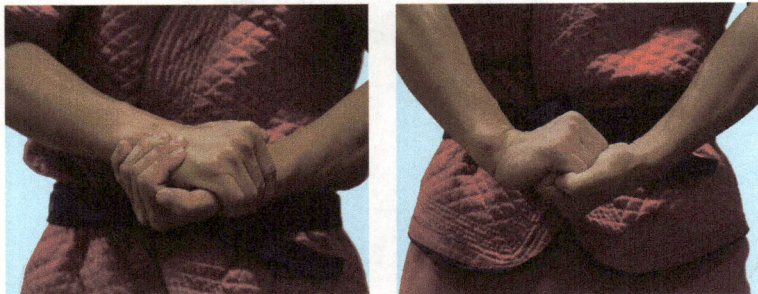

图5-45 中国式摔跤搭勾基本动作示意图

2. 搭扣动作过程

用自己的一只手握住另一只手的腕部或前臂(图5-46)。

3. 不正确搭勾基本动作

用自己手指交错连接,这样不便于随时分开(图5-47)。

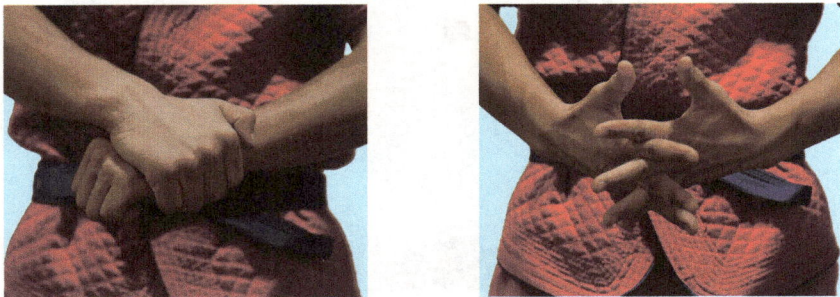

图5-46 中国式摔跤搭扣基本动作示意图　　图5-47 中国式摔跤不正确搭勾示意图

二 中国式摔跤腰带的系法

在穿着中国式摔跤服时,要经常系腰带,所以学会正确的系法是非常重要的。中国式摔跤规则规定摔跤带用六层棉布制成,颜色同摔跤衣。扎腰带时第一圈必须穿过穿孔再由腹前绕到后腰,再绕回腹前打死结。为了能使同学快速掌握扎腰

带的方法,请按下列说明进行。

第一步:取腰带的中间,伸直,用两手把它回放到交叉后所形成的空隙中。置于身体前方,并与腰部同宽,使腰带等长的两端垂向地面。把端腰带的长度,使两端长度相等。腰带两端放在身前。

第二步:把腰带的右端从下穿至身体的左侧(腰带两端又一次交叉,左端在右端上以下的这种方法是比较常用的简易的系面,左手拿着右端的腰带)。

第三步:将腰带两端交叉,用右手将右端的腰带回放到交叉后所形成的空隙中。

第四步:把腰带的两端在身体的中部拉紧,注意要使右端的腰带在上,调整右端与左端,把腰带贴放在腹部,绕到其后并交叉(图5-48)。

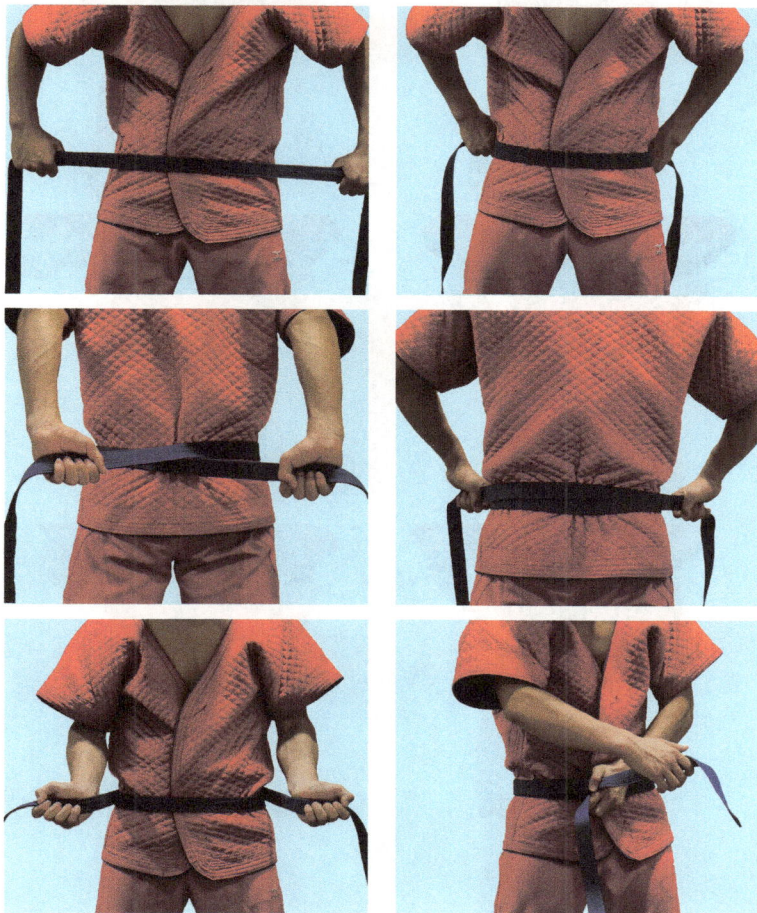

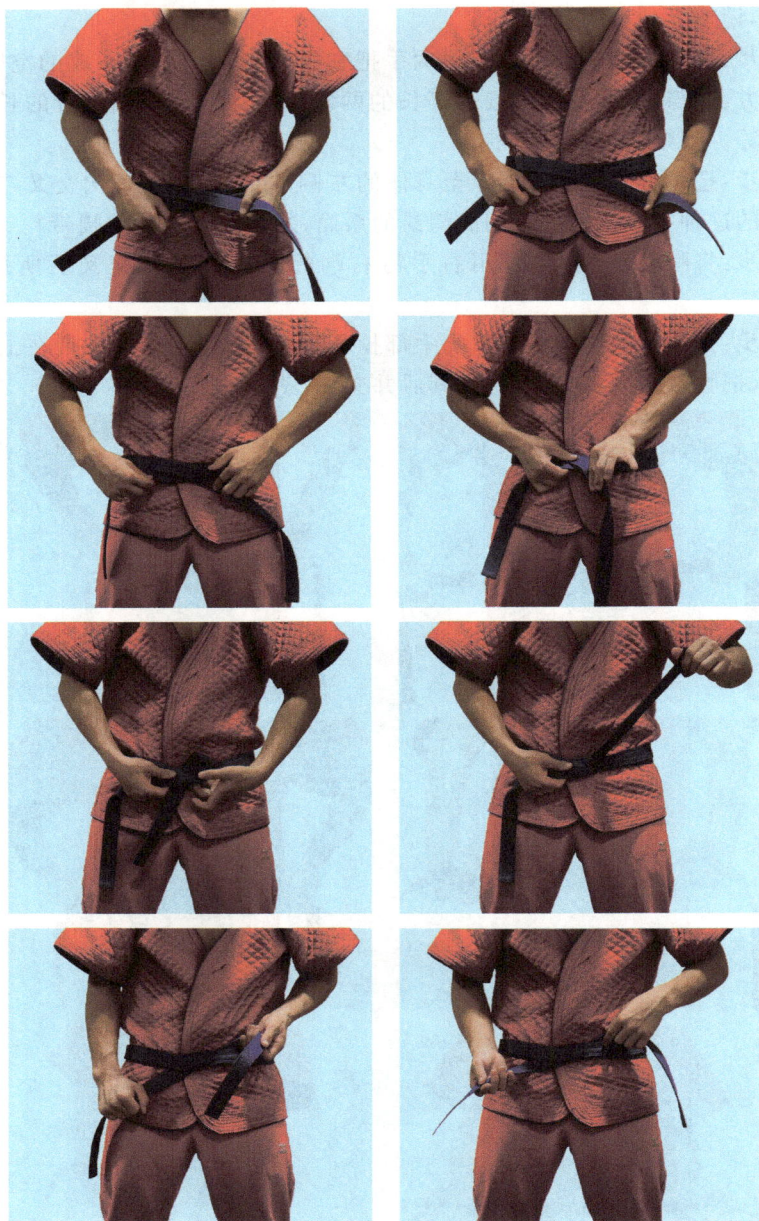

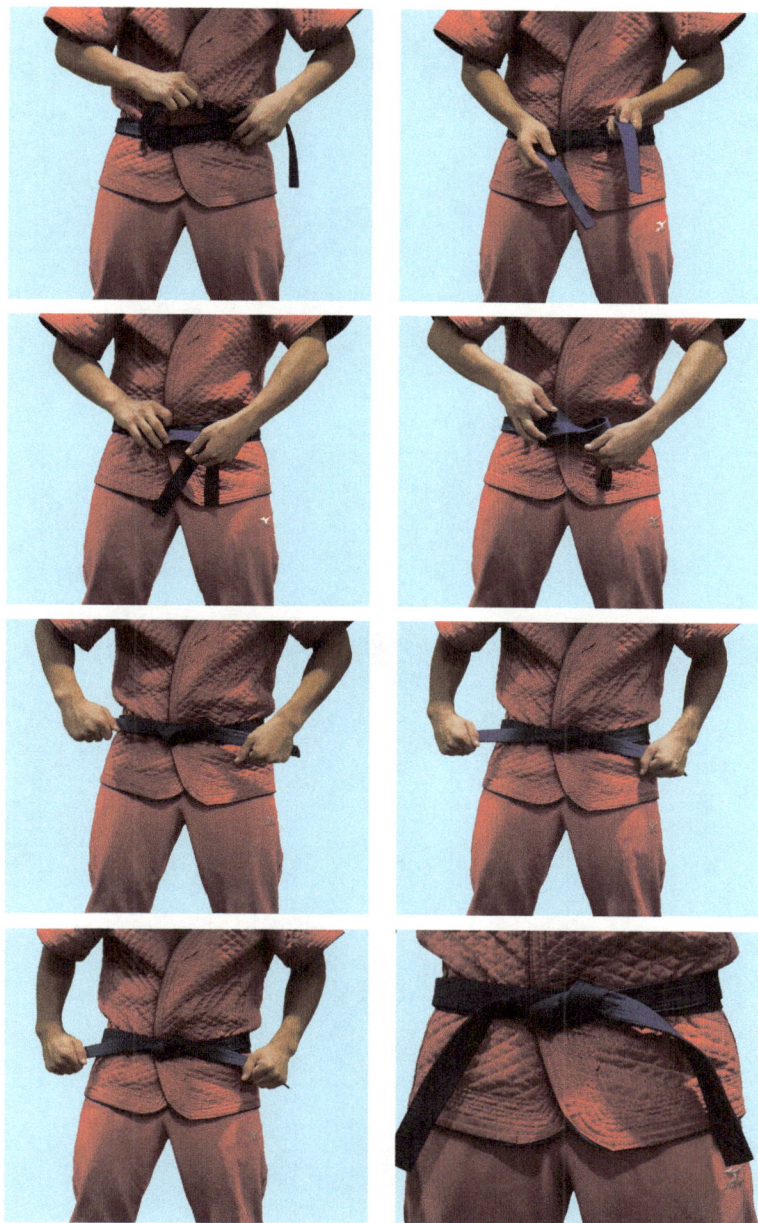

图 5-48　中国式摔跤腰带的系法动作组合

第六章 中国式摔跤的基本技术

内容提示:在中国式摔跤的基本技术这一章节中主要对中国式摔跤脚腿基本技术、中国式摔跤臀胯基本技术、中国式摔跤腰背基本技术、中国式摔跤手臂基本技术等内容进行了阐释。

中国式摔跤的技法特点是头、手、足、身并用,技法繁多,动作复杂的一种迅速灵巧的克敌技术。根据其性质可以分为进攻技术、反攻技术、防守技术等。根据人体部位的作用可分为以脚腿作用形成的技术动作,以臀胯作用形成的技术动作,以腰背作用形成的技术动作和以手臂为主要作用形成的技术动作四种类型。

摔跤术语中常说"手是两扇门,配合腿赢人",充分说明了脚、腿形成的技术动作在整个摔跤技术中的重要作用。以脚、腿作用形成的技术动作很多,主要的有踢、蹉、耙、刀、缠、挂、跪、管、挤、切、弹、勾、别等绊类。每个技术系列又分为若干个具体动作。

第一节　脚腿技术

一　踢绊的进攻与反攻技术

踢绊在训练实战中,被运动员广泛地使用,踢绊属于对脸摔法的范畴。它的主要优点是,进攻时动作隐蔽性强、突然性大、效果好,而且便于掌握自身的平衡。它的主要特点是:动作简单、易学易练。踢绊种类很多,名称也多有不同。

1. 大领上步踢(进攻技术)

预备姿势:甲方(穿红色跤衣者)左架,乙方(穿蓝色跤衣者)右架,顶架摔。甲抓握乙的小袖和大领,乙抓甲的中心带和大领。

动作应用:实战中,甲使用大领踢时,底手应向斜下方紧拉乙的小袖,活手配合猛力向其脖子一侧搋压,使乙产生错觉,等乙向上翚劲时,立即上底腿于乙的活腿脚前,底手猛向斜上方捅送,活手配合向自己右身侧挣拧,同时甲的活腿迅速向自己的底腿横向扫踢,活手翻把扯拉,配合闪身坐腰,将对方摔倒(图6-1)。

　　反攻方法：大领上步踢的反攻技术采用欺身搬腿进行反攻，实战中，当甲刚抬活腿拦踢乙的底腿时，乙不等甲攻击腿发力，立即上体前倾欺身，使甲上体后仰，并立即将抓带的底手下垂改搬扣甲攻击腿的膝窝处，活手配合向后捅领，使甲攻击失败而被乙反攻摔倒（图6-2）。

图6-1　大领上步踢（进攻技术）动作示意图

图 6-2　大领上步踢(反攻技术欺身搬腿)动作示意图

2. 大领小袖弹踢(进攻技术)

预备姿势:双方跤架:甲方(穿红色跤衣者)左架,乙方(穿蓝色跤衣者)右架,顶架摔。双方把位:甲方底手抓乙方的小袖,活手抓乙方的大领。乙方抓红方的大领,底手扶臂。

动作应用:实战中,甲方使用弹踢时,底手突然向下紧拉乙方的小袖,活手配合向乙方脖子一侧猛力摁压,使乙方产生错觉,误以为甲方要使用切或别子等。乙方犟劲挺身时,甲方的底手向斜上方捅送,活手抓大领向右侧身后挣拧。同时,甲方迅速上底腿并用脚掌外侧弹击乙方活腿踝关节内侧,迫使其被攻击腿离开地面,造成乙方瞬间单腿支撑身体的局面。此时,甲方再用活腿猛力横向拦乙蓝方的支撑腿,配合坐腰闪身,将乙方摔倒(图6-3)。

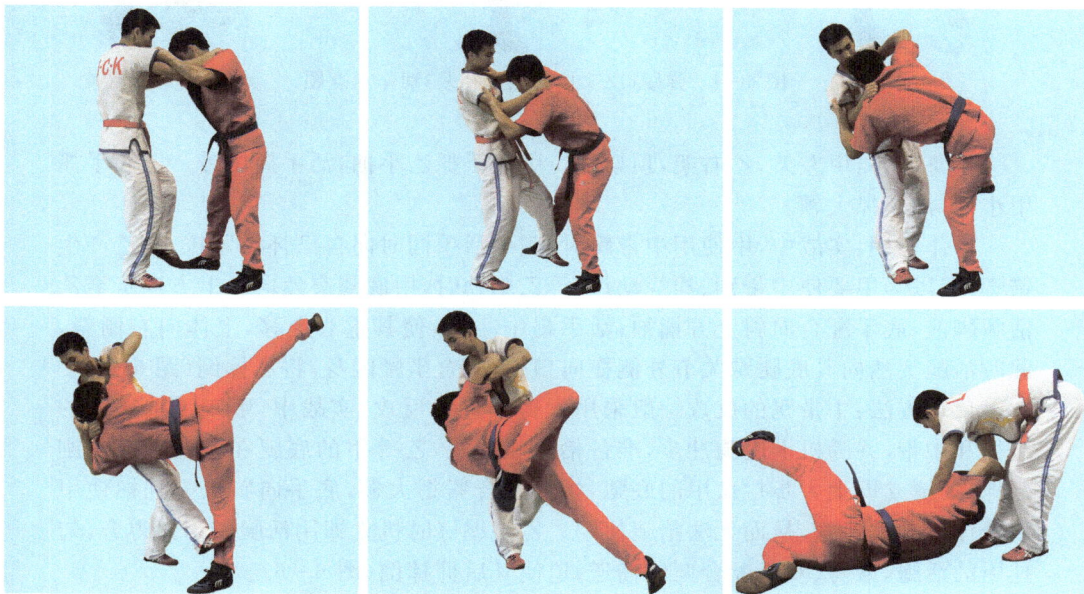

图 6-3　弹踢(进攻技术)动作示意图

反攻方法：弹踢的反攻一般采用跪逃补踢进行反攻实战中,当甲抬底腿横向弹击乙的活腿时,乙上手支领,活腿后屈做跪逃动作,使甲弹击腿走空,等甲弹击腿落地还原,欲抬活腿使踢时,乙不等甲活腿抬起,活手沉紧甲的大领,底手向斜上方捅袖,使甲重心落在被沉紧的底腿上,此时,乙适机用跪逃活腿用力拦踢甲的底腿,身体配合排腰闪身,将甲摔倒(图6－4)。

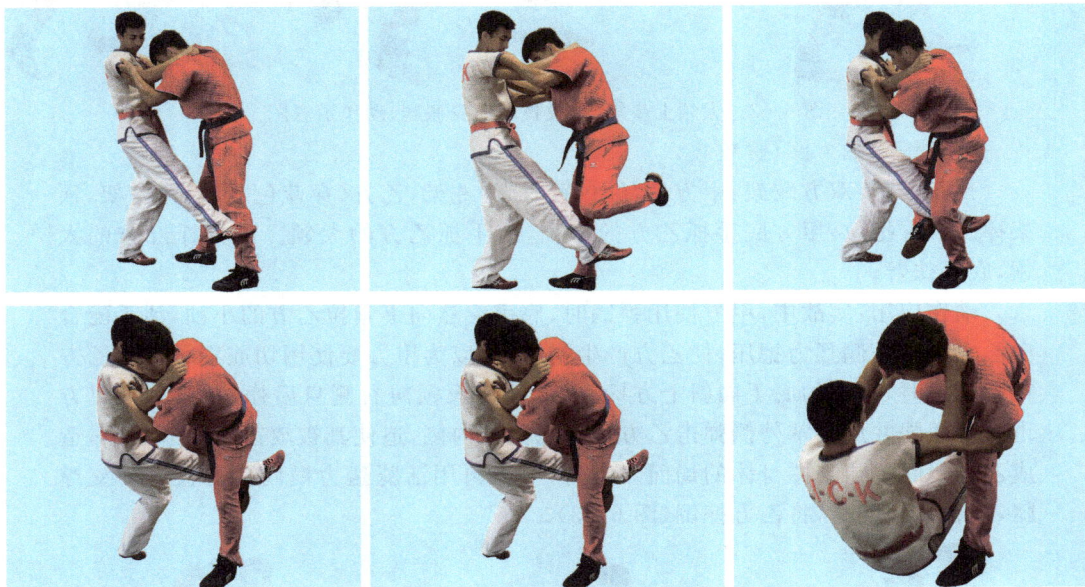

图6－4　弹踢(反攻技术跪逃补踢)动作示意图

3. 中带踢(进攻技术)

预备姿势：甲左架,乙右架,顶架摔。甲底手抓乙小袖,活手抓中带。乙底手抓甲小袖,活手抓大领。

动作应用：实战中,甲使用中带踢时,底手活手同时向自己怀里紧拉,使乙产生错觉,误以为甲要使中带别、挂等动作,等乙犟劲时,甲底腿突然向斜上方冲步至乙活腿脚前,底手配合向斜上方捅袖,活手提中心带,使其重心上移,上体向右倾斜,此时活腿突然向其底腿踝关节外侧横向扫踢,配合坐腰闪身,将乙摔倒(图6－5)。

反攻方法：中带踢的反攻一般采用大得合进行反攻,实战中,甲双手拽拉乙的小袖和中带,并随机上底腿冲步,准备抬活腿使踢,乙等甲的底腿在自己活腿前刚落地,活腿立即上大步拦截甲的底腿,活手配合紧揽大领,底手向斜上方捅袖使甲的身体重心被控管,从而无法抬腿使踢。乙把握好时机立即用活腿使用大得合,勾挂甲的活腿,欺身、双手配合向前捅送,迫使其后仰摔倒(图6－6)。

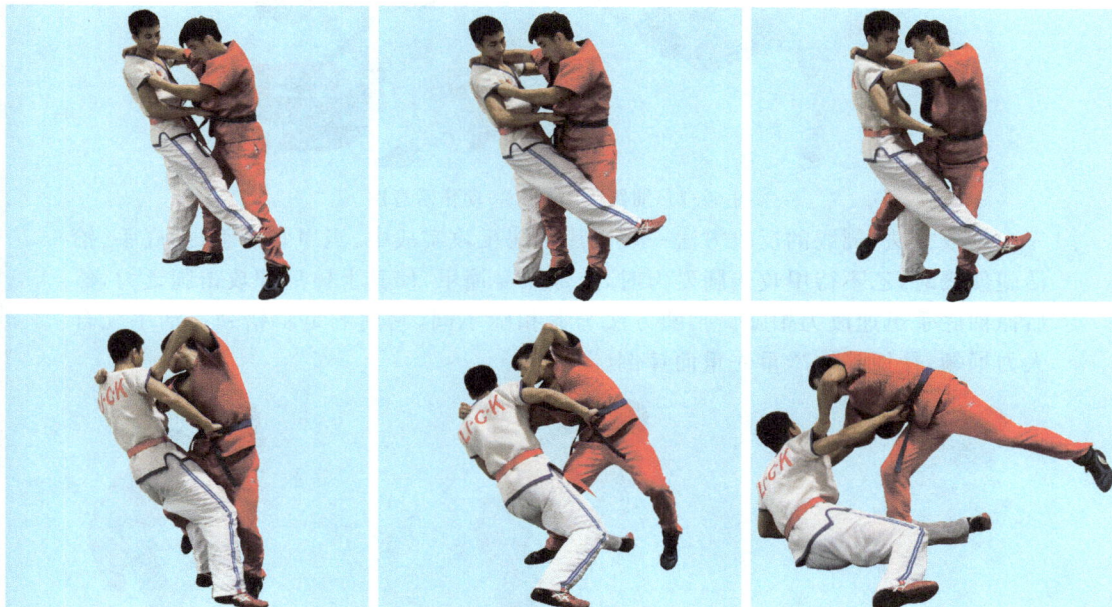

图 6-5　中带踢（进攻技术）动作示意图

图 6-6　中带踢（反攻技术大得合）动作示意图

4.周踢（进攻技术）

预备姿势：甲左架，乙右架，顶架摔。甲活手抓乙的大领，底手散手不抓。乙底手抓甲小袖,活手抓大领。

　　动作应用:实战中,甲使用周踢时,活手先抓握乙的大领,底手散空不抓。乙底手抓握甲的小袖,等乙活手刚抓住甲的大领时,甲底腿立即前上一步于乙的活腿脚前,活手抓大领向身后紧拉,底手用虎口捅送乙活手的腋下,使其上体向右倾斜,接着甲用活腿迅速拦踢乙的底腿,配合坐腰闪身,将乙摔倒(图6-7)。

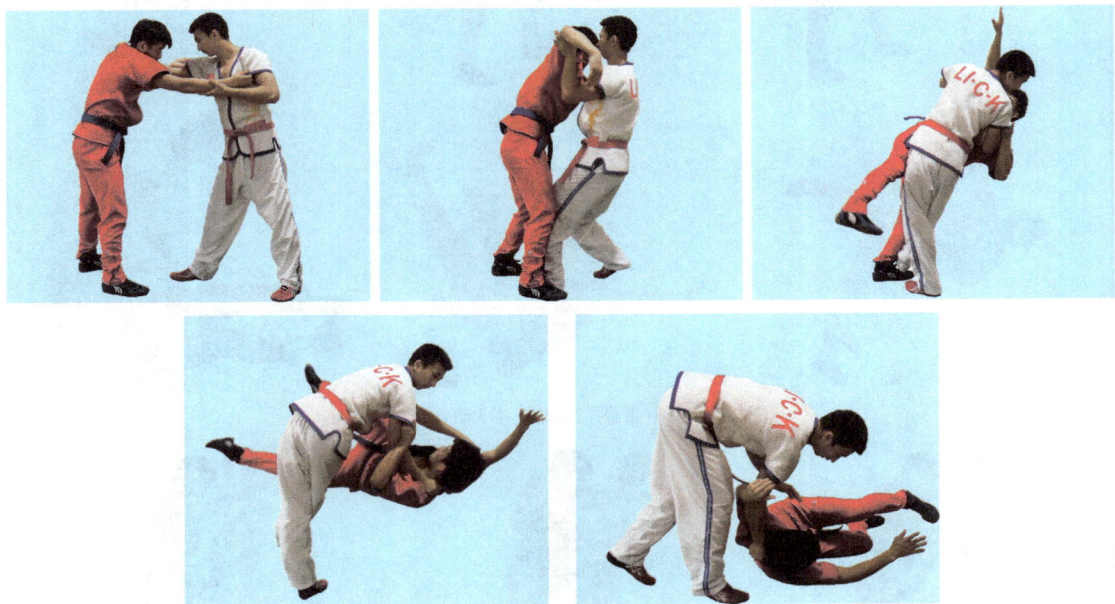

图6-7　周踢(进攻技术)动作示意图

　　反攻方法:周踢的反攻方法一般采用拍腿反攻实战中,当甲紧活手、拥底手、抬活腿使踢时,乙不待甲攻击腿发力时,上体欺身撞甲,使其上体后仰攻击腿乏力,然后抓袖底手迅速改为拍腿。拍腿方法与搬扣腿不同,它用的是斜错劲。活手配合大力捅领,使甲身体严重先重而摔倒(图6-8)。

图 6-8　周踢（反攻技术拍腿）动作示意图

5. 小袖偏门踢（进攻技术）

预备姿势：甲左架，乙右架，顶架摔。甲底手抓乙小袖，活手抓握偏门。乙抓甲的小袖和大领。

动作应用：实战中，甲抓乙小袖和抓偏门的手同时向自己身后拉圆劲，乙由于被圆拉，身体不由地向拉的方向倾斜，此时甲突然抬活腿拦踢乙的底腿，配合双手的挣拧和身体侧身让腰，将乙摔倒（图 6-9）。

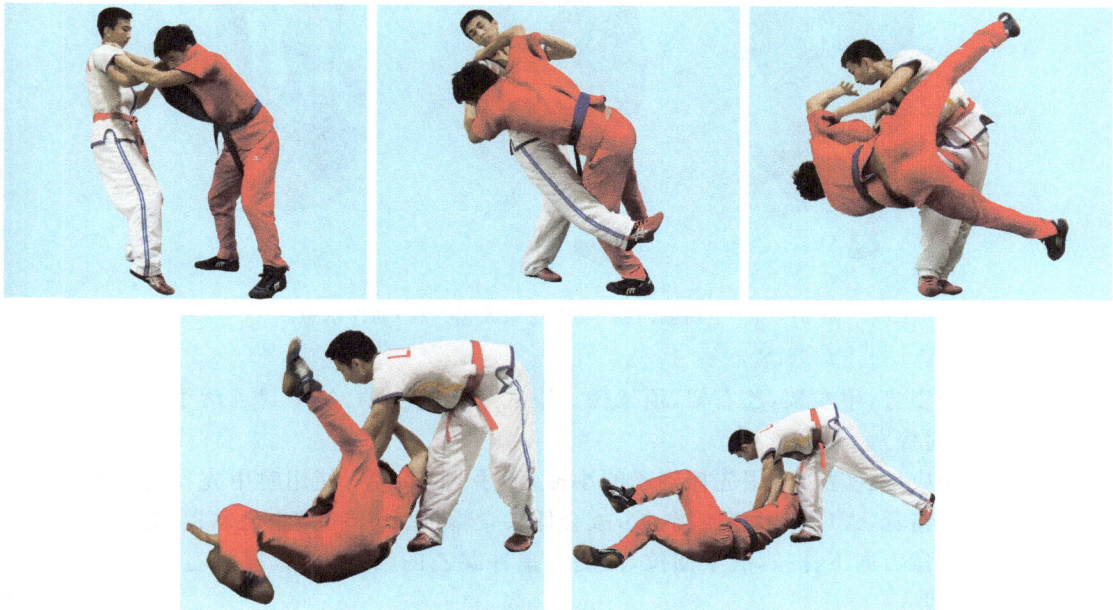

图 6-9　小袖偏门踢（进攻技术）动作示意图

反攻方法：小袖偏门踢的反攻技术一般采用大领拦踢，实战中，当甲抓小袖偏门挣拧、欲抬活腿使踢进攻时，乙不待甲腿发力，立即冲步，并用底手横向推甲的右肩，活手配合向下紧拽其大领，迫使甲身体左方倾斜，并迅速抬活腿拦踢甲的底腿，使甲身体严重失衡而摔倒(图6-10)。

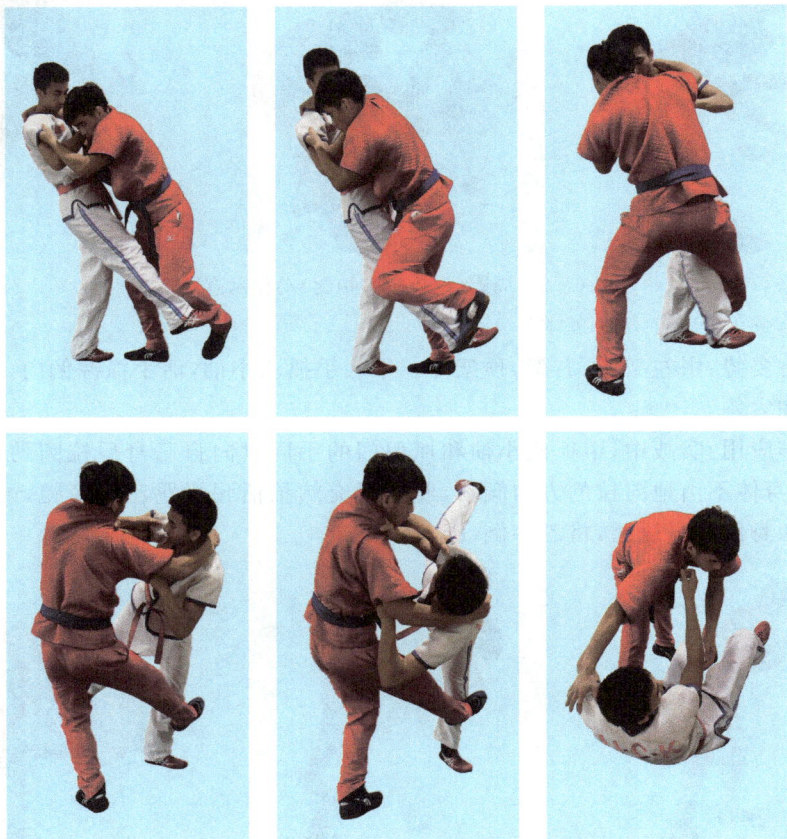

图6-10　小袖偏门踢(反攻技术大领拦踢)动作示意图

6. 抹脖踢(进攻技术)

预备姿势:甲左架,乙右架,顶架摔。甲底手抓乙小袖,活手封乙活手,乙散手(手被甲封控)。

动作应用:实战中,甲先抓到乙的小袖,活手封其活手,使用时甲先猛力捅袖,使乙产生错觉,误以为甲要使揣、披,故会低头含胸,此时甲可用自己掌根部位在乙后脑部位猛力向下抹拉,底手回拉,活腿迅速冲踢乙的活腿内侧,迫使乙头重脚轻而摔倒(图6-11)。

反攻方法:抹脖踢的反攻技术一般采用滑步挤蹾进行反攻,实战中,当甲捅推乙袖又往回紧带、并用活手擂乙的脖子、欲抬活腿使踢攻击时,乙待甲活手刚触及脖子,迅速用活手沉紧甲的大领,并挺身抬头,上体横欺,同时活腿向前滑步挤蹾甲的底腿,底手配合横向推甲的肩膀。使甲进攻不能成功,被乙滑步挤蹾摔倒(图6-12)。

图 6-11　抹脖踢（进攻技术）动作示意图

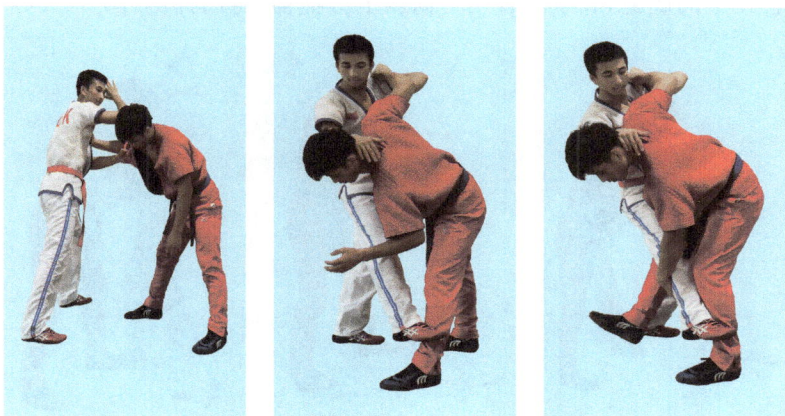

图6-12 抹脖踢(反攻技术滑步挤蹉)动作示意图

7. 串头扛踢(进攻技术)

预备姿势:甲右架,乙右架,顺架摔。甲底手抓乙中带,活手抓其大领。乙底手抓甲小袖,活手抓大领。

动作应用:实战中,双方在抓把对峙。甲为了进攻,突然串头从乙活手腋下钻出,挺身扛肩,迫使乙的重心升高,身体倾斜。此时,甲不等乙揪领的手松开,上底腿冲步,抬活腿横向拦踢乙的底腿,配合底手提带,活手紧拉大领,排身坐腰,迫使乙身体失控而摔倒(图6-13)。

反攻方法:串头扛踢的反攻一般采用夹脖蹉摔,实战中,双方相互抓把对峙时,甲突然串头从乙活手腋下钻出,欲使扛踢进攻时,乙不等甲抬头扛肩,立即用抓领的活手,改夹甲串头的脖子,用夹、压、搋、拉之合力,使甲抬不起头来,乘机乙滑上活腿,蹉管住甲的底腿,底手配合用力向斜上方捅袖,将乙摔倒(图6-14)。

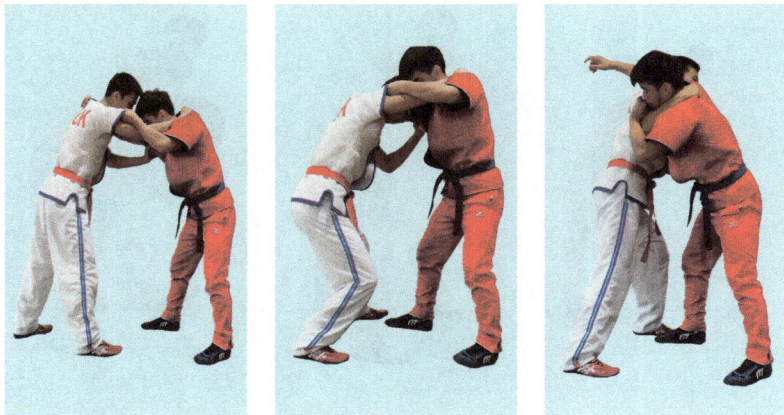

图6-13　串头扛踢(进攻技术)动作示意图

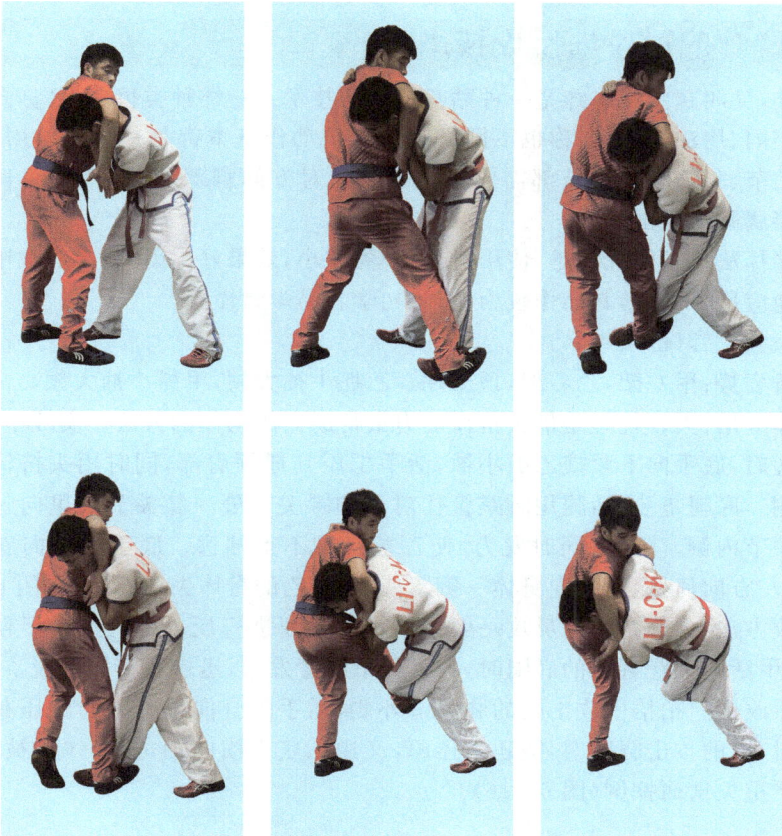

图 6-14　串头扛踢(反攻技术夹脖蹉摔)动作示意图

二　蹉绊的进攻与反攻技术

蹉绊，又叫蹉窝。蹉绊是一种贴身粘摔的技术。蹉绊种类很多，名称多因手所抓把位不同、用法不同，名称也不同。脚部攻击动作基本都是一样的。用蹉时，自己的踝关节、脚面和膝关节都需紧紧地贴管住对方的脚踝和膝关节，使其不宜逃脱。蹉绊属脚部攻击技术。

蹉绊摔法技术的优点是，使用时，自身失重小，效果好。因此，在实战中被运动员广泛地应用。同时，其动作较为简单，初学者易学易懂。

1. 大领枕蹉(进攻技术)

预备姿势：甲左架，乙右架，顶架摔。乙抓小袖大领，甲抓小袖大领。

动作应用：大领枕蹉是借头挤倚的力量帮助完成动作的方法。实战中，甲使用大领枕蹉时，底手向下紧拽乙的小袖，活手摁压其抓领肩部，同时用头挤倚在乙的头部左侧。底腿垫步，活腿用脚蹉管住对手的踝关节处。膝关节由里向外倚顶住乙的膝关节内侧。踝、膝同时发力，使乙被蹉脚不得抽逃。底手配合向斜上方捅送，头向左方向倚挤，活手向身体一侧紧拽，导致乙的身体失衡而摔倒(图 6-15)。

反攻方法：大领枕蹉的反攻一般采用盘腿拍腿进行反攻，实战中，甲使用大领枕蹉，当甲活腿去蹉管乙的底腿时，乙不等甲蹉管发力，迅速做盘腿逃脱。逃脱后，抓袖底手改横向拍捂甲攻击腿的膝关节外侧，活手配合向拍腿方向摁压其大领部位。此时，甲的攻击腿蹉空，腿还未还原，又遭乙底手横向拍击，上体又被乙控压，身体已严重失衡而摔倒(图 6-16)。

图 6-15　大领枕蹉（进攻技术）动作示意图

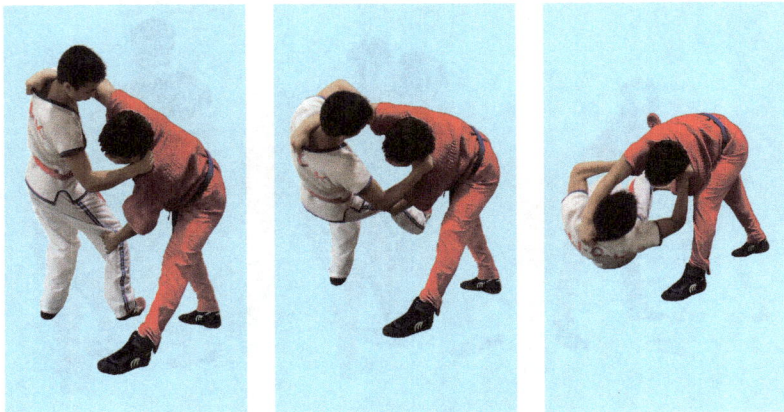

图 6-16 大领枕蹀（反攻技术盘腿拍腿）动作示意图

2. 小袖偏门蹀（进攻技术）

预备姿势：甲左架，乙右架，顶架摔。甲抓小袖偏门，乙抓小袖大领。

动作应用：实战中，甲使用偏门蹀时，双手将乙的小袖向右侧控紧，使乙身体向右侧倾斜，然后底腿向前垫步，活腿前伸蹀管乙的踝、膝关节处，双手配合将乙的小袖偏门往其被蹀管的底腿上紧拽，乙被牢牢地蹀管不能抽逃，此时甲的攻击腿粘蹀用力上挑，迫使乙被粘蹀的脚离开地面，双手同时捅袖紧门，导致乙身体失衡而摔倒（图6-17）。

反攻方法：小袖偏门蹀的反攻一般采用捅袖扣腿技术进行反攻，实战中，甲双手紧带乙的小袖偏门，底腿垫步，活腿前伸去蹀管乙的活腿。乙不等甲蹀管腿发力，迅速上体欺身，底手用力捅住甲的小袖，使其上体后仰，同时抓中带的活手迅速下来改搬扣甲蹀攻腿的膝窝处，使甲进攻不能成功，反而被乙反攻摔倒（图6-18）。

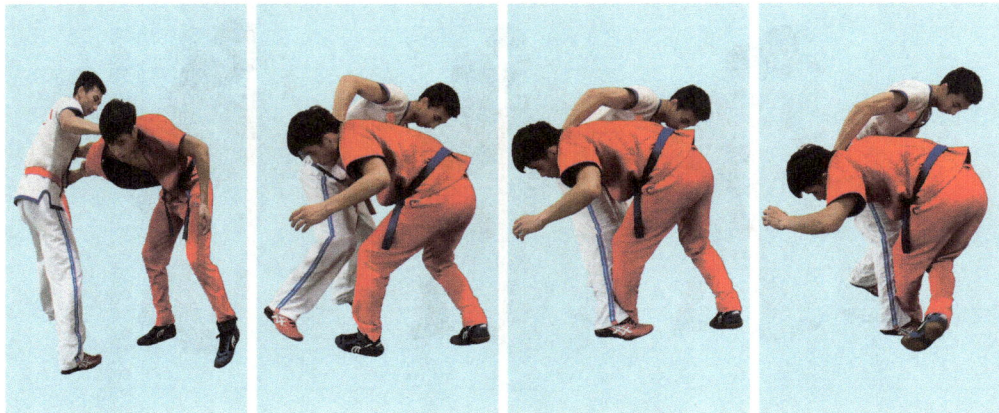

图 6-17　小袖偏门蹉(进攻技术)动作示意图

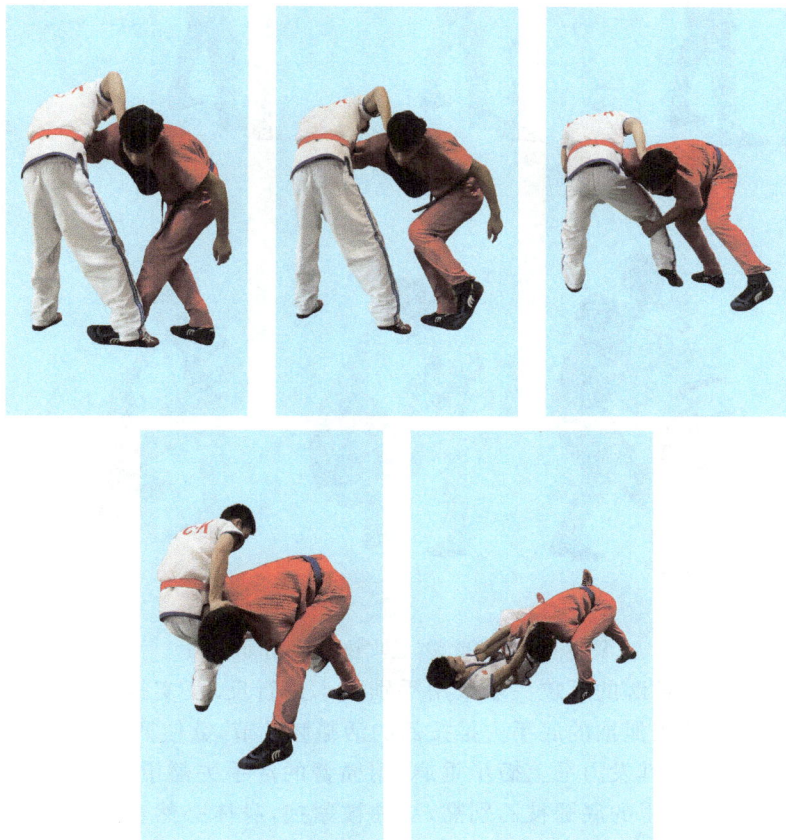

图 6-18　小袖偏门蹉(反攻技术捅袖扣腿)动作示意图

3. 插臂蹉（进攻技术）

预备姿势：甲右架，乙右架，顺架摔。双方互相插臂。

动作应用：实战中，甲乙双方都采用低跤架相互插臂对峙，为了进攻，甲突然将抓袖的手前移，再用插臂的活手用力将乙往自己身前紧带。乙被甲紧带，底腿会被迫前移，这时甲底腿垫步，活腿前伸迅速蹉管乙前移的底腿，同时头部挤拢乙的右脸侧，双手配合捅送、紧拽，攻击腿向斜上方挑抬，使乙身体失衡摔倒（图6-19）。

图6-19 插臂蹉（进攻技术）动作示意图

反攻方法：插臂蹉的反攻一般采用手别技术进行反攻，实战中，甲乙双方互相插臂对峙，甲突然用抓袖的底手去推按乙的活腿膝关节，欲使插蹉。乙在甲的底手刚触及膝关节不等其发力马上撤步垂肩，用插臂的活手去豁甲的底腿。底手配合紧拽其小袖，此时，甲的底腿被乙别豁，小袖被紧拽，身体必然会严重失衡，不但进攻不成，还会被乙的反攻动作摔倒（图6-20）。

图 6-20　插臂蹉(反攻技术手别)动作示意图

4.抹脖蹉(进攻技术)

预备姿势:甲左架,乙右架,顶架摔。甲抓小袖控抓对方一手,乙抓小袖被控一手。

动作应用:甲使用蹉攻时,双手先向一侧横拉,使乙向右侧挺身较劲时,甲迅速用抓偏门的活手改摁抹乙的脖子,同时垫步活腿去蹉管乙的底腿,底手配合向斜上方捅送,活手用力摁抹其脖子,使乙上体向左侧倾斜被蹉腿离开地面摔倒(图6-21)。

反攻方法:抹脖蹉的反攻一般采用摘手崴进行反攻,实战中,甲用抓偏门的手去摁压乙的脖子,欲使抹脖蹉。乙等甲的手刚触及脖子,立即用抓袖的底手摘扣甲抹脖手的腕部,活手配合上提中带,同时,活腿插入其裆内转体,长腰,背脸使崴绊。甲活手被乙摘锁,中带被揪提,腿部被崴绊,身体必然会严重失衡而摔倒(图6-22)。

129

图 6-21 抹脖蹉（进攻技术）动作示意图

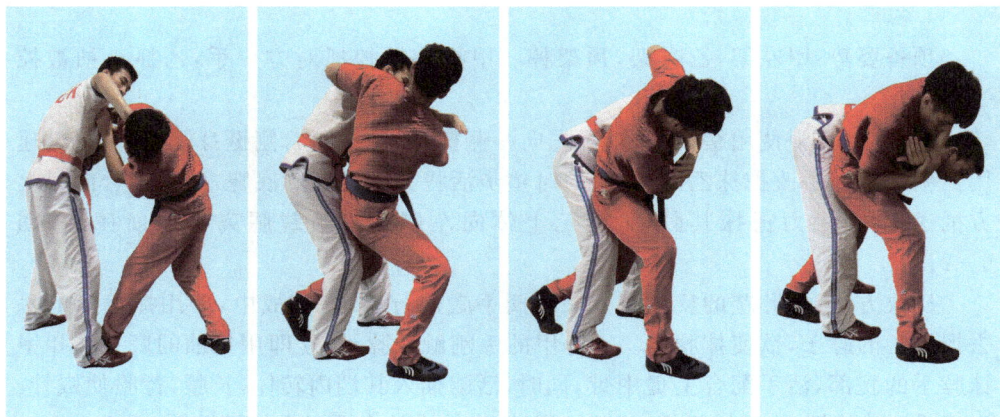

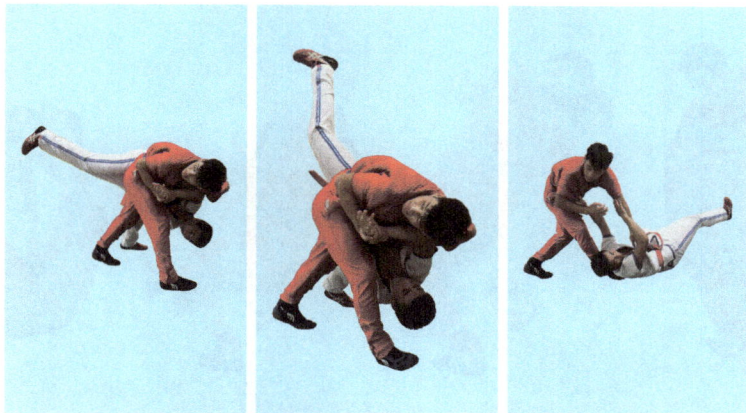

图 6 - 22　抹脖蹉(反攻技术摘手崴)动作示意图

5. 圈臂蹉(进攻技术)

预备姿势:甲右架,乙右架,顺架摔。甲抓乙小袖散活手,乙抓甲小袖中带。

动作应用:实战中,甲底手抓乙小袖,乙抓甲小袖中带。甲为开解乙抓袖的底手,可用活手由里向外圈压乙抓袖的底手,使其手臂不能抽逃。接着底腿垫步,调整进攻距离,活腿前伸蹉管对方的底腿,同时底手向斜上方捅送,活手向下压拉被圈的手臂,使其重心落在被蹉管的腿上。然后攻击腿向上用力粘蹉,迫使乙被蹉管脚离开地面身体失衡而摔倒(图 6 - 23)。

反攻方法:圈臂蹉的反攻一般采用补踢进行反攻,实战中,甲用活手由里向外圈攒乙的底手,并用其活腿去蹉攻乙的底腿。当甲的蹉攻腿刚触及乙的底腿时,乙迅速做跪逃,甲蹉攻落空,乙不等甲的蹉攻腿还原,用跪逃的底腿迅速对甲蹉攻脚踝关节外侧,猛力补踢,双手配合向左侧方向挣拧。甲上体受挣拧,活腿受踢攻,必然会身体失衡而摔倒(图 6 - 24)。

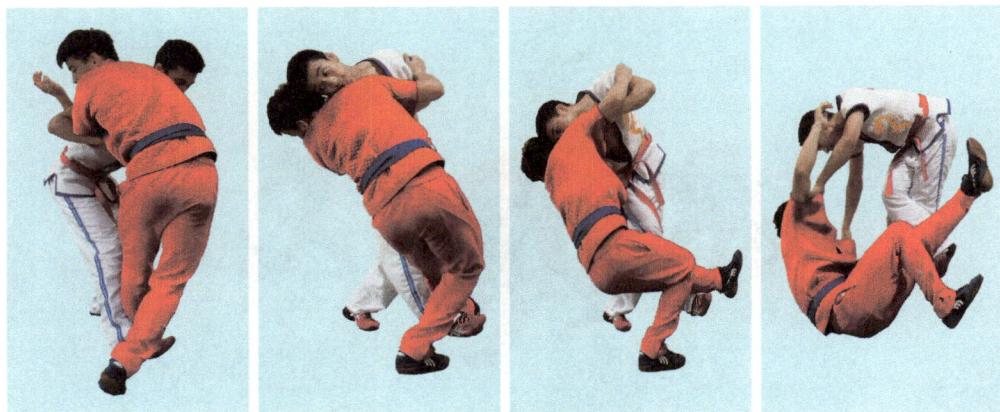

图 6-23 圈臂蹉(进攻技术)动作示意图

图 6-24 圈臂蹉(反攻技术补踢)动作示意图

6. 反夹脖蹉（进攻技术）

预备姿势：甲右架，乙右架，顺架摔。甲抓乙小袖大领，乙抓甲小袖大领。

动作应用：实战中，甲乙双方互抓死把相对峙。乙突然串头从甲腋下钻出，准备使扛踢，甲看准时机，立即用抓领的活手，改用反夹脖的方法将乙串出的头牢牢夹住，接着底腿垫步调整进攻距离，活腿前伸将乙的活腿紧紧地蹉管。活手反夹脖向下摁压，底手配合向斜上方捅送，使其身体重心落在被蹉管的底腿上，然后，攻击腿向斜上方粘蹉，迫使乙被蹉管腿翻离地面，导致乙身体失衡而摔倒（图6－25）。

图6－25　反夹脖蹉（进攻技术）动作示意图

反攻方法：反夹脖蹉的反攻一般采用搬腿拦踢进行反攻实战中，当甲用活手反夹住乙的脖子，并用活腿前伸使蹉攻时，乙等甲攻击腿刚触及自己的底腿时，立即上体欺身，并用头肩斜挤甲的腋下，活手紧揪甲的大领，使其身体向右倾斜，接着抓袖的底手下垂，改搬甲蹉攻腿膝关节窝处，将其腿搬离地面，并迅速抬活腿拦踢甲惟一的支撑腿，此时，甲双腿同时受攻击，不但进攻失败，还会被乙反攻摔倒（图6－26）。

图 6-26　反夹脖蹉(反攻技术搬腿拦踢)动作示意图

7. 串头挤蹉(进攻技术)

预备姿势:甲右架,乙右架,顺架摔。甲抓乙中带大领,乙抓甲小袖大领。

动作应用:实战中,甲乙双方相互抓握死把相互对峙。甲突然串头从乙抓大领的活手腋下钻出,使乙产生错觉,误以为甲欲使扛踢,甲却将串出的头挤倚在乙的肩臂上,活手向下紧拽其大领,底手配合向上提中带,使乙上体向右倾斜,接着,甲的底腿垫步,活腿前伸将乙底腿紧紧地蹉管住,然后,攻击腿向斜上方粘蹉,迫使乙被蹉管脚翻离地面,导致整个身体失衡而摔倒(图 6-27)。

反攻方法:串头挤蹉的反攻一般采用跪逃外搂进行反攻,实战中,甲串头从乙腋下钻出,肩头横倚,欲使挤蹉时,乙等甲蹉攻腿刚触及自己的底腿,迅速做跪腿脱逃,接着上体欺身并用脱逃的底腿,从外侧搂挂甲的蹉攻腿,同时双手配合向前大力支捅。此时甲活腿被搂挂,上体被推捅,导致上体后仰,身体已严重失衡,不但进攻不能成功,还会被乙的反攻动作摔倒(图 6-28)。

图 6-27 串头挤蹉(进攻技术)动作示意图

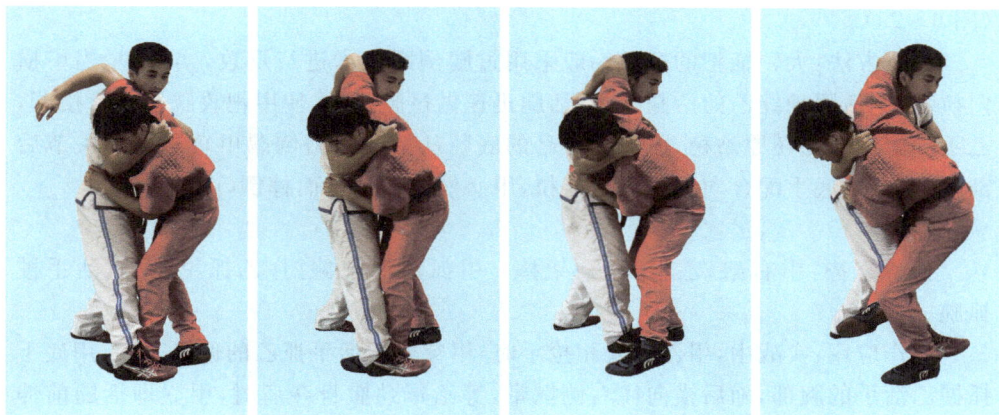

图 6-28　串头挤蹉(反攻技术跪逃外搂)动作示意图

三　耙绊的进攻与反攻技术

耙绊,也叫"耙子",跤术中常说"出耙似镰刀"。耙子的攻击部位主要是脚前掌内侧,使用时从踝关节向里侧弯曲,形似一把镰刀,耙对手的脚后跟。耙子分耙拉、耙踢等类型。

1. 大领捅耙(进攻技术)

预备姿势:甲右架,乙右架,顺架摔。甲抓乙手腕揪大领,乙抓小袖一手被抓。

动作应用:实战中,甲双手先横向圆拉,等乙犟劲挺身时,底手紧抽乙的手腕,活手抓大领向脖子摁压,使乙身体向其活腿方向倾斜,接着甲迅速前伸活腿出耙,耙拉乙活腿的踝关节后部,两手配合用力向前捅推,迫使被耙拉的脚翻离地面摔倒(图6-29)。

反攻方法:大领捅耙的反攻一般采用过腿倒踢技术进行反攻,实战中,当甲横向拉乙、用活腿耙绊乙的活腿时,乙活腿迅速做过腿脱逃,使甲耙攻腿落空。接着,乙不等甲耙攻腿还原站稳,立即用自己的底腿从后面猛力倒踢甲攻击腿踝关节后部,同时抓袖底手配合向倒踢方向掩拉,甲必然身体失衡而摔倒(图6-30)。

2. 偏门控手耙(进攻技术)

预备姿势:甲右架,乙右架,顺架摔。甲抓乙手腕偏门,乙抓甲小袖,活手被抓腕。

动作应用:实战中,甲乙在互相抢手时,甲突然用活手抓乙的偏门,接着用底手抓握乙活手的腕部,随后横向往右侧揪带,等乙犟劲撤身夺肩时,甲立即活腿前伸出耙,从裆内耙拉乙活腿踝关节后部,配合欺身和双手向前大力捅推,使乙身体严重失衡而摔倒(图6-31)。

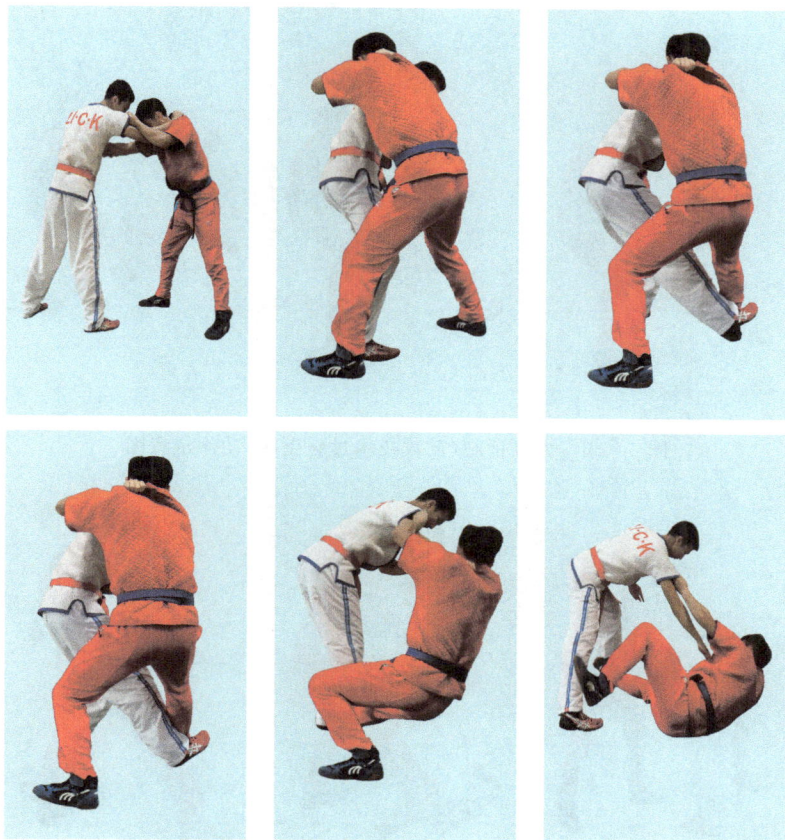

图 6-29　大领捅耙（进攻技术）动作示意图

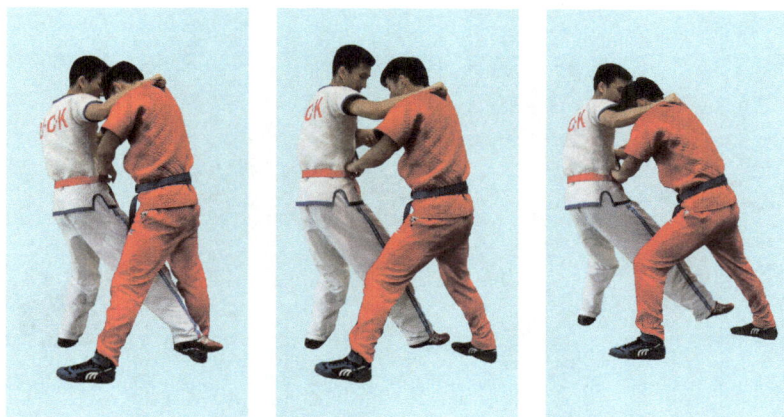

图 6-30　大领捅耙(反攻技术过腿倒踢)动作示意图

图 6-31　偏门控手耙(进攻技术)动作示意图

反攻方法：偏门控手耙的反攻一般采用逃腿手别技术进行反攻，实战中，甲抓偏门横向斜带，并用其活腿耙绊乙的活腿。乙活腿迅速做抽腿脱逃，使甲耙攻腿落空，同时乙不等甲耙攻腿站稳，立即侧胸沉肩，用活手拍别甲攻击腿的膝关节外侧部位，并转体侧身紧拽底手，将甲摔倒（图6-32）。

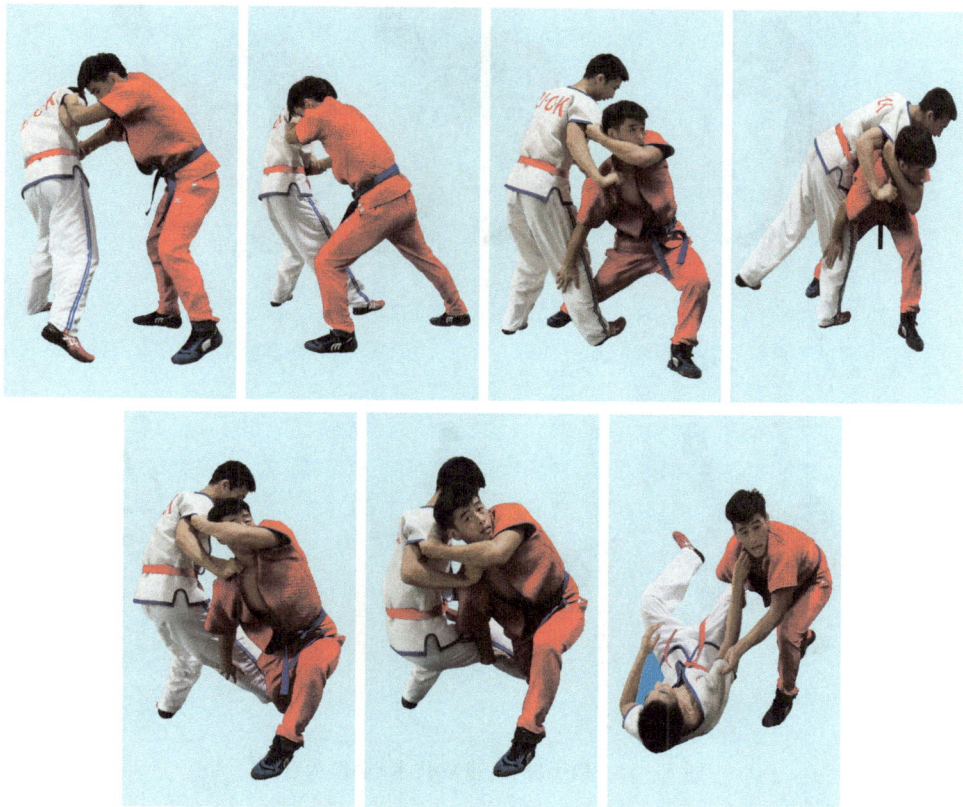

图6-32　偏门控手耙（反攻技术逃腿手别）动作示意图

3. 摘手绷耙（进攻技术）

预备姿势：甲右架，乙左架，顶架摔。甲抓乙中带与手腕，乙抓大领，底手被抓握。

动作应用：实战中，乙活手刚触及大领时，甲立即用抓手腕的底手，改扣锁其抓大领的手部，由外向里翻腕摘手，配合侧身转体，使乙产生错觉，误以为要使崴绊，并会向后排身坐腰。甲可乘机伸活腿出耙，耙拉乙活腿踝关节后部，同时剁带的活手和抓手腕的底手向前大力捅送，乙必然身体失衡，被甲摔倒（图6-33）。

反攻方法：摘手绷耙的反攻一般采用抢髋推肩耙技术进行反攻。实战中，甲活手剁乙中带，底手锁摘乙抓领的活手，侧胸中国式摔跤实用教程提带，活腿入裆欲使绷耙,乙不等甲出耙,活腿立即抢髋进入甲的裆中,并迅速去耙拉甲的底腿,同时上体回身用散空的底手猛推捅甲的左肩胸,使甲身体严重失衡而摔倒(图6-34)。

图6-33　摘手绷耙(进攻技术)动作示意图

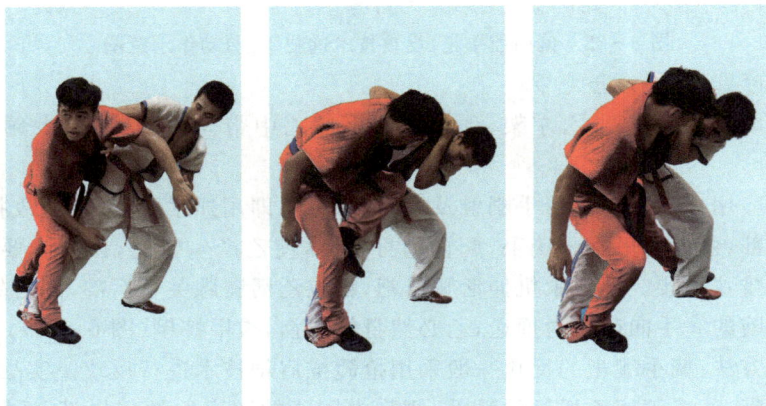

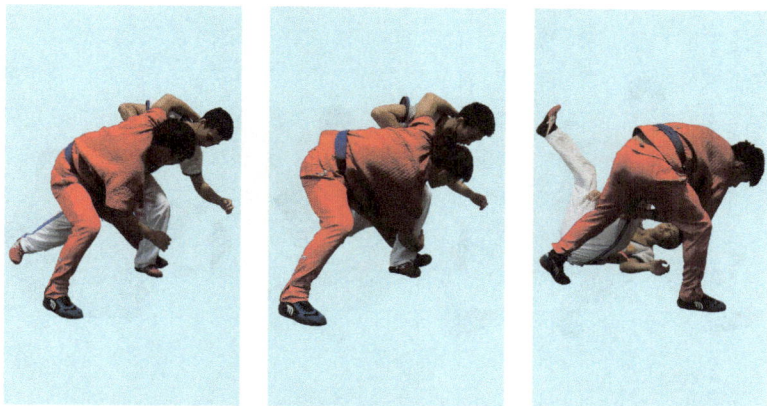

图6-34　摘手绷耙（反攻技术抢髋推肩耙）动作示意图

4. 躺耙（进攻技术）

预备姿势：甲右架，乙左架，顶架摔。甲抓乙小袖大领，乙抓甲小袖大领。

动作应用：实战中，甲双手同时拉紧，背底腿使勾子绊，由于乙身体下坠并将甲腰抱住，使甲不能将乙勾起，这时甲底手仍下拽，抓领的活手改夹脖子，利用乙抱甲腰上体后仰之机，迅速用起勾的攻击腿改耙乙底腿踝关节后部，同时上体贴紧乙胸后躺，形成上体躺、活腿耙之势，将乙后仰摔倒（图6-35）。

反攻方法：躺耙的反攻一般采用跪逃顶桩技术进行反攻实战中，甲抓好把位，活腿入乙裆使勾不成，改使躺耙。甲的耙绊刚触及乙的底腿，乙底腿迅速做过腿脱逃。使甲的耙攻腿落空，并造成甲的上体后仰，乙把握好时机，紧带底手，活手抱紧甲的后腰，活腿迅速上顶甲攻击腿的后部，双手配合用力上举，甲上体遭乙抱举，大腿受顶桩，身体完全失控，从而被摔倒（图6-36）。

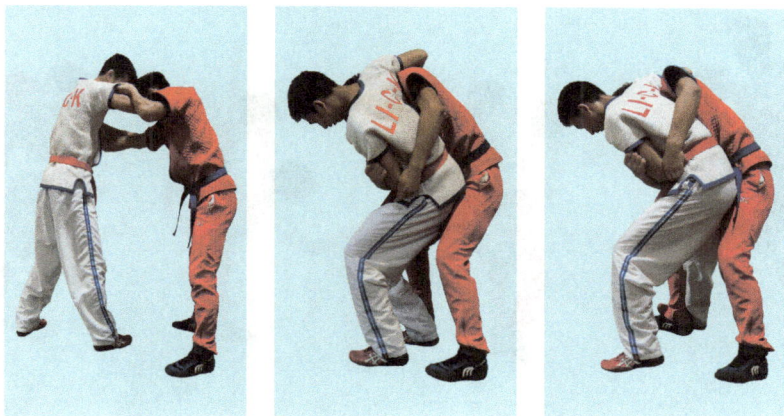

图 6-35 躺耙(进攻技术)动作示意图

图 6-36 躺耙(反攻技术跪逃顶桩)动作示意图

5.跳步推肩耙(进攻技术)

预备姿势:推肩耙子是借力使绊的一种技术方法。动作应用时甲右架,乙左架,顶架摔。乙抓甲中带和抓臂,甲被乙拿一臂,一臂散空。

动作应用:实战中,甲乙双方相互揪拿抢手时,甲的活手被乙抓拿,乙并用活手剁抓偏带,接着侧胸转体使崴,甲为了摆脱被动的困境,借乙侧胸转体的力量,活腿迅速从乙入裆崴绊的活腿上跨跳过去,并直接耙踢乙底腿踝关节后部,同时用被抓拿臂推其底手的肩窝处,乙必然因身体失衡摔倒(图6-37)。

图6-37 跳步推肩耙(进攻技术)动作示意图

反攻方法:跳步推肩耙的反攻一般采用拦门踢技术进行反攻。实战中,当乙横胸提带使崴绊,甲却跳步抢髋在乙裆中,欲出活腿使推肩耙绊。乙立即出底腿拦踢甲的底腿,底手配合向下紧拽其臂,活手从右向左侧推甲肩部,使甲上体向被拦踢的方向倾斜而摔倒(图6-38)。

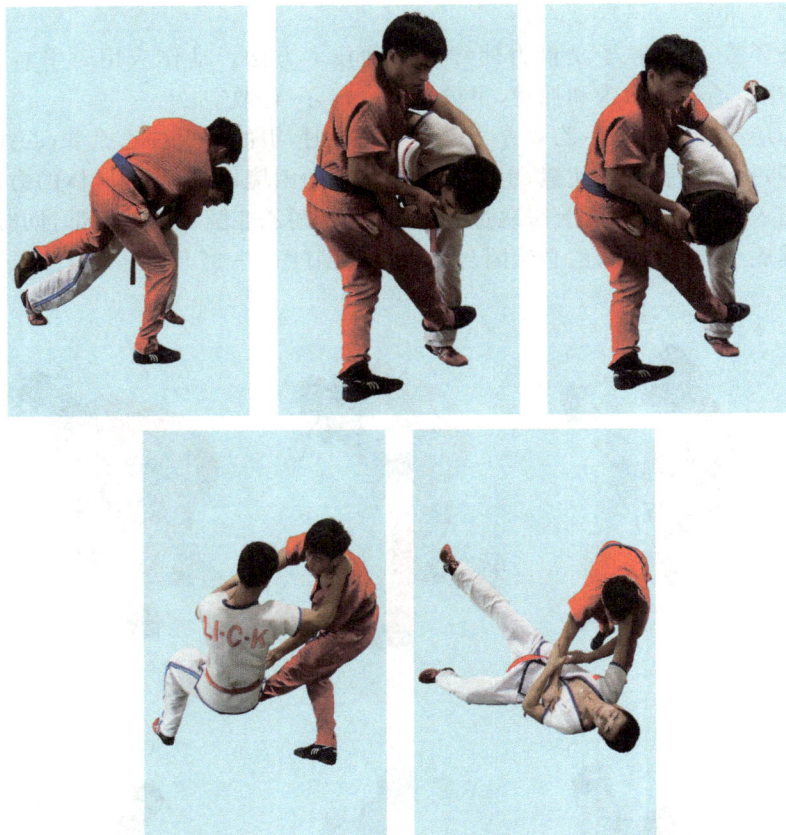

图6-38　跳步推肩耙(反攻技术拦门踢)动作示意图

6.耙拿(进攻技术)

预备姿势:双方跤架采用甲右架,乙右架,顺架摔。双方把位采用甲抓乙偏门散一只手,乙扶甲臂。

动作应用:实战中,甲乙双方相互揪拿抢手时,甲突然用活手抓握偏门,底手抓握乙活手腕部,猛力往怀里紧拉,等乙挺身夺臂犟劲时,立即捅偏门,同时用活腿耙踢乙活腿踝关节后部,等乙脚被耙离地面后,甲迅速俯腰用底手拿乙的脚腕,接着欺身、捅门、提臂,乙必然身体后仰失衡而摔倒(图6-39)。

反攻方法:耙拿的反攻一般采用捅手泼脚技术进行反攻实战中,甲抓乙偏门和手腕,横向带拉,并用活腿出耙做耙拿。乙迅速跪逃被甲耙攻的活腿,使甲耙拿落空。接着用散空的活手去锁扣甲抓偏门的活手,横向欺捅,同时底腿兜踢甲耙攻落空的活腿,此时,甲身体失衡而摔倒(图6-40)。

图6-39　耙拿（进攻技术）动作示意图

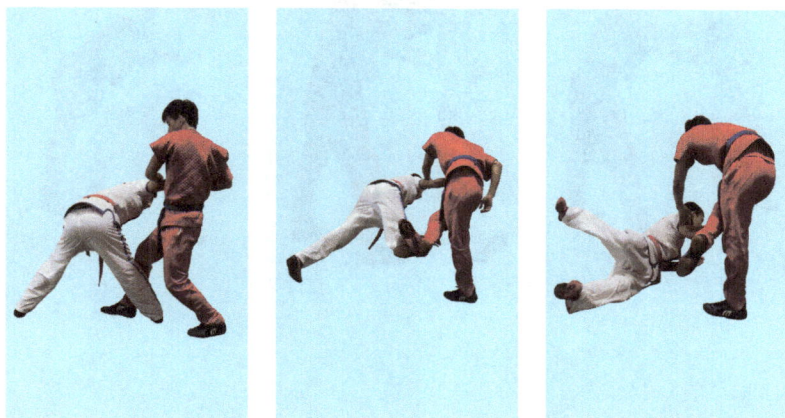

图6-40　耙拿（反攻技术捅手泼脚）动作示意图

四 弹拧绊子的进攻与反攻技术

弹拧绊子是技巧性很强、难度较大的技术动作之一。它要求使用动作时,上下肢要高度协调一致。弹拧技术的攻击部位主要是利用脚掌的外侧部位,冲弹对手踝关节的内侧部位,同时配合底手的紧拉、活手的拧涮,使对手头重脚轻而翻倒。弹拧绊子的优点是,进攻时突然性大、失重小。往往用较小的力量,出人意料地大幅度将人摔倒在地。常用的几种弹拧技术如下。

1. 大领弹拧(大拿弹拧)

预备姿势:双方跤架采用顶架摔,甲右架,乙左架。双方把位采用甲抓乙小袖大领,乙抓甲小袖大领。

动作应用:实战中,甲抢抓好有利把位,双手同时向下紧拿乙的小袖大领,接着底腿垫步,活腿前伸去蹚管乙的活腿,使乙产生错觉误以为甲使蹚攻,待乙犟劲滑逃时,甲立即双手搂拉,活腿对准乙活腿关节内侧实施冲弹,迫使乙被弹脚离开地面身体失衡而摔倒(图6-41)。

反攻方法:大领弹拧的反攻一般采用赶切技术进行反攻,实战中,甲用活腿蹚攻乙不成,欲弹拧,当甲的活手按脖子用活腿冲弹乙活腿踝关节内侧时,乙立即跪腿脱逃,使甲弹攻腿落空。乙不等甲攻击腿还原站稳,迅速用跪逃的活腿去赶切甲的底腿,同时底手配合紧拉小袖,活手由抓领改为夹脖子,使甲不但进攻失败,还会被乙反攻动作摔倒(图6-42)。

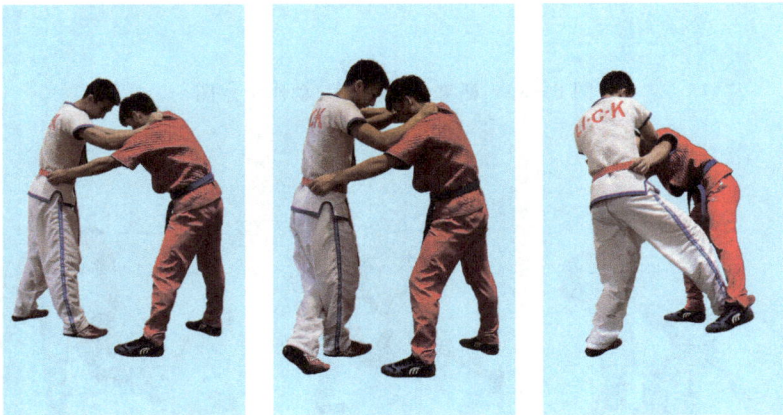

图 6-41　大领弹拧(进攻技术)动作示意图

图 6-42　大领弹拧(反攻技术赶切)动作示意图

2. 小袖偏门弹拧(进攻技术)

预备姿势:双方跤架采用顶架摔,甲右架,乙左架。双方把位采用,甲抓乙小袖偏门,乙抓甲小袖大领。

动作应用:实战中,甲使用小袖偏门弹拧时双手抓把位合力向自己怀里紧带,接着欺身,背底腿,活腿前伸佯装使蹉,等乙产生错觉、犟劲滑逃时,甲迅速用活腿冲弹乙活腿踝关节内侧,迫使乙活腿离开地面,同时甲的双手大力向左下方涮拧,使乙身体失衡而摔倒(图6-43)。

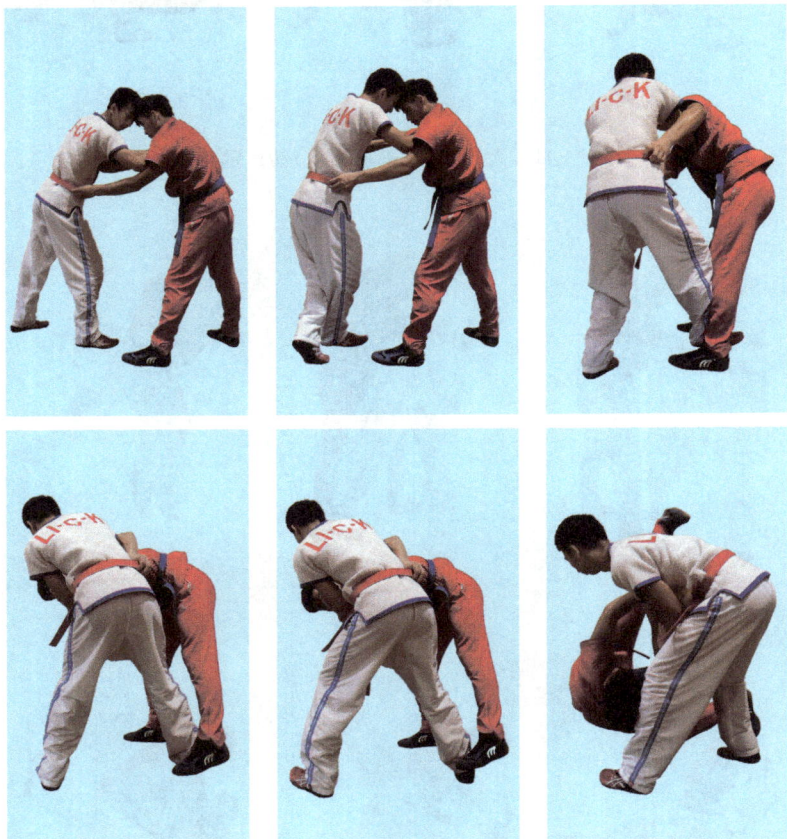

图6-43 小袖偏门弹拧(进攻技术)动作示意图

反攻方法:小袖偏门弹拧的反攻一般采用上步削搂技术进行反攻实战中,甲抓小袖偏门横向圆拉,突然背底腿,用活腿去弹攻落空,接着乙用脱逃的活腿上步入甲的裆中,并迅速用底腿去削搂甲的底腿,同时双手配合向甲身后大力推捅,迫使其身体后仰失衡而摔倒(图6-44)。

图 6-44　小袖偏门弹拧（反攻技术上步削搂）动作示意图

3. 借手按脖弹拧（进攻技术）

预备姿势：双方跤架采用顶架摔。甲右架，乙左架，双方把位采用甲散手引诱乙拿臂，乙拿甲单臂。

动作应用：实战中，甲露破绽引诱乙来拿自己的单臂，乙不曾识破。当乙刚绕拿甲臂，甲不等乙发力，顺势底腿卧步，乙却误以为甲被控制正欲扒腰使入时，甲散空的活手，突然按压乙前伸的脖子，并用活腿迅速冲弹乙活腿踝关节的内侧，将其活腿冲弹离开地面而摔倒（图 6-45）。

反攻方法：借手按脖弹拧的反攻一般采扣腿技术进行反攻，实战中，当甲垫步将腿插入乙裆要使反挂门勾子时，乙可屈膝下蹲降低重心，抓领的活手向下沉拉肩领使甲不能从容转体发力。接着底手迅速掏扣其攻击腿的脚踝外侧，并从裆中拉出来向上高提，脚下横向滑步欺身，活手配合大力支捅甲肩领处，迫使其身体向下倾斜，头下脚上、身体失衡而摔倒（图 6-46）。

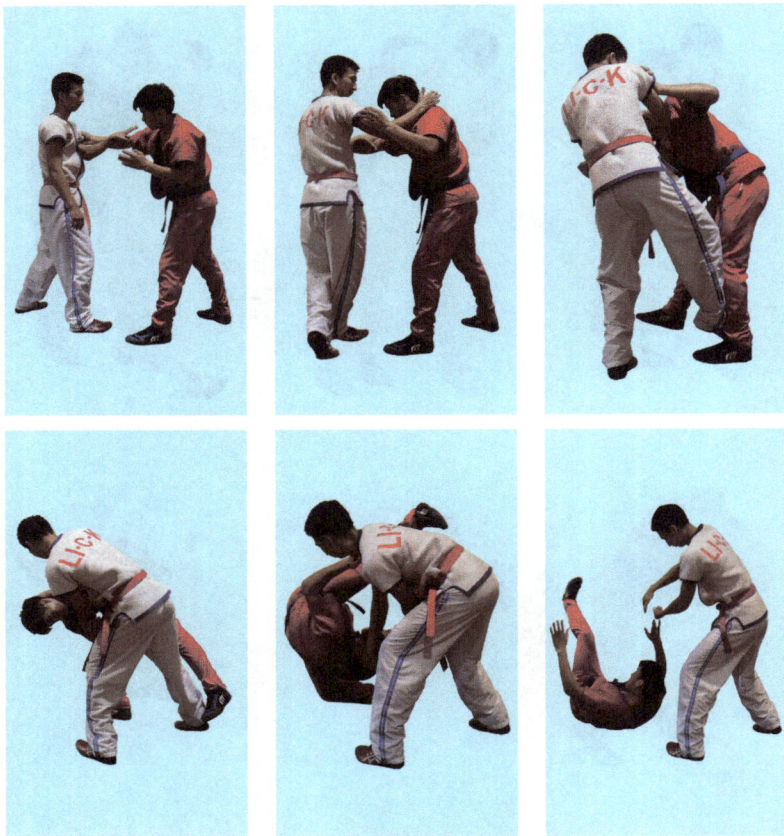

图 6-45　借手按脖弹拧（进攻技术）动作示意图

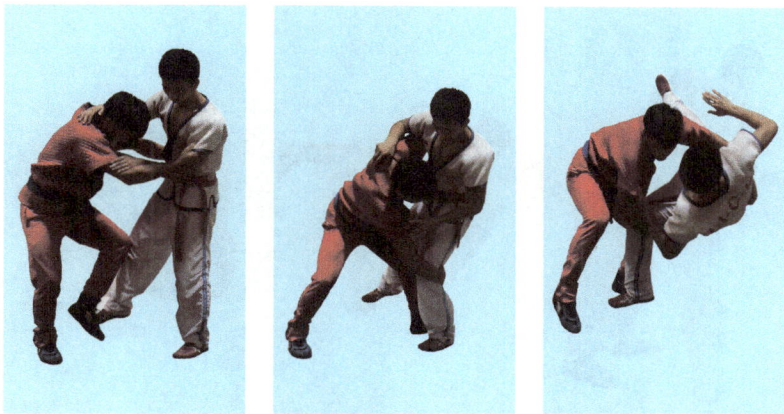

图6-46 借手按脖弹拧(反攻技术扣腿)动作示意图

4. 小袖抹脖弹拧(进攻技术)

预备姿势:双方跤架采用顺架摔,甲右架,乙右架。双方把位采用甲抓乙小袖封抓手腕,乙抓大领被封底手。

动作应用:实战中,甲抓乙小袖活手抓其手腕,往右身后横带,使乙产生错觉,误以为甲要使小得合,等乙撤身夺臂犟劲时,甲迅速活腿卧步变架,并用抓乙手腕的活手改向下按抹乙的脖子,底腿配合冲弹乙活腿踝关节内侧,将其腿弹离地面而摔倒(图6-47)。

反攻方法:小袖抹脖弹拧的反攻一般采用拢抱双腿技术进行反攻,实战中,当甲用活手按乙的脖子,并用底腿弹攻乙活腿踝关节内侧时,乙立即做跪腿脱逃。接着用脱逃的活腿上步至甲的裆中,并利用被甲按抹脖子所造成的身体重心前移,迅速欺身用双手拢抱甲的双腿,同顶肩,迫使甲双脚离开地面而摔倒(图6-48)。

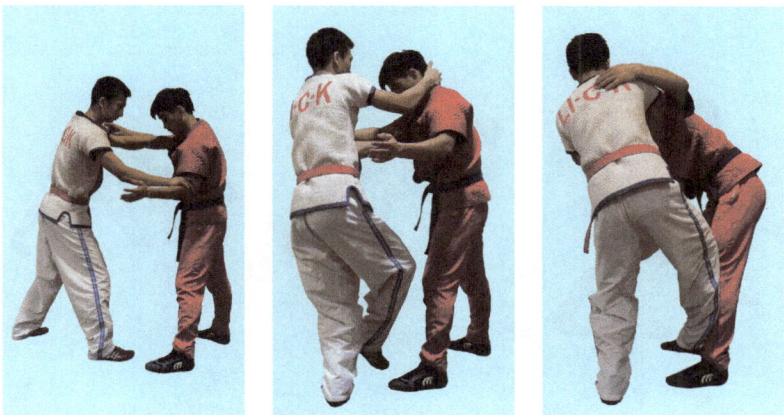

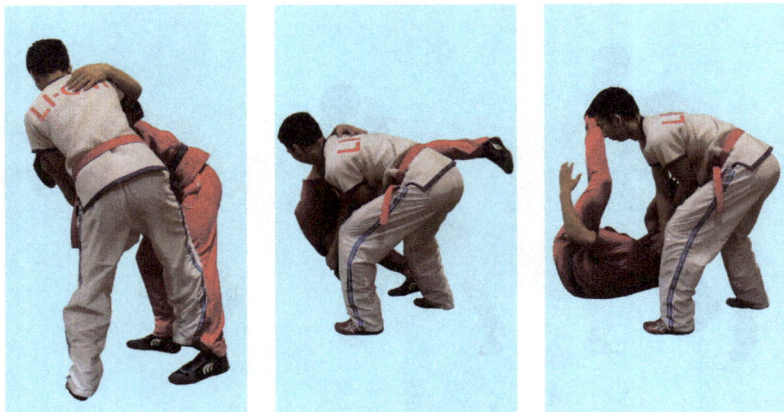

图6-47 小袖抹脖弹拧（进攻技术）动作示意图

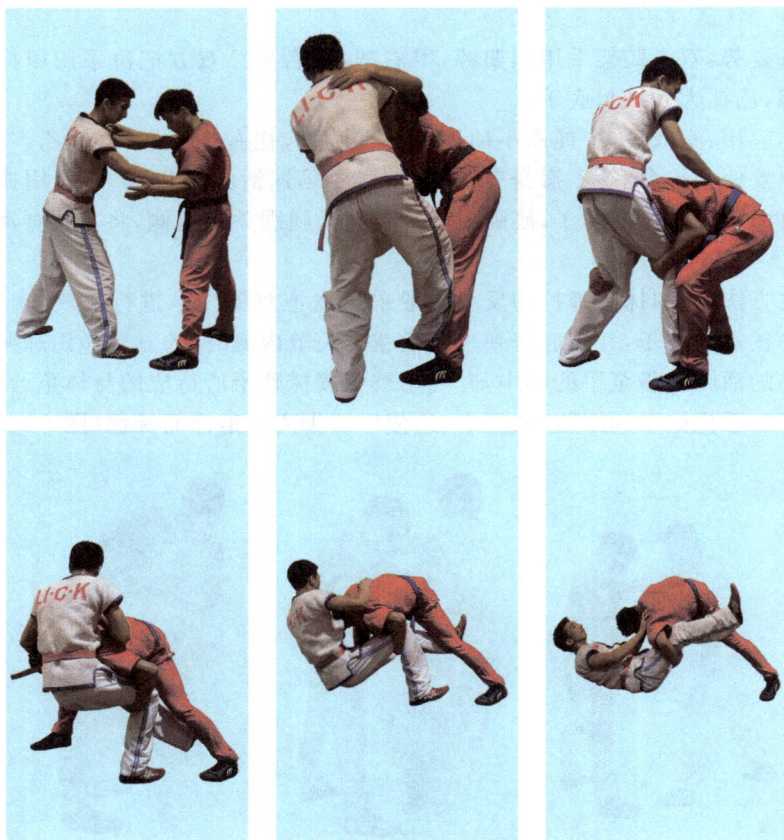

图6-48 小袖抹脖弹拧（反攻技术拢抱双腿）动作示意图

刀勾绊子是技术性很强的攻击性动作,使用时要求上下肢高度协调一致。刀勾绊子的攻击部位是脚后跟刀拉对手小腿的下部,并配合欺身和双手的推捅使对手后仰跌倒,其特点是手足并用,进攻时隐蔽性强、突然性大、自身失重小,而且,易学、易懂、易练。常见常用的几种刀勾技术如下。

1. 大领里刀勾(进攻技术)

预备姿势:双方跤架采用顺架摔,甲右架,乙右架。甲抓乙小袖和大领,乙抓甲小袖和大领。

动作应用:实战中,甲抓小袖大领走圆劲,双手用力横向紧带使乙的活腿被移动至甲的攻击距离之内,然后甲迅速伸活腿人乙裆内,用活腿的脚后跟向内刀勾乙活腿小腿下部,同时双手向乙身后大力推捅,上体配合欺身,使乙身体严重失衡而摔倒(图6-49)。

图6-49 大领里刀勾(进攻技术)动作示意图

反攻方法：大领里刀勾的反攻一般采用过腿踢技术进行反攻,实战中甲抓好把位,并用活腿去刀勾乙的活腿时,乙等甲的攻击腿刚触及自己的活腿,活腿立即做过腿摆至自己的底腿后侧,使甲的刀勾腿落空。乙不等甲的攻击腿还原站稳,迅速用底腿兜踢甲活腿踝关节后部,同时,双手配合向兜踢方向拧捅甲的上体,使甲的身体失衡而摔倒(图6-50)。

图6-50 大领里刀勾(反攻技术过腿踢)动作示意图

2. 小袖偏门里刀勾(进攻技术)

预备姿势：双方跤架采用顺架摔,甲右架,乙右架。双方把位采用甲抓乙小袖和偏门,乙抓甲小袖和大领。

动作应用：实战中,甲抓好把位横向圆拉,并向怀里紧勒,使乙的活腿位于自己的攻击距离之内,甲随即活腿前伸入乙的裆内,用脚后跟刀勾乙活腿小腿的后部,往自己裆中猛力刀勾,迫使乙腿离开地面,同时双手配合大力向乙身后推捅乙的肩胸部位,上体欺身,迫使其上体后仰,因身体严重失衡而摔倒(图6-51)。

反攻方法：小袖偏门里刀勾的反攻一般采用反刀勾技术进行反攻,实战中,甲紧勒所抓把位,用活腿去刀勾乙活腿的小腿后部。乙等甲的攻击腿刚触及自己的活腿未发力之机,乙立即欺身并用被攻击的腿,反刀勾甲的攻击腿,往自己的裆中用力刀勾,迫使其攻击腿离开地面,同时配合向甲身后大力推捅,使甲上体受推捅,下腿受刀勾攻击,因身体失衡而摔倒(图6-52)。

图6-51　小袖偏门里刀勾(进攻技术)动作示意图

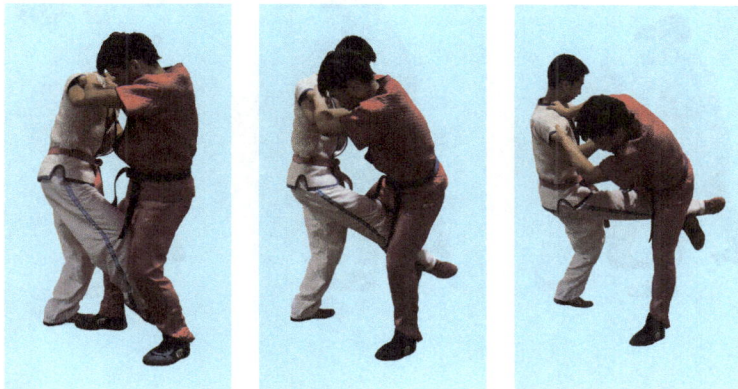

图 6-52　小袖偏门里刀勾(反攻技术反刀勾)动作示意图

3. 绕拿臂里刀勾(进攻技术)

预备姿势:双方跤架采用,顶架摔,甲右架,乙左架。双方把位采用甲双手拿乙一臂,乙一臂被拿一手散空。

动作应用:实战中,甲乙双方在抢手过程中,甲有意露出小袖让乙抢抓,当乙伸手刚触及袖口时,甲立即双手绕拿乙抓袖的底手,乙臂被拿必然撤肩夺臂,甲乘乙夺臂身体后仰之机,迅速伸活腿入裆,用脚后跟刀拉乙底腿脚后跟,迫使其脚离开地面,同时欺身捅支乙被拿的臂,使乙上体后仰,因身体失衡而摔倒(图 6-53)。

反攻方法:绕拿臂里刀勾的反攻一般采用挡腿摔技术检测反攻实战中,甲双手倒拿乙臂并用活腿去刀勾乙的底腿时,乙被刀勾的底腿不随甲的攻击腿入裆,而是向斜前方伸出,去挡踢甲底腿踝关节外侧,并借甲欺身重心前移之机,用被倒拿的臂往挡踢甲底腿的方向顶甲臂,使甲进攻失败而摔倒(图 6-54)。

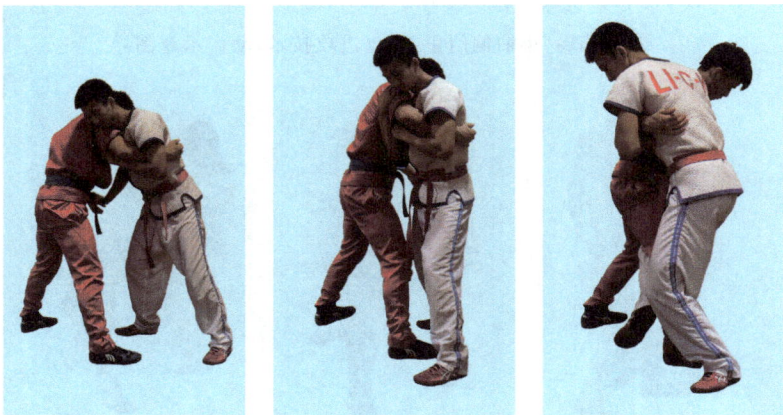

图 6-53　绕拿臂里刀勾（进攻技术）动作示意图

图 6-54　绕拿臂里刀勾（反攻技术挡腿摔）动作示意图

4. 大拿外刀勾（进攻技术）

预备姿势：双方跤架采用顶架摔，甲右架，乙左架。双方把位采用甲抓乙小袖和大领，乙抓甲小袖偏门。

动作应用：实战中，甲抓好把位，往自己怀里紧勒，待将乙紧拉到已攻击距离时，甲立即活腿前伸，用脚后跟由外向里刀勾乙活腿小腿后部，使乙活腿离地，同时上体欺身，双手配合大力捅支乙的小袖大领，迫使其上体后仰，因身体失衡而摔倒（图6-55）。

图6-55　大拿外刀勾（进攻技术）动作示意图

反攻方法：大拿外刀勾的反攻一般采用大得合技术进行反攻实战中，甲双手紧勒乙的小袖大领，并用底腿从外向里刀勾乙的底腿，乙等甲的攻击腿刚触及自己的底腿未发力之机，立即欺身，并用被攻击的底腿向后反挂甲的攻击腿，同时，双手配合大力推捅甲的小袖偏门，使甲进攻失败而摔倒（图6-56）。

图 6-56　大拿外刀勾(反攻技术大得合)动作示意图

5. 抱腰外刀勾(进攻技术)

预备姿势:双方跤架采用顺架摔。甲右架,乙右架,双方把位采用甲双手抢抱乙腰,乙散手。

动作应用:抱腰刀勾一般是矮个子对高个子运动员使用的攻击技术。实战中,因甲个子低矮抢手困难,甲突然上步双手抢抱乙的腰部,欺身,吸胸,使其上体后仰,同时,用活腿的脚后跟由外向里刀勾乙底腿的小腿后部,使乙身体严重失衡而摔倒(图 6-57)。

反攻方法:抱腰外刀勾的反攻一般采用窝勾技术进行反攻实战中,甲突然上活腿人乙裆,双手搂抱乙腰部,并用底腿由外向里刀勾乙的活腿小腿后部。乙不等甲发力之机,迅速用散空的活手抱夹甲的脖子,底手拉臂,并用被攻击的活腿,缠窝甲的攻击腿。接着,底腿垫步底手配合捅顶甲臂,活手向后掰其下颚,同时,挺身窝腿,使甲进攻失败而摔倒(图 6-58)。

图 6-57　抱腰外刀勾（进攻技术）示意图

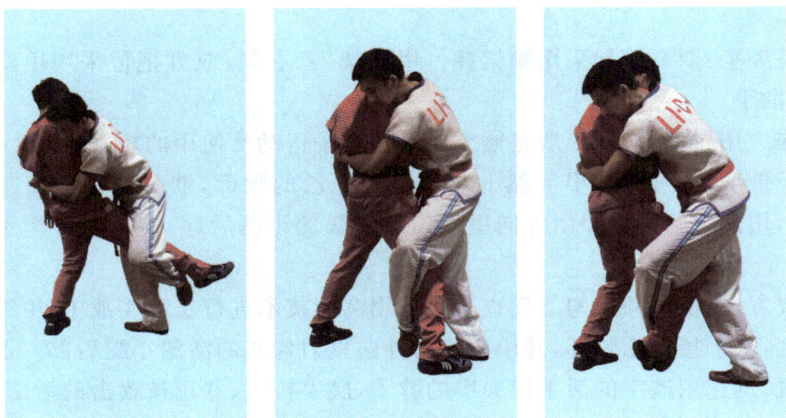

图 6-58　抱腰外刀勾(反攻技术窝勾)动作示意图

6. 偏门外刀勾(进攻技术)

预备姿势:双方跤架采用顶架摔,甲右架,乙左架,双方把位采用甲抓乙小袖和偏门,乙抓小袖直门。

动作应用:实战中,甲抓好把位,双手将乙往自己怀里紧勒,至攻击距离时,用活腿的脚跟由外向里刀勾乙活腿的小腿后部,并向自己身后大力刀拉,同时双手由原来的紧勒改为向后推捅,配合上体的欺身,将乙摔倒(图 6-59)。

反攻方法:偏门外刀勾的反攻一般采用长腰崴技术进行反攻,实战中,甲双手紧勒乙小袖偏门,并用活腿由外向里刀勾乙活腿小腿后部,乙不等甲攻击腿发力,迅速横胸转体,被攻腿蹬拧做长腰崴攻,同时,底手配合紧袖,活手捅支直门。此时,甲进攻当中突然遭乙转体长腰崴攻,身体必然因失衡而摔倒(图 6-60)。

图6-59　偏门外刀勾(进攻技术)动作示意图

图6-60　偏门外刀勾(反攻技术长腰崴)动作示意图

六　大、小得合的进攻与反攻技术

1. 大领大得合(进攻技术)

预备姿势:双方跤架采用顺架摔,甲右架,乙右架,双方把位采用甲抓小袖大领采用乙抓小袖扶甲臂。

动作应用:实战中,甲抓乙小袖和大领圆走横拉,乙因被甲圆拉身体必然犟劲以维持自身平衡,甲此时底腿向前跨步,接着活腿立即插入乙档内将乙的活腿挂离地面,上体趁机欺身,双手同时大力向乙身后支捅,使乙身体严重失去平衡而摔倒(图6-61)。

图6-61　大领大得合(进攻技术)动作示意图

2. 小袖偏门大得合(进攻技术)

预备姿势:双方跤架采用顶架摔。甲右架,乙左架,双方把位采用甲抓乙小袖偏门,乙抓甲小袖大领。

动作应用:实战中,甲抓乙小袖偏门由向右下方向紧带,将乙的上体重心紧勒在其活腿上,底腿迅速透步调整进攻距离,活腿随即插入乙的裆内并将乙活腿挂离地面,同时上体向前欺身,双手向乙身后大力支捅,迫使乙上体成后仰状而摔倒(图6-62)。

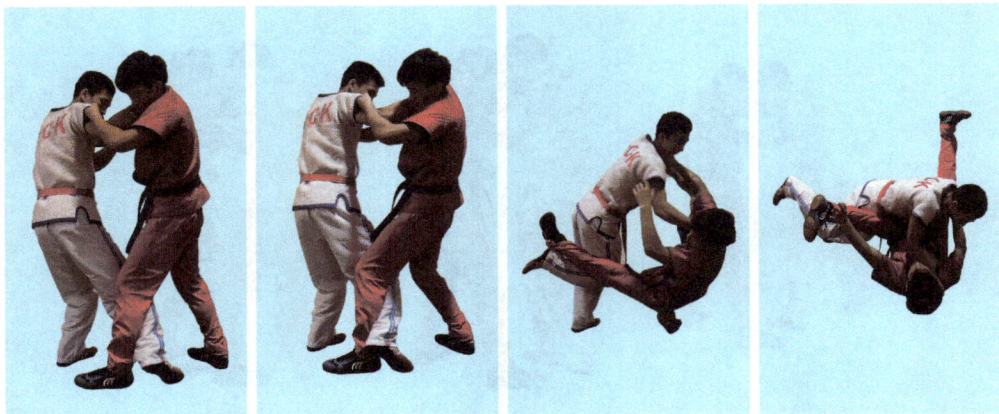

图 6-62 小袖偏门大得合(进攻技术)动作示意图

3. 中带大得合(进攻技术)

预备姿势:双方跤架采用顶架摔。甲左架,乙右架,双方把位采用甲抓小袖中带,乙抓小袖大领。

动作应用:实战中,甲抓乙小袖中带横向圆拉背步转体,使乙误以为甲要使中带别子,必然会夺身后仰,甲可趁机伸活腿入乙裆内并迅速将乙的底腿挂离地面,同时底手大力向乙身后捅其小袖,抓中带的活手配合向乙腹部沉捅其手。此时乙上体、腹部、腿部三处遭到甲的同时攻击,身体重心已完全失去平衡,势必摔倒(图6-63)。

反攻方法:大领大得合、小袖偏门大得合、中带大得合的反攻盘腿削底桩技术进行反攻,实战中,甲紧双手伸攻击腿入乙裆内挂乙的被攻击腿时,乙不等甲发力,迅速地用被攻击腿,自下而上盘踢甲惟一的支撑腿,使其无法支撑身体。此时甲在正进攻时突然遭乙盘腿的反击,身体会完全失去平衡而摔倒(图6-64)。

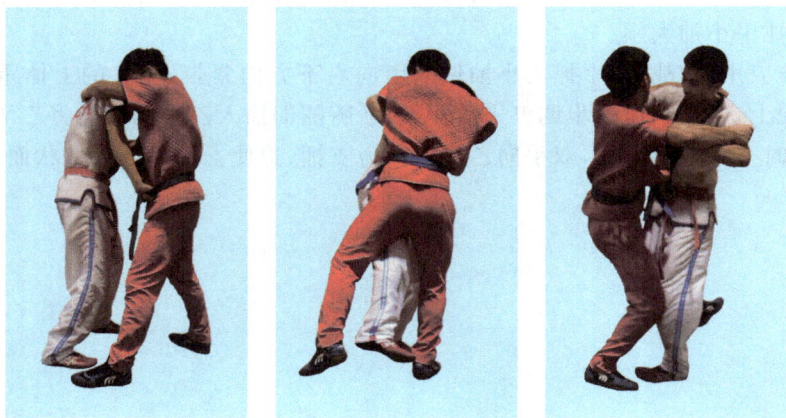

图 6-63　中带大得合（进攻技术）动作示意图

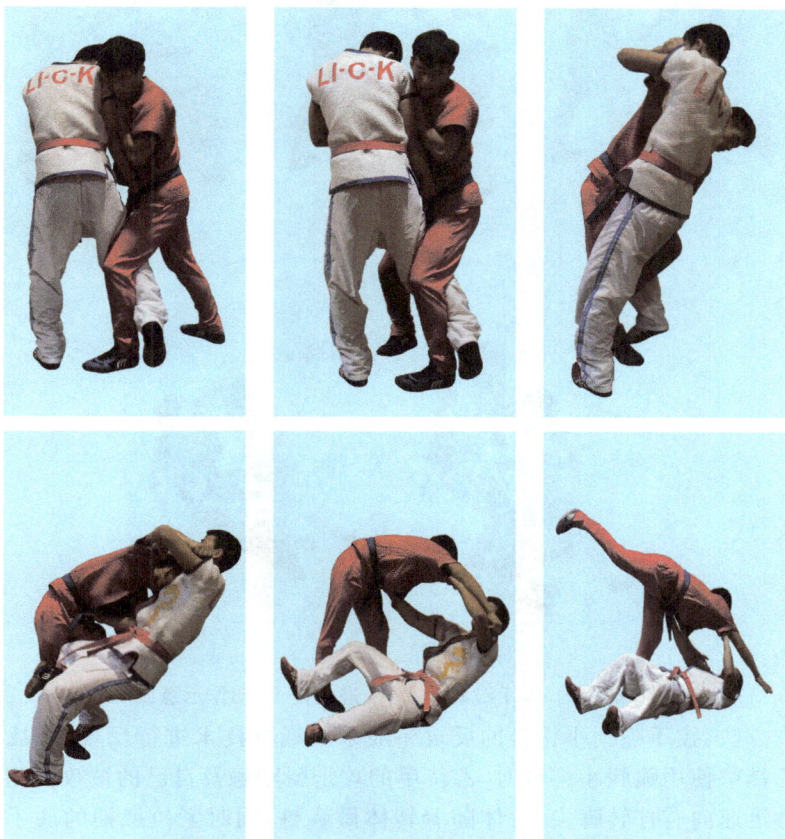

图 6-64　大领大得合、小袖偏门大得合、中带大得合（反攻技术盘腿削底桩）动作示意图

4. 控手跪腿小得合（进攻技术）

预备姿势：双方跤架采用顶架摔，甲左架，乙右架。双方把位采用甲抓小袖，控其一手，乙抓小袖。

动作应用：实战中，甲抓乙小袖攥其手腕撤步向后带拉乙，迫使乙向甲撤拉方向上步，待乙的活腿上步至甲的活腿脚前时，甲迅速撤开攥腕的活手，同时伸划步入裆内划腿跪压其活腿的小腿，并用活手扣其踝关节处，避免其被跪腿逃脱，并用头撞击乙胸腹，底手也配合向后支捅其小袖，使乙重心全失，后仰跌倒（图6-65）。

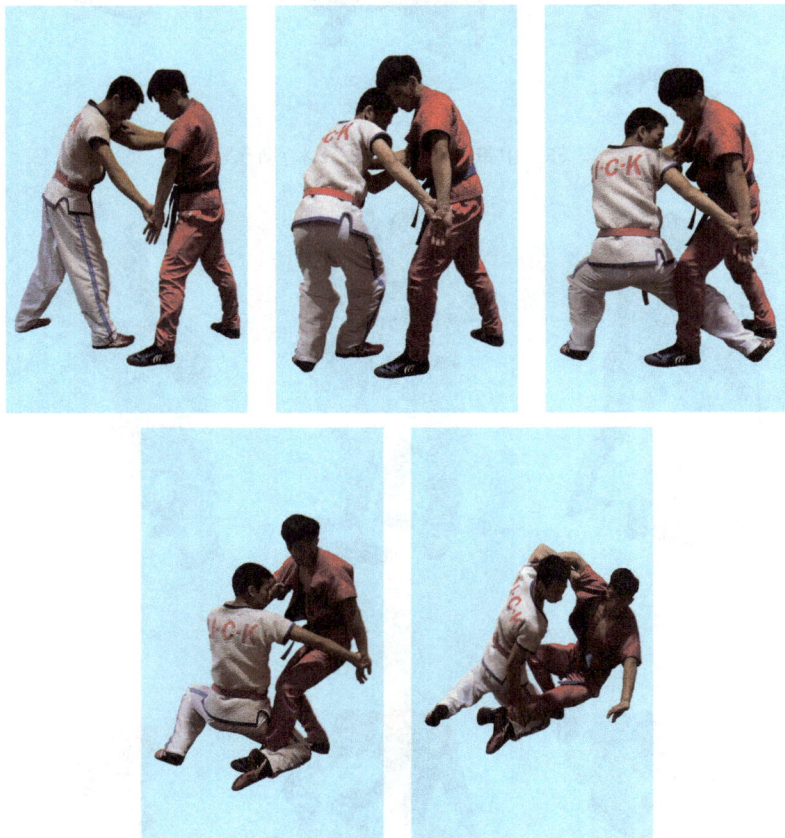

图6-65　控手跪腿小得合（进攻技术）动作示意图

反攻方法：控手跪腿小得合的反攻一般采用崴桩技术进行反攻，实战中，当甲插腿人乙裆中使用跪腿小得合时，乙待甲的攻击腿刚触及自己的被攻击腿时，乙不等甲发力迅速向右拧转脚尖，上体随着转体做崴桩，同时紧拉揪袖的底手，活手配合向下扭摁甲的肩部，甲势必会因乙突然转体使自己的攻击腿随着改变方向而导致自身失衡。此时甲不但进攻失败，还会被乙所做的反攻动作崴桩所摔倒（图6-66）。

图 6－66   控手跪腿小得合（反攻技术崴桩）动作示意图

5. 右插左打小得合（进攻技术）

预备姿势：双方跤架采用顺架摔，甲右架，乙右架，双方把位采用，双方底手互抓小袖，活手相互插臂。

动作应用：实战中，双方采用低跤架互相插抱摔。甲突然向自己怀里紧带双手，使乙产生错觉，误以为要使插入或插踢动作，乙必然向后排身坐腰，甲突然将自己的底腿插入乙的裆中跪打乙前伸的活腿，活手顺势下将卡其踝关节处，同时欺身用头撞击乙的胸腹部，使乙身体严重失衡，导致其后仰跌倒（图 6－67）。

反攻方法：右插左打小得合的反攻一般采用侵拉技术进行反攻，实战中，当甲紧双手插底腿人乙裆要用插臂小得合时，乙等甲攻击腿刚触及自己被攻击腿不待发力时，迅速做抽逃动作，使甲跪打腿落空。同时揪袖底手向下紧拽，插臂活手改抓大领配合向下拉，使甲的攻击腿落空，肩袖遭乙大力牵拉，重心已完全失衡而摔倒（图 6－68）。

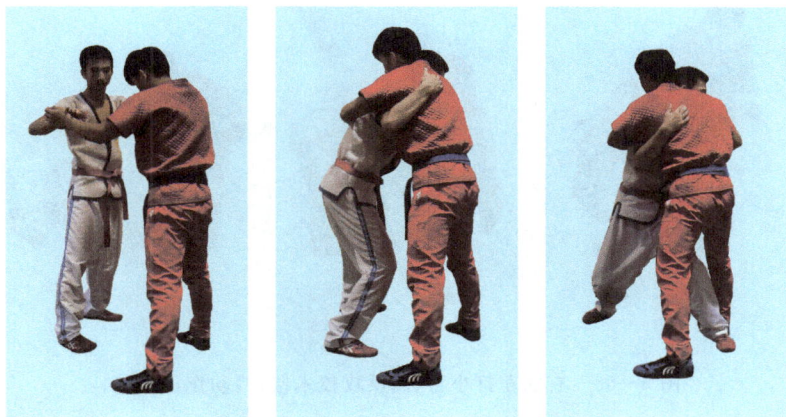

图 6-67　右插左打小得合（进攻技术）动作示意图

图 6-68　右插左打小得合（反攻技术侵拉）动作示意图

6. 串头小得合(进攻技术)

预备姿势:双方跤架采用顶架摔,甲右架,乙左架,双方把位采用甲底手抓中带,活手抓大领,乙抓小袖大领。

动作应用:实战中,乙支顶甲小袖大领,使甲不得近身。甲突然晃头从乙的右臂钻出,乙误以为甲要使用搬打,必然重心后移。甲迅速将活腿插入乙裆中跪打乙的底腿,随之上体欺身用头撞击其胸腹,双手配合向其身后大力支捅,导致乙失去重心而摔倒(图6-69)。

图6-69 串头小得合(进攻技术)动作示意图

反攻方法:串头小得合的反攻一般采用外拧摁压技术进行反攻,实战中,当甲突然串头用头攻击腿去跪打乙的底腿时,乙有意识地不做逃腿。待甲的攻击腿触及乙的攻击腿时,乙迅速向外做拧钻动作,上面转体,抓袖的底手和抓领的活手配合大力向下摁压,使甲的攻击力随着乙的转体而改变方向,肩袖又遭乙的大力攻击,不但进攻失败,还会被乙的反攻动作所摔倒(图6-70)。

图6-70 串头小得合(反攻技术外拧摁压)动作示意图

七 别子的进攻与反攻技术

别子俗称为大绊子。别子的技法种类很多,主要有单腿支撑类和双腿支撑类,别子绊属于背脸摔的技术范畴。别子的技术特点:所使用的攻击部位是自己的小腿后侧部,向外伸展去别挂对手膝关节以下部位,配合身体的长腰、转体、背脸以及底、活手体前的紧带,可迫使对手双脚腾空翻倒在地。

别子的优点是:力度强、动作舒展大方,被摔的人所起的幅度大,有极高的观赏性。

别子的不足是:因单腿支撑或转体幅度大,自身失衡现象严重,易被对手反攻。别子的步法变化多,有上步、背步、盖步、跳步之分。

1. 大领别子(属单腿支撑类进攻技术)

预备姿势:双方跤架采用顺架摔,甲右架,乙右架,双方把位采用甲底手抓乙小袖活手抓大领,乙抓甲小袖直门。

动作应用:实战中,甲双手抓好把位,横向圆拉走跤步扯动对手,当自己的活腿靠近对方前伸腿时,突然双手合力向体前揪带,活腿随之前伸外展,猛力地抽别对手膝关节以下的部位,同时身体配合前倾长腰、转体、背脸,迫使对手双腿离地,腾空摔倒在地(图6-71)。

图6-71 大领别子(进攻技术)动作示意图

反攻方法:大领别子的反攻一般采用扒腰削腿技术进行反攻,实战中,甲突然转体伸腿使别子。乙待甲的攻击腿刚触及自己被攻击腿时,底手迅速下滑扒腰,头挤其胸部,底腿横向滑步,使其身体向被挤方向倾斜。同时迅速用底腿削绊甲的支撑腿,双手配合向侧方推捅,使甲重心失衡而摔倒(图6-72)。

图 6-72 大领别子(反攻技术扒腰削腿)动作示意图

2. 盖步别子(属单腿支撑类进攻技术)

预备姿势:双方跤架采用顶架摔,甲左架,乙右架,双方把位采用甲底手控其手腕,活手抓直门。乙活手抓甲大领,底手被控。

动作应用:实战中,甲先用抓直门的手向前大力推捅,待乙犟劲向前欺身时,甲底腿迅速经活腿膝前盘腿盖步,脚不落地向体侧后方别挂乙的活腿,底手也随之改夹脖盖压配合转体、长腰、背脸,双手向体前紧带,使乙身体严重失衡而摔倒(图6-73)。

反攻方法:盖步别子的反攻一般采用插扞挡腿技术进行反攻,实战中,当甲突然盖步前使夹脖别子时,乙不等甲发全力,底手迅速下滑抱其腰部屈腿重心下降,头部随之横向倚挤甲的胸部,使其上体向侧倾斜。同时用底腿从其身后插入裆中,用力挡拨甲惟一的支撑腿,配合身体由后向前挤压和双手向前的推送,使甲不但进攻不能成功,还会被乙的反攻技术摔得前仆倒地(图6-74)。

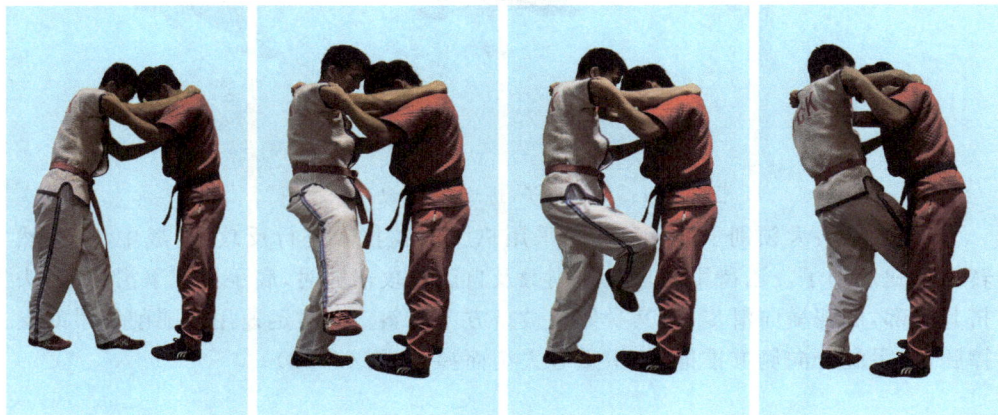

图 6-73　盖步别子（进攻技术）动作示意图

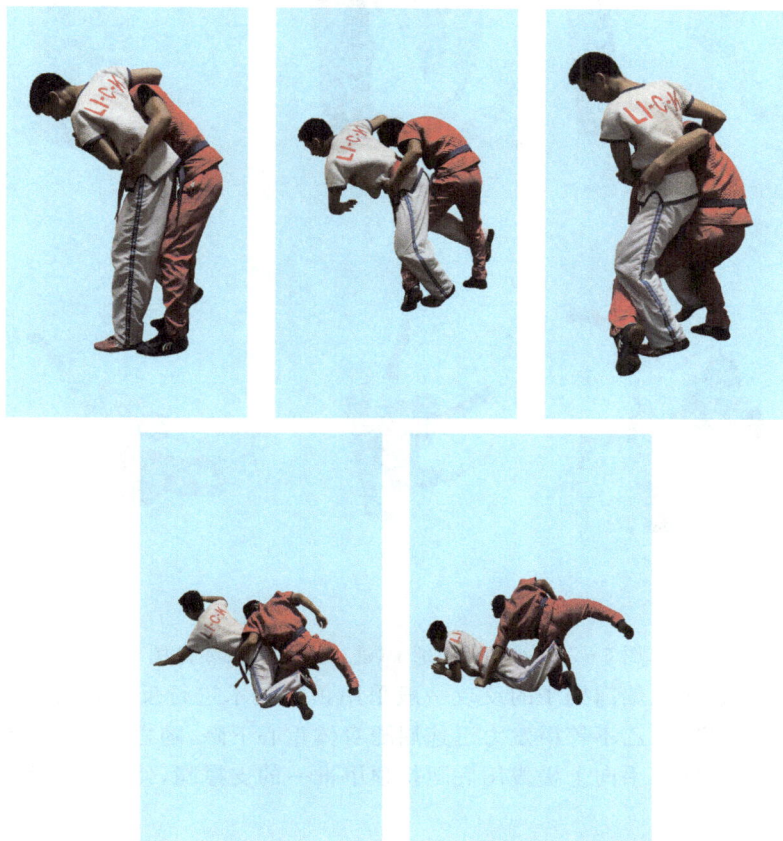

图 6-74　盖步别子（反攻技术插扦挡腿）动作示意图

3. 小袖偏门别子（俗称支别，属单腿支撑类进攻技术）

预备姿势：双方跤架采用顶架摔，甲左架，乙右架，双方把位采用甲抓小袖偏门，乙抓小袖大领。

动作应用：甲双手抓好把位用力向乙身后大力支捅，使乙误以为要使披袖，待乙欺身前移时，甲立即背底腿，活腿迅速前伸外展大力挂别乙被攻击腿膝关节下部，双手配合紧带把位，同时长腰、转体、背脸，使乙失衡而摔倒（图6-75）。

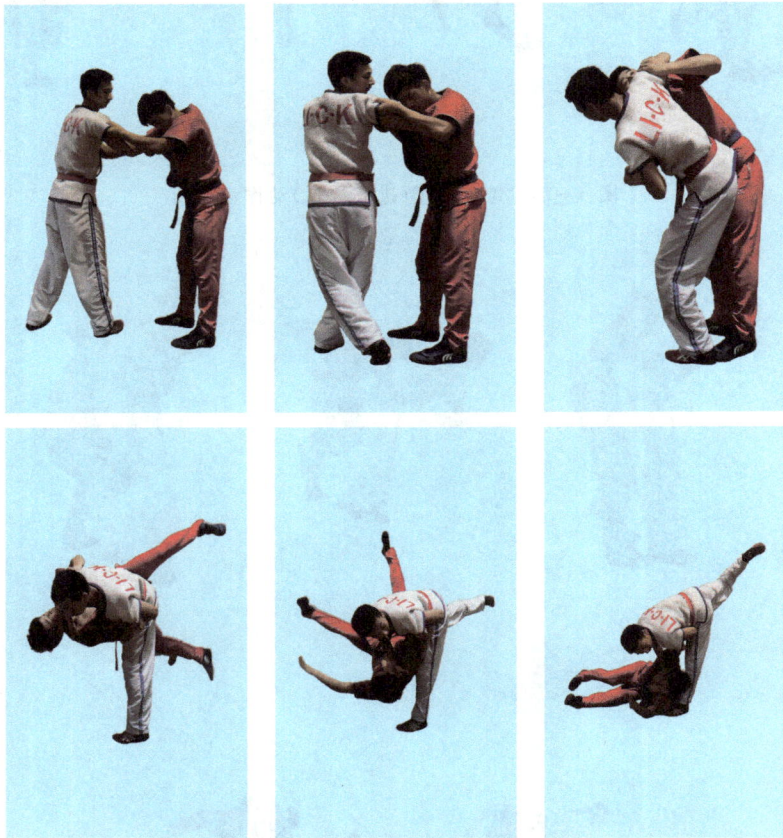

图6-75 小袖偏门别子（进攻技术）动作示意图

反攻方法：小袖偏门别子的反攻一般采用顶桩技术进行反攻，实战中，当甲捅手背步起腿使别子，乙不等甲发力迅速屈腿身体重心下降，随之双手从身后提腰将甲抱紧，同时挺胸双手向上提拔用底腿挤顶甲惟一的支撑腿，使其身体离开地面而摔倒（图6-76）。

图 6－76　小袖偏门别子(反攻技术顶桩)动作示意图

4. 中带别子(属单腿支撑类技术)

预备姿势:双方跤架采用顶架摔,甲左架,乙右架,双方把位采用甲抓乙小袖中带,乙抓甲小袖大领。

动作应用:实战中,甲双手抓好把位,突然向身体侧后方圆拉对手,脚下配合走跤步,乙突然被牵,误以为要使大得合或挤桩,必然身体前移,甲活腿迅速前伸别挂对方被攻击腿的膝关节下部,身体配合转体长腰,并利用紧底手,提中带使乙腰部完全被控制,腿部又遭别绊,身体严重失衡而腾空倒地(图 6－77)。

反攻方法:中带别子的反攻一般采用手鞡技术进行反攻,实战中,甲突然转体伸腿使中带别子,乙等甲的攻击腿伸出刚触到被攻击腿时,不待其发力,上体迅速横移,屈膝降低自己的重心,并用自己的活手绕甲攻击腿的膝关节下窝处,用手猛力向上托鞡其小腿。同时底手配合扒腰挤背,使甲重心严重失衡,不但进攻失败,而且被乙摔倒(图 6－78)。

图 6-77　中带别子(进攻技术)动作示意图

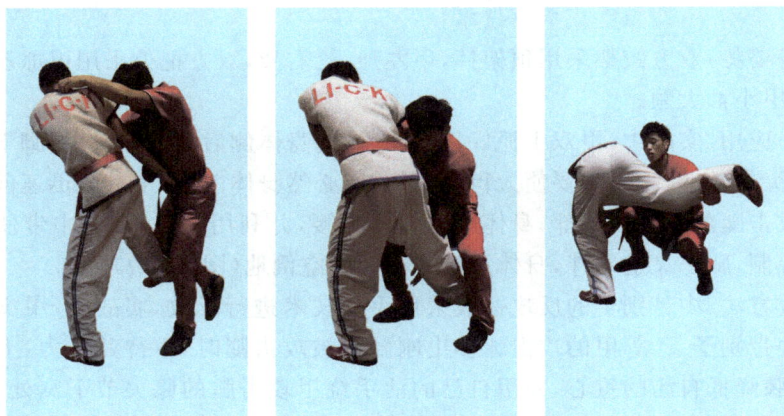

图 6-78　中带别子(反攻技术手鞨)动作示意图

5. 掖手插臂别子(属单腿支撑类进攻技术)

预备姿势:双方跤架采用顶架摔,甲右架,乙左架,双方把位采用甲底手揪袖活手控其手,乙底手抓小袖活手被控。

动作应用:实战中,甲底手揪乙小袖,活手控其手腕,将乙的活手往身后掖拿并配合挤肩于乙胸前,乙误以为甲要使插打得合,不由得欺身重心前移,甲把握这一机会,迅速撒开抓腕的活手改为插臂,并活腿前伸外展别住乙的攻击腿。同时紧底手用力插活手转体长腰变脸,迫使乙双脚离开地面而摔倒(图6-79)。

反攻方法:掖手插臂别子的反攻一般采用圈臂手别技术进行反攻实战中,甲突然横胸转体伸腿使用插臂别子,乙待甲的攻击腿刚触及自己的被攻击腿时,不等其发力,迅速降低重心,并立即用底手圈甲活手的上臂,并随之转体弓步长腰顶压甲的肩胸,活手配合由甲攻击腿的下面做手别动作,使甲身体严重失衡而摔倒(图6-80)。

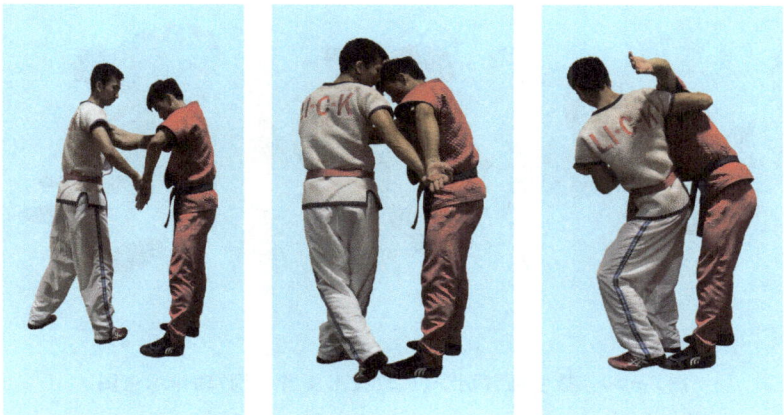

图 6-79 掖手插臂别子（进攻技术）动作示意图

图 6-80 掖手插臂别子（反攻技术圈臂手别）动作示意图

6. 大领蹬腿别子（进攻技术）

预备姿势：双方跤架采用顶架摔，甲左架，乙右架，双方把位采用甲乙双方相互抓小袖大领。

动作应用：实战中，甲为了创造进攻机会，突然走跤步，双手横向拉圆劲，待将乙扯拉至身体侧后方时，横胸转体对着乙的活腿膝关节下部伸腿使别，配合底手的紧拉，活手向支撑腿方向拧摁，使乙身体严重失衡而摔倒（图6-81）。

图6-81 大领蹬腿别子（进攻技术）动作示意图

反攻方法：大领蹬腿的反攻一般采用推腰拉腿技术进行反攻，实战中，甲突然横胸转体伸腿欲做蹬腿别子，乙待甲攻击腿刚触及自己的活腿时，突然屈膝重心下降，并用活手扣扒甲的腰部，底手由抓袖改卡摁甲攻击腿的膝关节部位，同时活腿滑逃前移，使甲攻击腿别空。等甲腰腿受控时，乙猛力向自己裆中拉扯甲被卡摁的活腿，上体配合向前欺身推压，使甲不但进攻不能成功，还会被自己的反攻动作所摔倒（图6-82）。

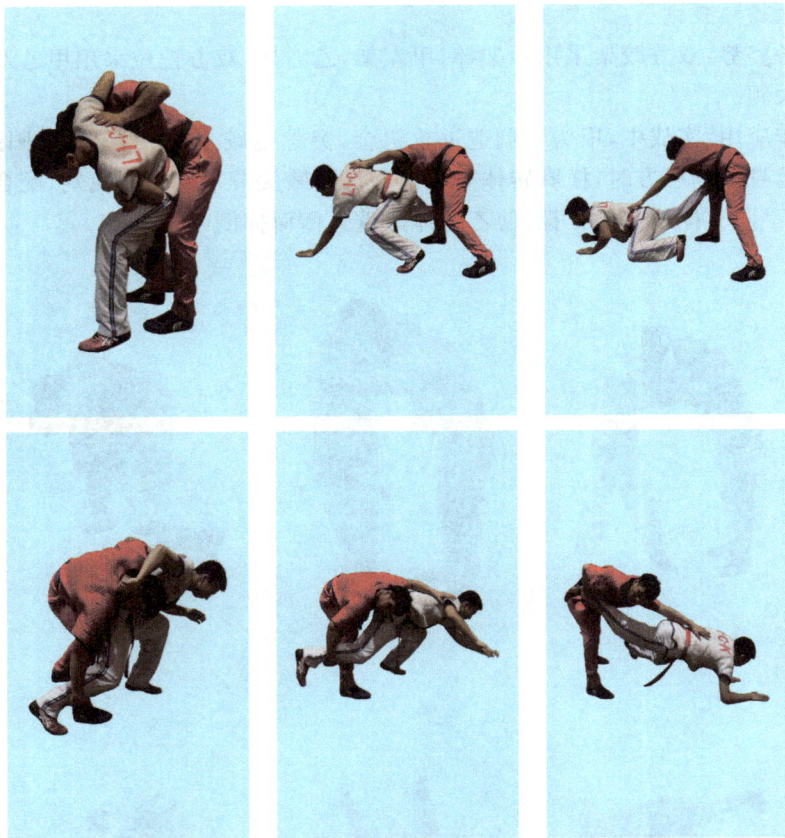

图 6-82　大领蹬腿别子(反攻技术推腰拉腿)动作示意图

7. 撑手别子(进攻技术)

预备姿势:双方跤架采用顶架摔,甲左架,乙右架。双方把位;甲底手抓袖,活手散手。乙抓小袖偏门。

动作应用:实战中,甲有意露破绽让乙抓小袖偏门的把位,用底手将乙抓把双手腕由下向上反扣起来,再用活手从乙双臂中间穿过去,并向下抱紧底手的上臂,接着快速伸活腿去攻击乙的活腿,同时配合低头、转体、压崩臂,使其不得抽臂逃脱,使乙身体失衡而摔倒(图 6-83)。

反攻方法:撑手别子的反攻一般采用扒领掰技术进行反攻,实战中,当甲突然锁手,穿臂使用撑手别子时,乙不等甲将手锁紧,快速抽出活手并从其身后做倒扒领,同时,底腿滑步于甲的身后,上体欺身用头贴紧甲的脸侧向侧后方挤顶,迫使甲的上体向侧后仰,接着双手配合做后掰动作,底腿由下向上顶其攻击腿的大腿,使甲身体严重失衡而摔倒(图 6-84)。

图 6－83　撑手别子（进攻技术）动作示意图

图6-84 撑手别子(反攻技术扒领掰)动作示意图

8. 牵别(进攻技术)

预备姿势:双方跤架采用顶架摔,甲左架,乙右架。双方把位采用甲抓小袖偏门,乙抓小袖大领。

动作应用:实战中,甲突然双手用力向自己身侧圆拉乙,配合走跤步,一旦对手的跤架被拉乱,双手垂直向上顶支其肩,并随之将自己肩顶贴在乙的肩窝下,活腿迅速蹬伸去攻击乙的活腿膝关节。接着双手配合向自己撑腿方向牵拉,身体也配合转体长腰、侧肩和背脸,使乙整个身体受到控制,腿部受到别绊,因身体失衡而摔倒(图6-85)。

反攻方法:牵别的反攻一般采用跨腿滑腰入技术进行反攻,实战中,当甲突然使用牵别时,乙可屈膝重心下降,被攻击腿向前滑移,上体横向欺身贴胸,活手随即下滑扣扒腰部。同时用活腿跪跨在甲攻击腿的大腿部位,使甲由主动攻击变为被动防守,此时,乙可迅速用跪跨的活腿下滑填腰使人,双手配合下肢向前紧带俯腰低头,双腿向后崩拉,使甲不但进攻不能成功,还会被乙摔倒(图6-86)。

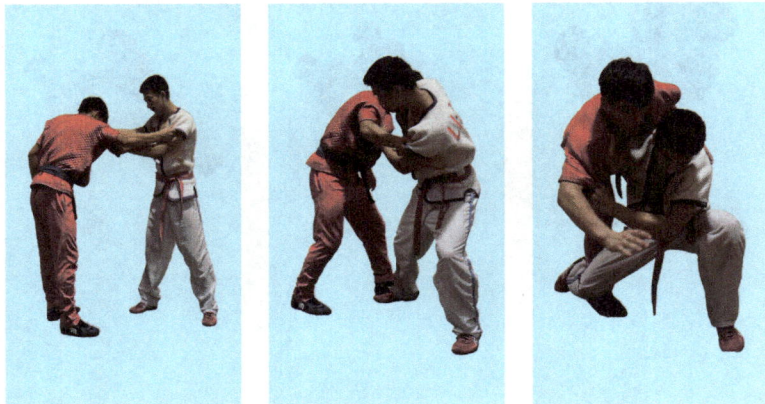

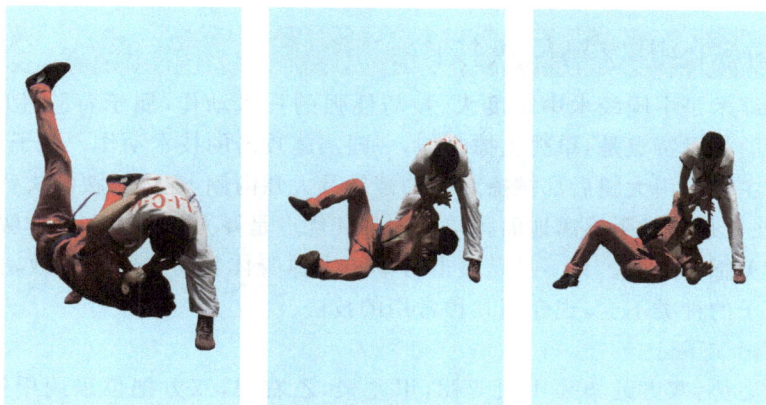

图 6-85 牵别（进攻技术）动作示意图

图 6-86 牵别（反攻技术跨腿滑腰入）动作示意图

八 勾子的进攻与反攻技术

勾子绊术是中国跤术中难度大、技巧性强的技术动作,属于背脸摔的技术范畴。勾子的技术特点是:单腿支撑身体,一腿实施攻击的技术动作。勾子所使用的攻击部位主要是用大腿后部挑撩对手的裆部及大腿内侧,配合俯腰低头背脸,并紧带双手,往往是将对手挑离地面腾空翻倒。其优点是摔人的力度和动作幅度大,具有摔跤的美感和风格。其不足是攻击时单腿支撑身体容易失衡和失败,也容易被反攻。勾子的种类不少,现介绍几种常用的技法。

1. 大领勾子(进攻技术)

预备姿势:双方跤架采用顶架摔,甲左架,乙右架,双方把位采用甲抓小袖大领,乙抓小袖大领。

动作应用:实战中,甲双手抓好把位主动地向自己身体侧后方横拉圆劲,待对方产生错觉必然会蹿劲欺身时,甲底腿突然背步,横胸转体,将活腿插入乙裆中向后上方大力勾挑,配合上体的俯腰、低头、背脸,底手的紧拉和活手抓领向支撑腿前摁压使乙摔倒(图6-87)。

反攻方法:大领勾子的反攻一般采用过腿搬踢技术进行反攻。实战中,当甲突然背步将腿入裆中使大领勾子时,乙不等其攻击腿发全力,被攻击腿立即做过腿逃避,使甲挑勾的腿走空,同时活手快速下滑扣搬甲攻击腿上部并向上提,底手配合向下方紧拉,迫使甲上体向下倾斜,接着乙用底腿去提踢甲惟一的支撑腿,使甲头重脚轻身体失衡而摔倒(图6-88)。

图 6-87 大领勾子(进攻技术)动作示意图

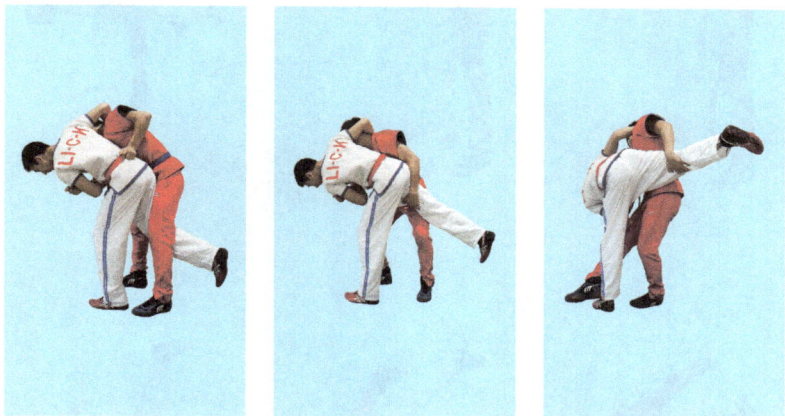

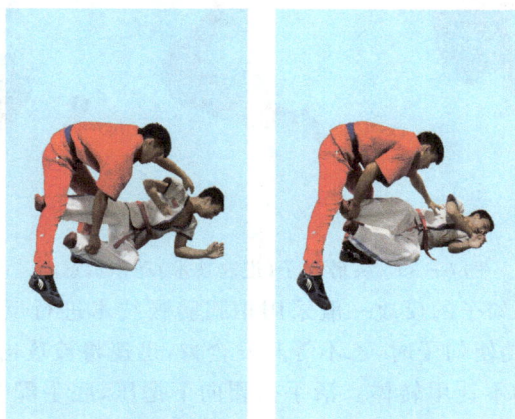

图 6-88 大领勾子(反攻技术过腿搬踢)动作示意图

2. 夹脖勾子(进攻技术)

预备姿势：双方跤架采用顶架摔，甲左架，乙右架。双方把位采用甲抓小袖散一只手，乙抓小袖直门。

动作应用：实战中，甲用活手由外向里拧开乙抓直门的手向身后掰拿的同时，底腿迅速做背步并调整进攻距离和角度，活手突然裹夹乙的脖子，同时转体将活腿人乙裆中向后上方大力勾挑，上体配合俯腰背脸，底手紧拉活手向支撑腿前裹夹其脖子，使乙失衡而摔倒(图6-89)。

图6-89 夹脖勾子(进攻技术)动作示意图

反攻方法：夹脖勾子的反攻一般采用拍腿骑腰技术进行反攻，实战中，当甲背步夹乙脖子将腿人裆使勾子时，乙不等其发全力，迅速将被攻击腿骑跨在甲的攻击腿上，同时欺身碰胸不让甲转体。活手扒腰向下搋压，底手配合向下紧拽，使甲上体被挤压无法转体不能做完整动作，攻击腿又被骑跨，身体失衡而摔倒(图6-90)。

图 6-90 夹脖勾子(反攻技术拍腿骑腰)动作示意图

3. 压挂门单手勾子(进攻技术)

预备姿势:双方跤架采用顶架摔,甲左架,乙右架,双方把位:甲底手抓乙手腕,活手反挂门。乙底手被控活手抓大领。

动作应用:实战中,甲突然牵拉底手,上体横胸转体,使乙误以为要使掏或耙,必然捅手欺身,甲迅速底腿垫步,活腿插入乙裆内向后上方大力勾挑。同时,上体向下俯腰,低头背脸,反挂门的活手向支撑腿的方向揪拉乙的直门,使乙上下肢同时受到攻击,身体严重失衡而摔倒(图 6-91)。

反攻方法:反挂门单手勾子的反攻一般采用扣腿捅领技术进行反攻,实战中,当甲垫步将腿插入乙裆要使反挂门勾子时,乙可屈膝下蹲降低重心,抓领的活手向下沉拉肩领使甲不能从容转体发力。接着底手迅速掏扣其攻击腿的脚踝外侧,并从裆中拉出来向上高提,脚下横向滑步欺身,活手配合大力支捅甲肩领处,迫使其身体向下倾斜,头下脚上、身体失衡而摔倒(图 6-92)。

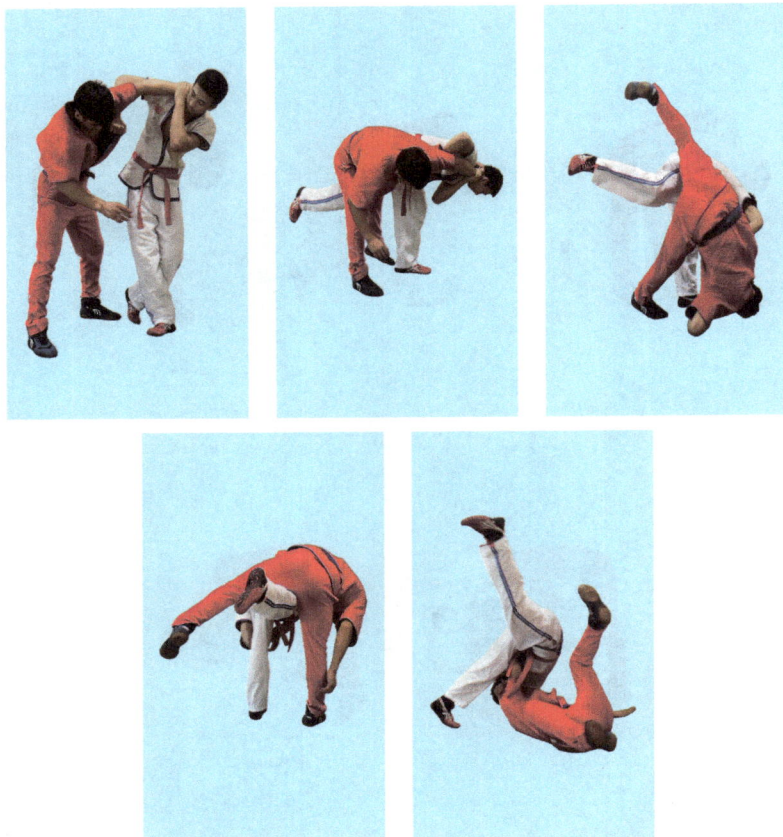

图 6-91 反挂门单手勾子(进攻技术)动作示意图

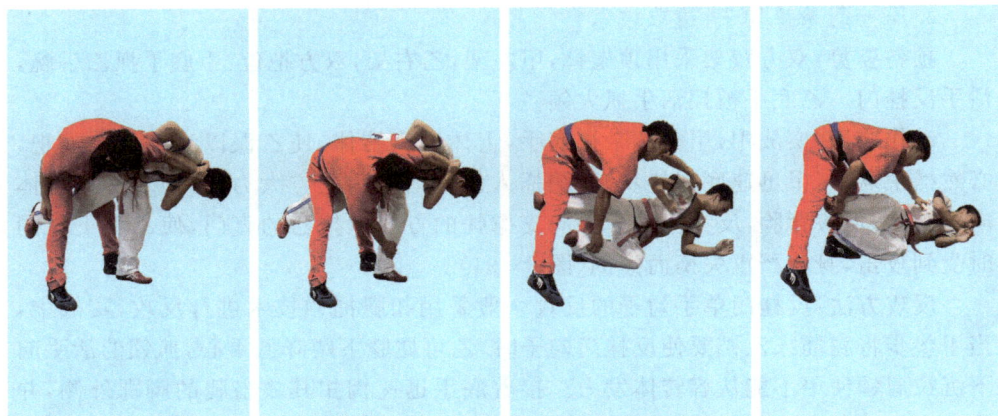

图 6-92 反挂门单手勾子(反攻技术扣腿捅领)动作示意图

4. 后带勾子(进攻技术)

预备姿势:双方跤架采用顶架摔,甲右架,乙左架,双方把位采用甲抓小袖后带,乙抓小袖大领。

动作应用:实战中,甲双手握紧把位,横向走跤步并突然向身后横向圆拉,待乙犟劲时,甲可乘机双手向身上紧拉,转体将腿入乙裆中向后上方大力挑勾,身体配合俯腰,躬身低头背脸,底手紧带活手向支撑腿上盖提乙后带,使乙身体失衡而摔倒(图6-93)。

图6-93 后带勾子(进攻技术)动作示意图

反攻方法:后带勾子的反攻一般采用穿裆靠技术进行反攻,实战中,当甲揪抓后带插腿入裆要使用后带勾子时,乙不等甲发力重心下降,活手立即从其攻击腿内侧去穿扣甲的支撑腿,同时活腿横向上步至甲的身后,上体欺身贴靠在甲的胸腹部,接着迅速背底腿,挺胸展腹,头部后仰成桥,迫使其被穿腿离开地面,身体重心向后倾斜而摔倒(图6-94)。

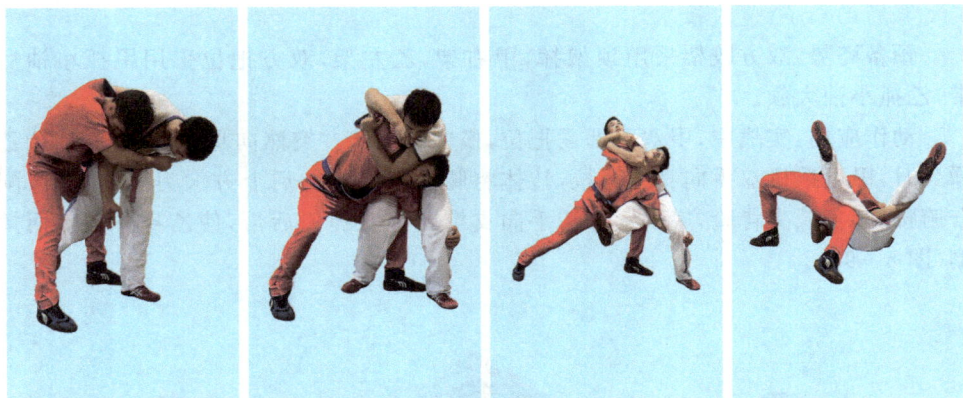

图6-94 后带勾子(反攻技术穿裆靠)动作示意图

5. 圈臂勾子(进攻技术)

预备姿势:双方跤架采用顶架摔,甲左架,乙右架,双方把位采用甲抓小袖圈臂,乙抓小袖后带。

动作应用:实战中,乙先抓小袖后带欲使人,甲立即用活手牢牢由内向外圈住乙臂,并向身后圆拉使乙误以为要使崴和腰入,势必会欺身扒腰。甲乘机转体,将腿入乙裆大力向后上方起勾子,上体俯腰、躬身、低头背脸,将乙摔倒(图6-95)。

反攻方法:圈臂勾子的反攻一般采用扒腰鳖技术进行反攻,实战中,当甲圈臂转体插腿入乙裆要使用圈臂勾子时,乙不等甲的攻击腿发全力,活手立即改抓后带为扒腰,同时活腿横向滑步于甲身后,头紧贴挤其胸部,使其不能转体发力。接着底手搕压在甲攻击腿的膝关节处。被攻击腿做过腿逃至其攻击腿后面,并用底手迅速将甲的攻击腿搬离地面,配合使用向后扒腰,头部后仰,活腿将甲攻击大腿从后面紧紧鳖住,抓袖的底手向后大力捅送,使甲上下身体同时遭到攻击,因身体失衡而摔倒(图6-96)。

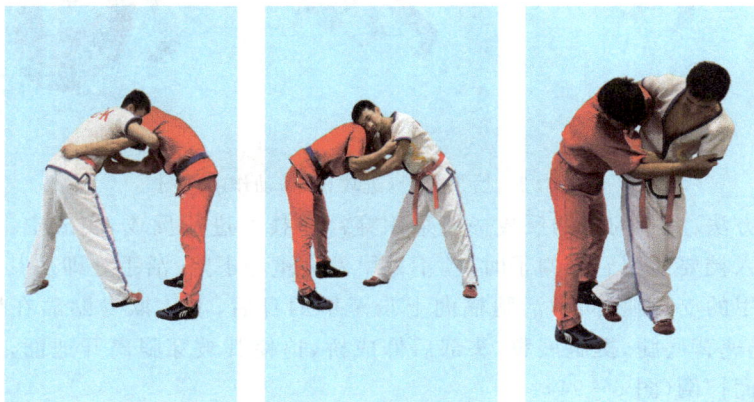

图 6-95 圈臂勾子(进攻技术)动作示意图

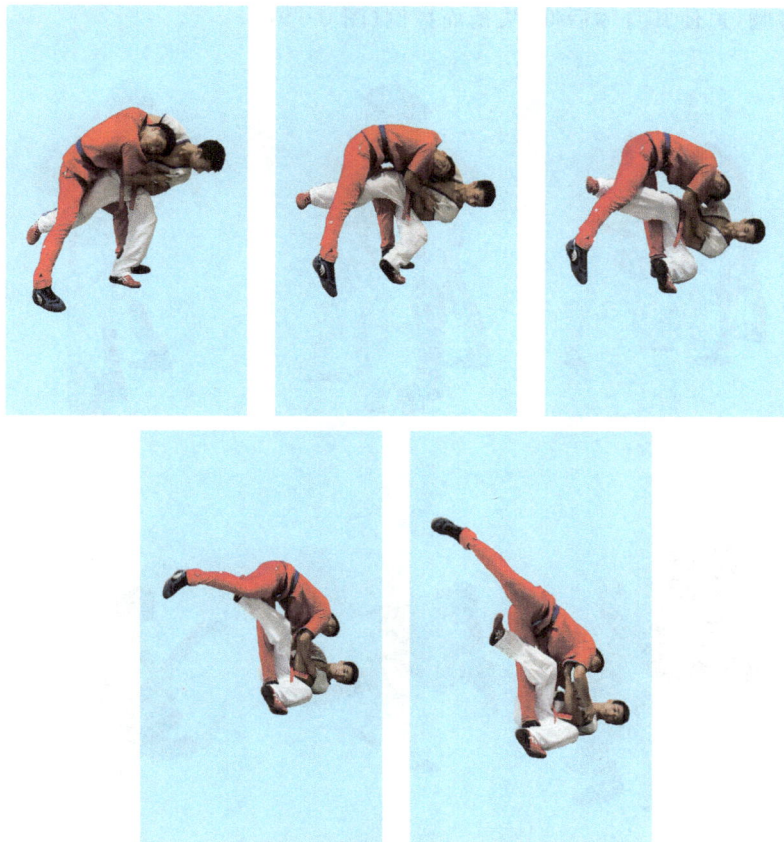

图 6-96 圈臂勾子(反攻技术扒腰蹩)动作示意图

九 切子绊的进攻与反攻技术

切子绊也称脑切或老切子。以腿部攻击为主,手臂为辅,属于对脸摔的技术类。切子绊的优点是动作力度大,效果好,适合于身材高大的运动员使用。难点是容易失去重心,而被对方反攻。

1. 赶切(进攻技术)

预备姿势:双方跤架采用顺架摔,甲右架,乙右架,双方把位采用双方相互抱抓把位。

动作应用:实战中,双方相互抢抓有利把位,甲先抢到小袖,乙为了开解该手,双手按压登推甲的前臂并向排身坐腰,甲把握住乙重心后移的机会,迅速地紧底手,活腿划步绕至乙活腿后面将其腿管住,同时活手抱甲肩背做压切动作,上体配合欺身碰胸,迫使其身体后仰、失衡而摔倒(图6-97)。

图6-97 赶切(进攻技术)动作示意图

　　反攻方法：赶切绊子的反攻一般采用反切技术进行反攻，实战中，当甲乘乙双手登开手，乘机使用赶切时，乙迅速地用活手插抱甲的腋下，同时欺身碰胸，并用被攻击腿绷腿横打，底手反抱其前臂向下紧拉，形成反脑切的动作，使其身体失衡而摔倒（图6－98）。

图6－98　赶切（反攻技术反切）动作示意图

2. 串头切子（进攻技术）

　　预备姿势：双方跤架采用顺架摔，甲右架，乙右架，双方把位采用双方互抓小袖大领。

　　动作应用：实战中，双方互相难解对方抓把的手，甲突然晃头从腋下钻出使乙误以为要使搬打，待对方犟劲挺身时，甲迅速横向划步至乙的活腿后面，接着欺身碰胸，活手用力向下抱压其肩部做侧切动作，使乙上体被迫后仰，身体失衡摔倒（图6－99）。

　　反攻方法：串头切子的反攻一般采用反夹脖别子技术进行反攻，实战中，当甲串头抱肩横腿使切子时，乙不等甲发力，迅速用抓大领的活手反夹脖子，随之横身转体,紧拉抓袖的底手,起活腿向身体的斜后方做别子动作,同时长腰背脸,使甲身体失衡而摔倒(图6-100)。

图6-99　串头切子(进攻技术)动作示意图

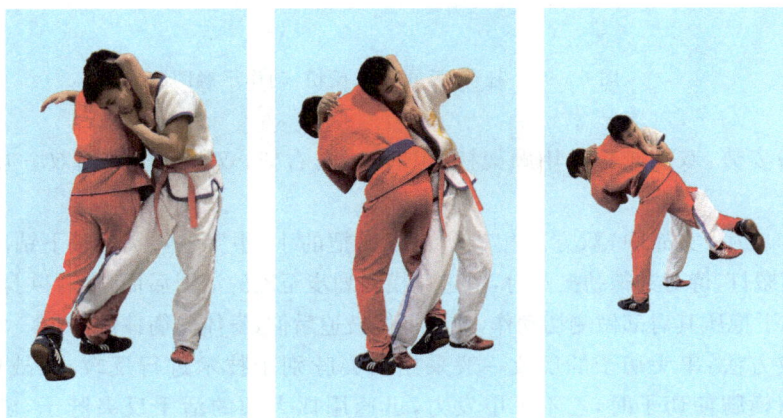

图 6-100　串头切子(反攻技术反夹脖别子)动作示意图

3. 反夹臂切子(进攻技术)

预备姿势:双方跤架采用顺架摔,甲右架,乙右架,双方把位采用甲抓小袖抱臂,乙抓小袖大领。

动作应用:实战中,当乙突然晃头从甲腋下串出欲使用搬打动作,甲立即放开抓领的活手改夹抱乙抓领手的上臂,上体配合欺身碰胸紧勒底手向下做切压动作,同时,甲的活腿经体前横向划步绕至乙的活腿后面做管打动作,迫使乙上体后仰,身体失衡而摔倒(图 6-101)。

反攻方法:反夹臂切子的反攻一般采用逃腿搬踢技术进行反攻,实战中,当甲横向划步使切子时,乙立即跪腿抽逃使其切管落空,接着乙横向欺身挤倚甲的腋下迫使其上体倾斜,同时屈膝下蹲用底手搬扣甲的攻击腿,并上提使其离开地面,活手配合向下用力拉扯甲的大领,使甲头下脚上,同时用活腿迅速踢甲唯一的支撑腿,使甲身体失衡而摔倒(图 6-102)。

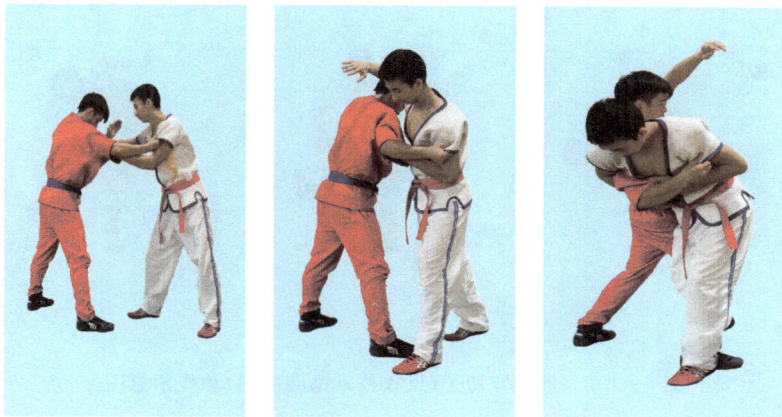

图 6－101　反夹臂切子（进攻技术）动作示意图

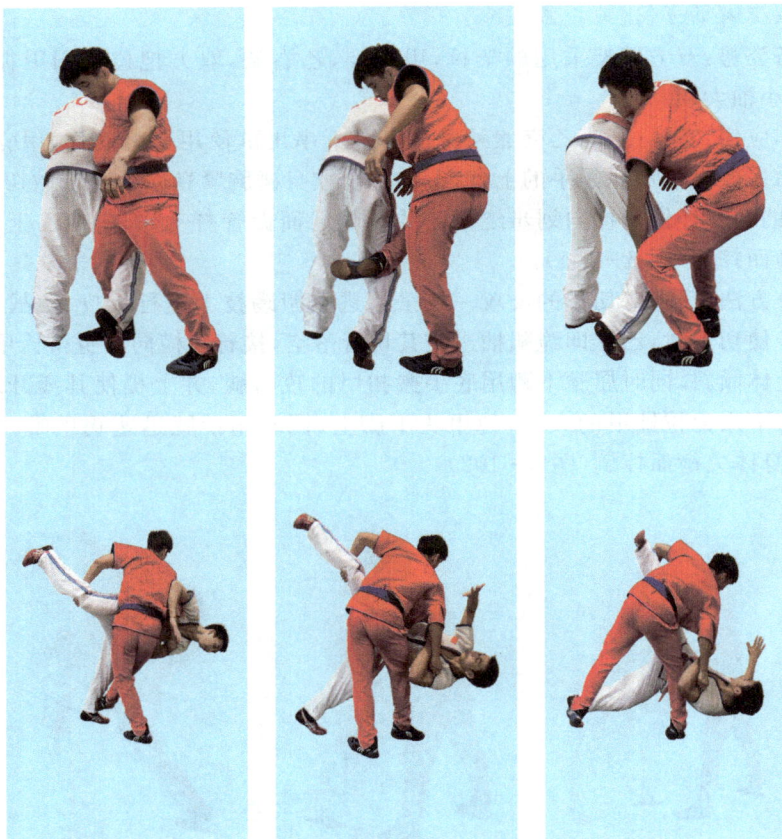

图 6－102　反夹臂切子（反攻技术逃腿搬踢）动作示意图

4. 控手脑切子(进攻技术)

预备姿势:双方跤架采用顺架摔,甲右架,乙右架,双方把位:甲抓小袖散一手,乙抓大领散一手。

动作应用:实战中,甲抢先抓到底手,并用活手成功地控管乙的底手,乙屈臂后仰挣腕,甲把握乙后仰挣腕的时机,撒开控腕的活手,上体欺身碰胸,连肩带臂将乙裹抱,接着配合向下做紧带,迫使其身体后仰失衡而摔倒(图6-103)。

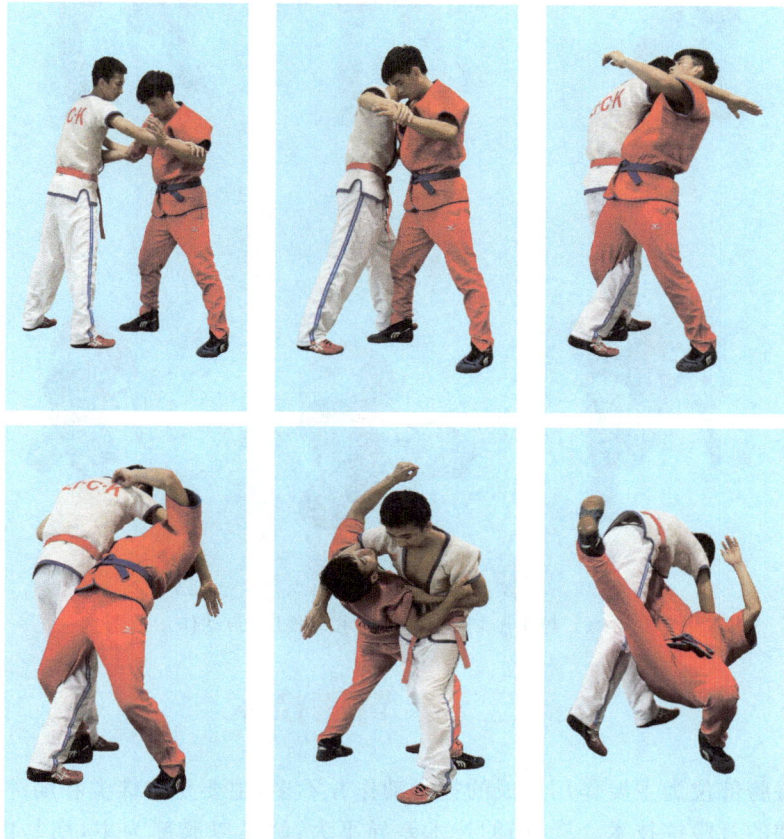

图6-103 控手脑切子(进攻技术)动作示意图

反攻方法:控手脑切子的反攻一般采用卡腰反切技术进行反攻,实战中,当甲横向划步管肩臂使切时,乙待甲的攻击腿尚未发力时,立即用抓领的活手改抱裹其肩背,上体欺身碰胸,底手向下紧拉小袖做切压,活腿配合用力做管打动作,迫使甲整个身体后仰,因失衡摔倒(图6-104)。

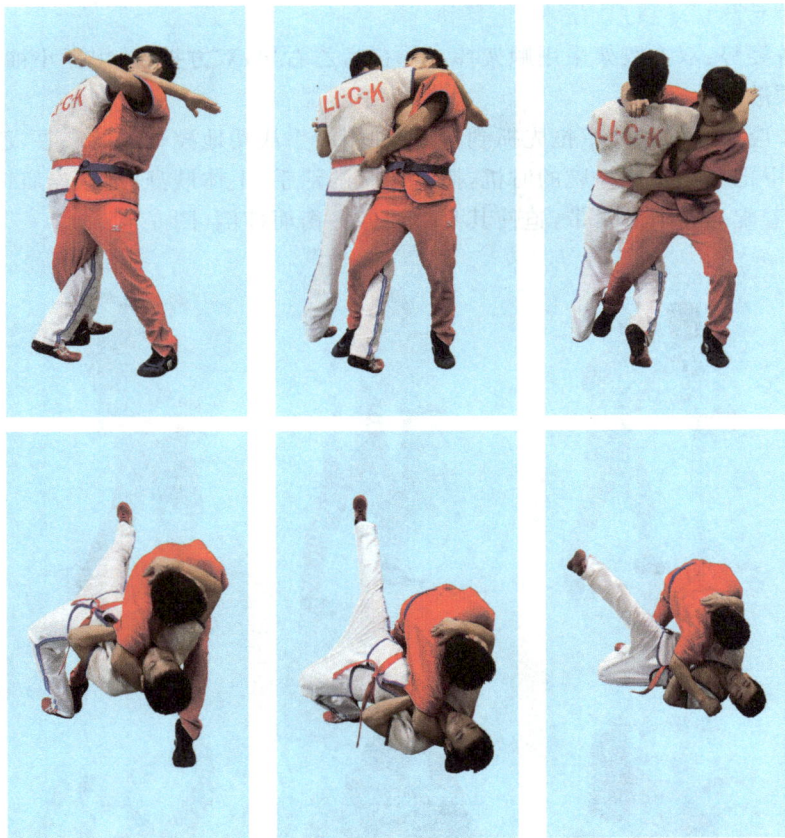

图 6-104　控手脑切子(反攻技术卡腰反切)动作示意图

第二节　臀胯技术

以臀胯部位为主要作用形成的技术动作并不多,主要是崴绊类和崩绊类,是以手臂为辅的背脸摔技术。崴、崩的技术差异不大,崴是以髋部为主,崩是以臀部为主,两者使用起来有相似之处。它们的优点是:由于是臀胯部位发力,力距大,惯性好,往往很难防范。它们的缺点是:进攻时失重大,容易被反攻。

一　崴绊的进攻与反攻技术

1. 小袖直门崴(进攻技术)

预备姿势:双方跤架采用顶架摔。甲右架,乙左架,双方把位采用甲抓小袖直门,乙抓小袖大领。

动作应用:实战中,甲双手横向圆拉乙,待乙的活腿靠近自己的攻击腿时,甲突然双脚做跳步,横胸,转体靠贴在乙被攻击腿的大腿内侧部位,接着蹬地崩腿、长腰、背脸,底手配合向自己支撑腿方向牵拉,活手向同一方向大力支顶乙的上体,迫使乙身体随自己的发力方向倾斜、脚部离开地面而摔倒(图6-105)。

图6-105　小袖直门崴(进攻技术)动作示意图

反攻方法:小袖直门崴的反攻一般采用捅领外刀技术进行反攻,实战中,当甲突然跳步转体使崴崩时,乙待甲攻击腿插入裆内不等其长腰发力,立即用被攻击腿刀挂住甲攻击腿小腿部位,由外向裆内大力地刀拉,同时双手配合向其身后用力推捅,迫使甲身体后仰倾斜,因身体失衡而摔倒(图6-106)。

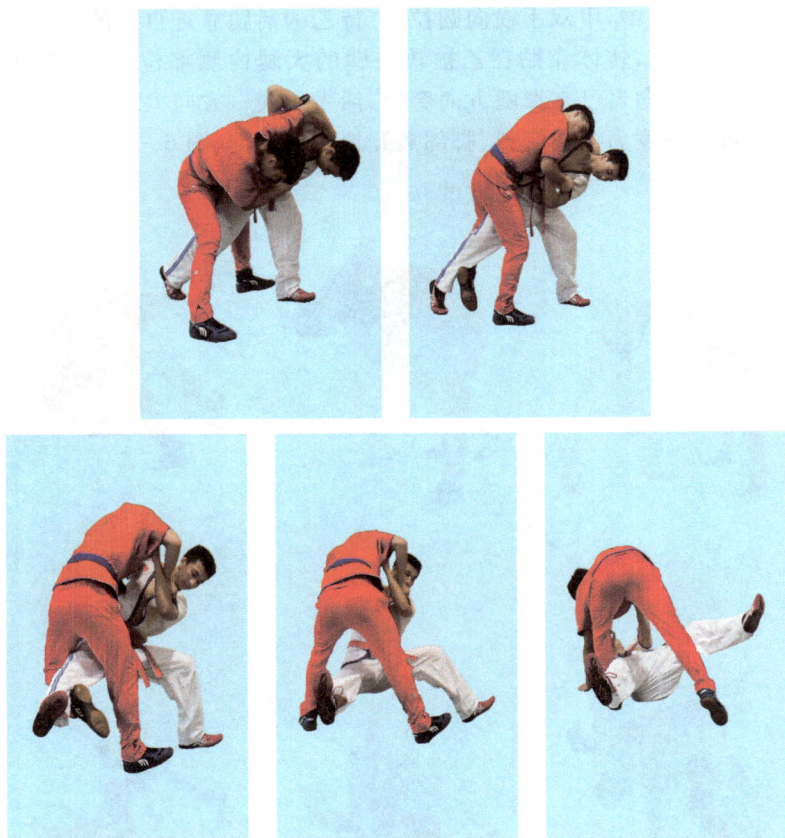

图 6-106 小袖直门崴(反攻技术捅领外刀)动作示意图

2. 朵中心带崴(进攻技术)

预备姿势:双方跤架采用顶架摔。甲右架,乙左架,双方把位采用甲抓小袖中带,乙抓小袖偏门。

动作应用:实战中,双方都有把位对峙寻找机会,甲突然双手向乙身后支推,待乙反方向欺身时,迅速地背底腿,活腿随即插入裆胯部,靠近乙被攻击腿内侧部,接着转体、绷腿、躬身长腰、背脸,底手配合向自己支撑腿方向紧带小袖,活手由下向上提其中带并向前崩提,迫使其上体向轰腰方向倾斜而摔倒(图 6-107)。

反攻方法:朵中心带崴的反攻一般采用卡膝技术进行反攻,实战中,当甲突然背步插腿使中带崴时,乙突然屈膝下蹲重心下降,活手改扣扒甲的腰部,底手同时下滑捋卡在甲攻击腿膝关节处,将甲控制使其不能长腰发力。接着底腿向后撤步闪身,底手向撤步的相反方向推搋膝关节部位,活手向撤步的方向大力地轰推其腰部,迫使其上体向轰腰方向倾斜而摔倒(图 6-108)。

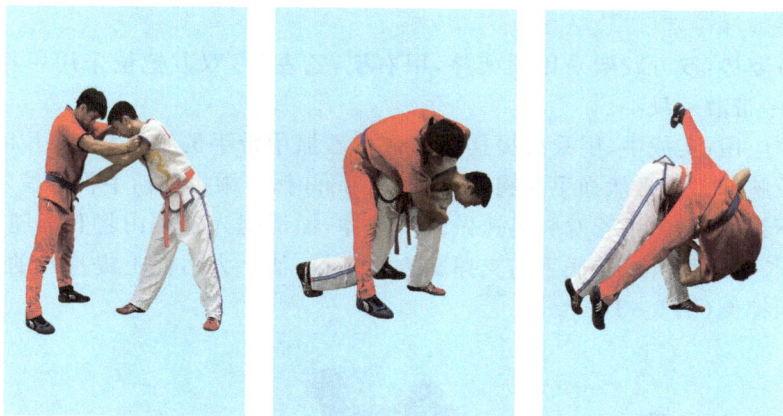

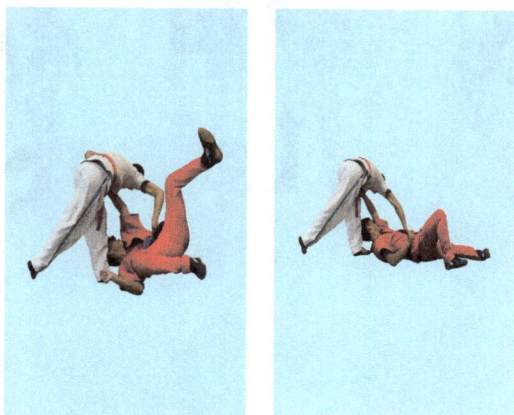

图 6-107　朵中心带崴(进攻技术)动作示意图

图 6-108　朵中心带崴(反攻技术卡膝)动作示意图

3. 抓腕提带崴（进攻技术）

预备姿势：双方跤架采用顶架摔，甲右架，乙左架，双方把位采用甲抓腕提偏带，乙抓中带散一只手。

动作应用：实战中，甲乘机提挂其偏带将乙抓中带手的手腕控住，并用底手控抓乙底手腕部。乙必然挣手夺腕，待乙挣腕后仰时，甲乘机用活手将乙抓带手的手腕抓住不让其夺开，接着双脚迅速做跳步转体，插活腿入乙裆内将其活腿绊住，随即崩腿、长腰、背脸使崴，底手向支撑腿方向牵拉，活手大力向上提拎乙的偏带，使乙失衡而摔倒（图6－109）。

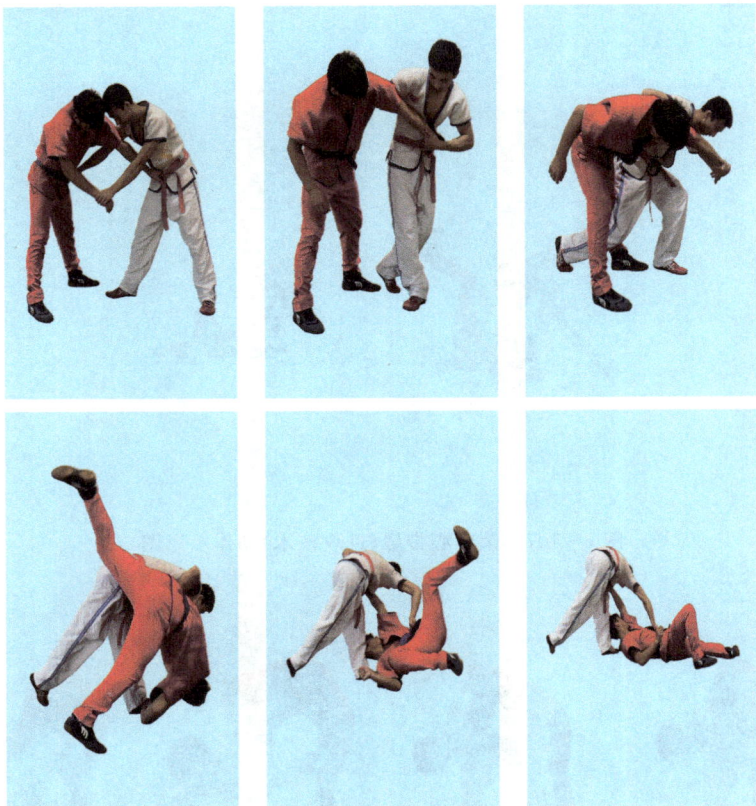

图6－109　抓腕提带崴（进攻技术）动作示意图

反攻方法：抓腕提带崴的反攻一般采用套髋耙拿技术进行反攻，实战中，当甲绷腿使崴，乙不等甲长腰发力，被攻击腿可做逃腿抢髋动作，将腿快速移至甲攻击腿的前面，随之重心下降，横髋提中心带，使甲误以为使中带别或大得合，待甲鞋劲向后排身坐腰时，乙迅速用逃脱的活腿猛力地耙踢甲的底腿，活手配合向甲身后大力捅其腹部，迫使甲的身体重心后坠，因重心失衡而摔倒（图6－110）。

图 6 - 110　抓腕提带崴(反攻技术套髋耙拿)动作示意图

4. 锁双手崴(进攻技术)

预备姿势:双方跤架采用顶架摔。甲左架,乙右架,双方把位采用甲抓小袖中带,乙抓小袖偏门。

动作应用:实战中,甲突然横胸转体,使乙误以为要使中带得合。待乙犟劲欺身顶臂时,甲乘机用底手将乙抓小袖的双手由下向上紧紧地锁扣住,同时迅速地背底腿插活腿入乙裆内,横胸转体,长腰背脸,崩腿使崴一,底手锁扣双手向支撑方向紧带,活手配合向转体方向提带发力,迫使乙身体倾斜双脚离地而摔倒(图 6 - 111)。

反攻方法:锁双手崴的反攻一般采用小袖偏门挤搂技术进行反攻,实战中,当甲锁乙双手横胸转体使崴攻时,乙不等甲长腰发力,立即双手垂肘横向紧勒,将甲的上体勒在自己的右臂上,使其不能完成崴攻动作。同时用被攻击腿的大腿将甲攻击腿挤管住向上顶送,等甲要跪腿抽逃时,乙迅速地用挤顶的腿由外向自己裆内搂挂其小腿,双手配合向后支捅,迫使甲身体后仰倾斜而摔倒(图 6 - 112)。

图 6 - 111　锁双手崴（进攻技术）动作示意图

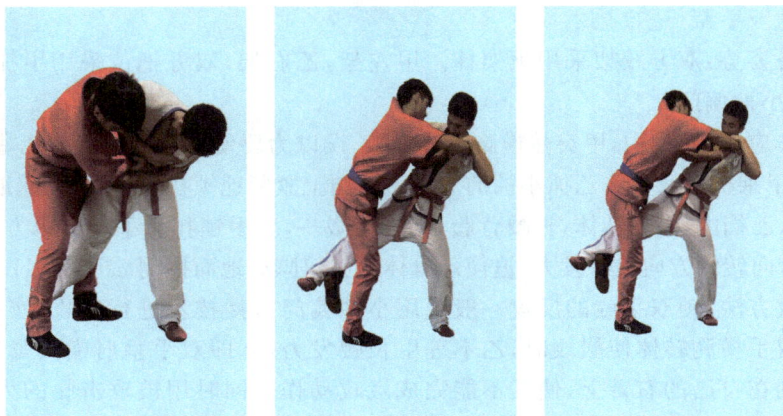

图 6-112　锁双手崴(反攻技术小袖偏门挤搂)动作示意图

5. 插臂崴(进攻技术)

预备姿势:双方跤架采用顶架摔。甲左架,乙右架,双方把位采用甲抓小袖散一手,乙抓小袖大领。

动作应用:实战抢手过程中,甲先抢到小袖而有意不抓活手,松肩拱背,故意露破绽让乙抢抓把位,待乙抓小袖活手去拿大领的一瞬间,甲迅速地底腿背前,活腿蹬插入乙裆内去管绊其活腿,同时转体、长腰、背脸、崩腿,底手向支撑腿方向牵带乙的上体,使乙失衡而摔倒(图 6-113)。

反攻方法:插臂崴绊的反攻一般采用抢胯赶切技术进行反攻,实战中,当甲紧底手转体插臂使用崴攻时,乙被攻击腿迅速抽逃,并用脱逃的活腿去赶切甲的支撑腿,上体欺身碰胸,活手大力裹抱其肩背向其身后侧压,底手配合向下紧勒小袖,迫使甲的身体后仰失衡而摔倒(图 6-114)。

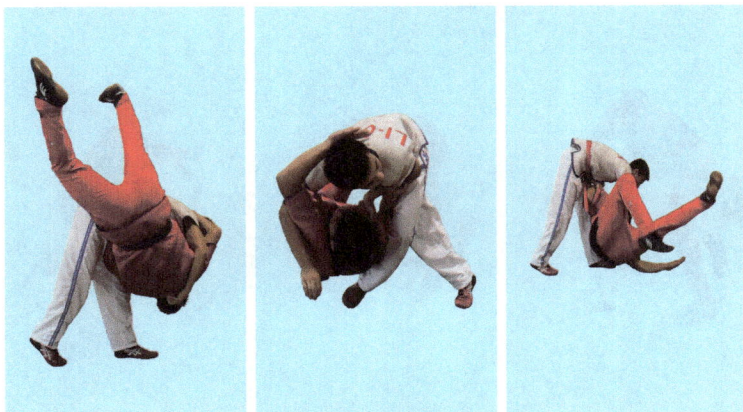

图 6-113　插臂崴（进攻技术）动作示意图

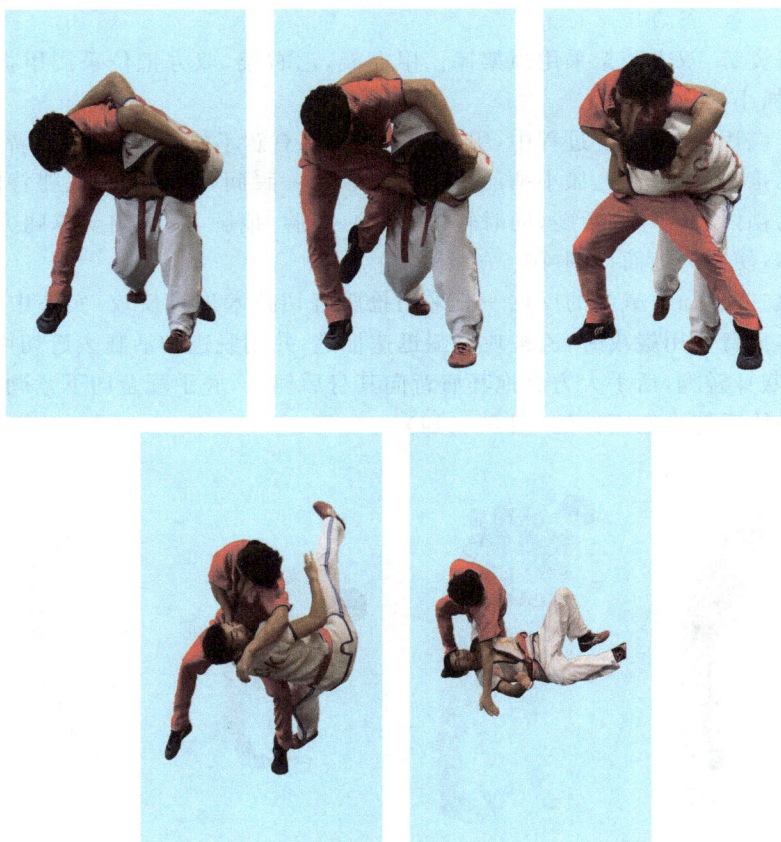

图 6-114　插臂崴（反攻技术抢胯赶切）动作示意图

6. 拿臂卡腰崴（进攻技术）

预备姿势：双方跤架采用顺架摔。甲右架，乙右架，双方把位采用甲拿臂卡腰，乙被拿臂散一手。

动作应用：实战中，双方在抢把过程中，甲有意露袖口让乙抓，当乙的手刚触及袖口时，甲立即用活手由里向外绕拿手臂并向胸前横向牵带，活手迅速卡扒乙的腰部，接着底腿背步，活腿插入其裆中，转体长腰、崩腿背脸、双手配合向支撑腿方向牵带乙的上体，使乙失衡而摔倒（图6－115）。

图6－115　拿臂卡腰崴（进攻技术）动作示意图

反攻方法：拿臂卡腰崴的反攻一般采用上步里刀勾技术进行反攻，实战中，当甲刚一拿臂扒腰使崴攻时，乙不等甲发全力，立即逃腿走在甲攻击腿前面，并迅速用底腿由里向外刀挂着甲的底腿，被拿的底手和活手同时抱臂向甲的身后大力支捅，迫使甲的身体向后倾斜，使其身体失衡而摔倒（图6－116）。

图 6-116 拿臂卡腰崴(反攻技术上步里刀勾)动作示意图

7.小袖偏门崴(进攻技术)

预备姿势:双方跤架采用顺架摔。甲右架,乙右架,双方把位采用甲抓小袖偏门,乙抓小袖大领。

动作应用:实战中,双方揪死把互顶对峙,甲抓小袖偏门横向圆拉,使乙误以为要使牵别。待乙瞥劲低头时,甲突然活腿向底腿方向倒步,底腿变活腿插入乙裆内管绊住乙的活腿,同时转体长腰、崩腿背脸使崴,双手配合向右支撑腿方向大力揪拉,使乙身体失衡而摔倒(图 6-117)。

反攻方法:小袖偏门崴的反攻一般采用手别技术进行反攻,实战中,当甲揪抓乙小袖偏门,突然转体变向使崴攻时,乙立即屈腿重心下沉,并用自己抓领的活手迅速拍搭在甲攻击腿膝关节外侧处,横胸躬身、长腰背脸,底手配合向支撑腿前牵拉小袖,形成手别动作,使甲身体失衡而摔倒(图 6-118)。

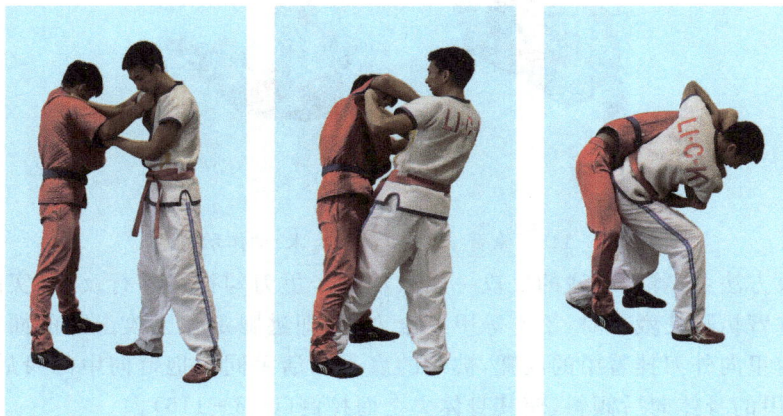

图 6-117　小袖偏门崴(进攻技术)动作示意图

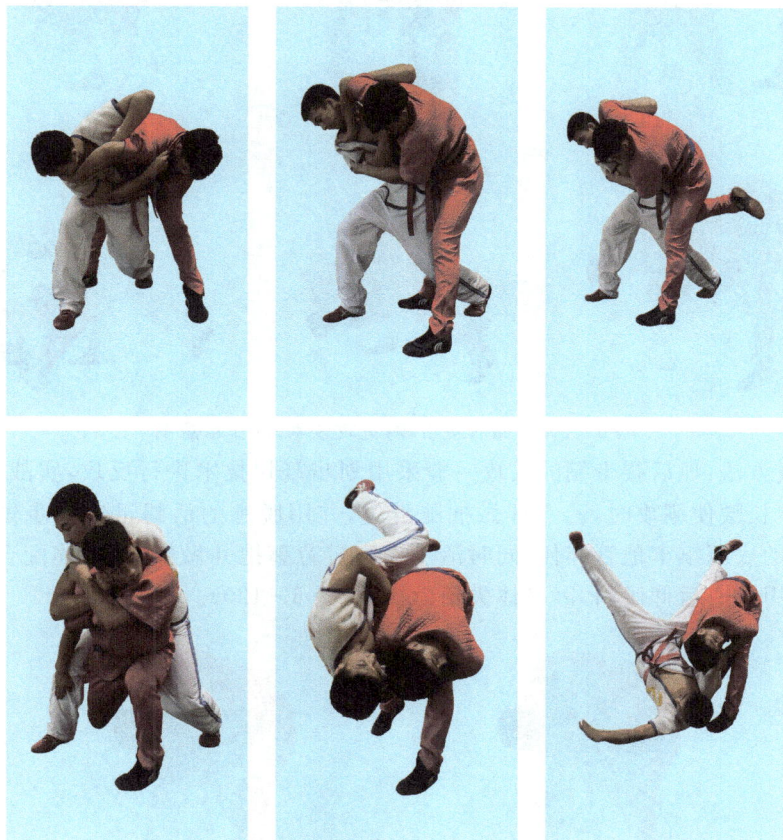

图 6-118　小袖偏门崴(反攻技术手别)动作示意图

二 绷绊的进攻与反攻技术

1. 抓后腰带绷(进攻技术)

预备姿势：双方跤架采用顶架摔。甲左架，乙右架，双方把位采用：甲抓小袖后带，乙抓小袖偏门。

动作应用：实战中，甲乙双方互抓把位对峙，甲突然背底腿，插活腿人乙裆中，臀髋贴紧乙大腿内侧，立即转体长腰，绷胯背脸使崩攻，揪袖和揪后带的手同时向前绷抖，乙由于上体和下肢绷抖，必然头重脚轻、身体倾斜，因失衡而摔倒(图6-119)。

图6-119 抓后腰带绷(进攻技术)动作示意图

反攻方法：抓后腰带绷的反攻一般采用划步赶切技术进行反攻，实战中，当甲突然转体长腰使绷攻时，乙立即做抽腿滑逃，并用脱逃的活腿迅速划步做赶切反击，把甲的底腿牢牢地管绊住，同时活手连肩带背裹抱并做侧压，上体配合欺身碰胸，迫使甲重心后仰倾斜，因身体失衡而摔倒(图6-120)。

图6-120 抓后腰带绷(反攻技术划步赶切)动作示意图

2. 绕臂卡腰绷(进攻技术)

预备姿势:双方跤架采用顺架摔。甲右架,乙右架,双方把位:甲拿乙臂扒其腰,乙被拿臂散一手。

动作应用:实战中,双方相互抢手,乙底手刚触及小袖,甲立即用活手从内向外绕拿住乙抓袖的手臂横向牵拉,活手扒卡乙的腰部,并迅速套髋入腰将攻击腿贴紧乙被攻击腿的根部内侧,迅速地长腰绷髋,转体背脸使绷攻,双手配合向乙支撑腿方向崩抖发力,使乙身体前倾而摔倒(图6-121)。

图6-121 绕臂卡腰绷(进攻技术)动作示意图

反攻方法:绕臂卡腰绷的反攻一般采用滑步搋管技术进行反攻,实战中,乙等甲攻击腿刚插入裆内,不等其进攻,被绕拿的臂立即插入其腋下,由下向上将甲攻击臂反抱住,并用被攻击腿快速地滑步至其攻击腿的后侧将其管住,上体横向转体,底手反抱其臂横向用力,活手向被揽管方向抽送,滑步管绊的腿向同侧方向顶管甲的被攻击腿,迫使其向揽臂管腿方向倾斜而摔倒(图 6 - 122)。

图 6 - 122　绕臂卡腰绷(反攻技术滑步揽管)动作示意图

第三节　腰背技术

中国式摔跤技术中,以腰背为主要作用的技术并不多,但都是动作幅度大、威力强、效果好的大绊子,如:入、揣、披等技术动作,属典型的背脸摔技术类。

一　腰入的进攻与反攻技术

1. 后带腰入(进攻技术)

预备姿势:双方跤架采用顶架摔。甲左架,乙右架,双方把位:甲抓小袖后带,乙抓小袖大领。

动作应用:实战中,双方各抓有利把位对峙,寻找进攻机会。甲突然双手向自己身上紧带乙的小袖后带,随之底腿背步,活腿拧钻,转体填髋入腰,使自己的臀部贴紧乙的小腹部位,乘机向前低头俯腰、拱臀、崩腿拉擦,用臀部撞击乙的小腹,迫使其双脚离开地面,双手配合体前支撑腿处紧拽,使乙身体失衡而摔倒(图 6 - 123)。

图6-123　后带腰入（进攻技术）动作示意图

反攻方法：后带腰入的反攻一般采用卡腿轰腰技术进行反攻，实战中，当甲抓乙的小袖后带背底腿使腰入时，乙不等甲发全力，立即屈腿下蹲重心下降，同时用底手卡摁在甲活腿的膝关节外侧部位，活手配合扣紧甲的腰部，胸部紧贴甲的背部，将甲牢牢地控制住，使其不能发力进攻。紧接着乙底腿后撤步，底手卡腰向内侧方向推摁，活手扒腰向撤步方向轰推，形成底手向内活手向外的合力将甲摔倒（图6-124）。

图 6-124 后带腰入(反攻技术卡腿轰腰)动作示意图

2. 插臂腰入(进攻技术)

预备姿势:双方跤架采用顶架摔。甲右架,乙左架,双方把位采用甲抓小袖和插臂,乙抓小袖和后带。

动作应用:实战中,双方对峙,甲用活手推乙抓后带的活手。乙紧揪不放,甲可乘机用活手从其抓带手的腋下插入并反扒其大领,同时底腿背步,活腿拧钻转体,迅速地填髋入腰并用臀部贴紧乙的小腹,紧接着俯腰低头、拱臀、崩腿拉擦,底手配合向体前紧带,活手向支撑腿方向插臂按头,迫使乙双脚离开地面,因身体失衡而摔倒(图6-125)。

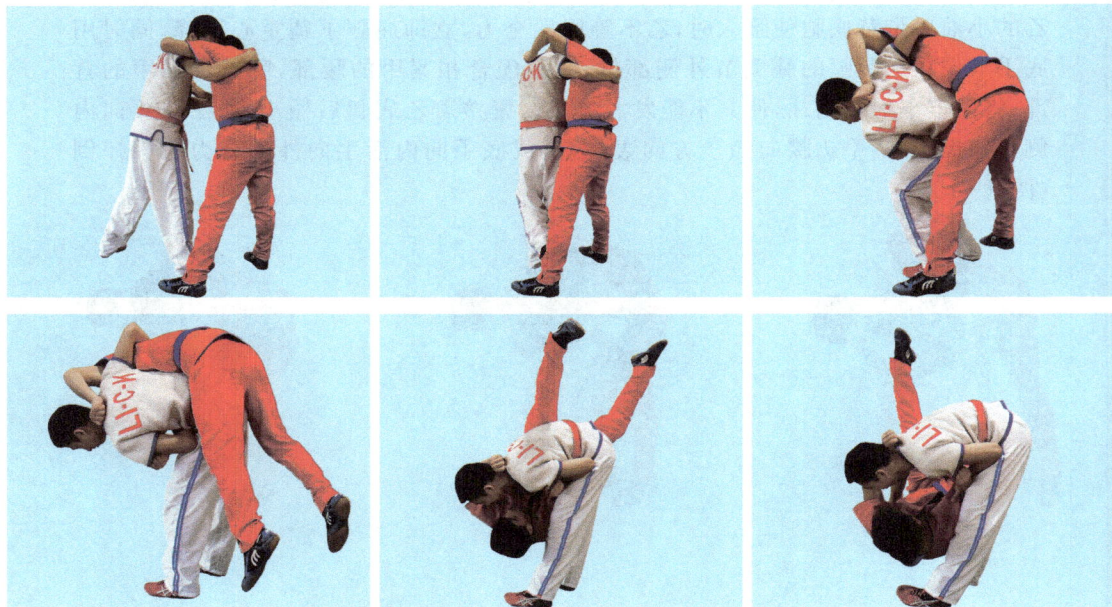

图 6-125 插臂腰入(进攻技术)动作示意图

反攻方法:插臂腰入的反攻一般采用套髋赶切技术进行反攻,实战中,甲插背倒扒大领使腰入,乙可乘甲插臂背步时,立即做逃腿套髋,并用被插臂的手迅速地夹裹甲的脖子。随之欺身碰胸做划步赶切,迫使甲进攻受制,紧接着紧拉底手,活手配合向甲身后大力切压,同时崩蹬切打甲的底腿,使甲上体被切压,下部受腿攻,身体后仰失衡而摔倒(图6-126)。

图6-126　插臂腰入(反攻技术套髋赶切)动作示意图

3. 夹脖腰入(进攻技术)

预备姿势:双方跤架采用顶架摔。甲左架,乙右架,双方把位采用甲抓袖夹脖子,乙抓袖卡腰。

动作应用:实战中,甲抢先抓袖,并用活手封控乙抢把的上手。当乙解手拼抢把位时,甲乘乙上体前冲之机,活手突然将乙的脖子牢牢夹住。随之底腿背步,活腿拧钻转体,填髋入腰,迫使乙双脚离开地面,底手配合向体前紧带,活手向支撑腿前裹夹其脖子,使乙失衡而摔倒(图6-127)。

反攻方法:夹脖腰入的反攻一般采用扒腰掏腿蹩技术进行反攻,实战中,甲突然夹住乙的脖子背步转体、填腰拱臂使入时,乙立即横向滑步扒腰欺身,并用头部斜挤甲的胸部,使甲的上体向一侧倾斜,并用底手由下向上掏搬甲的活腿,使被掏腿离开地面,并用肩和头向后顶枕乙胸,配合扒腰的手往后蹩翻,使甲上体被蹩拿,身体后仰而摔倒(图6-128)。

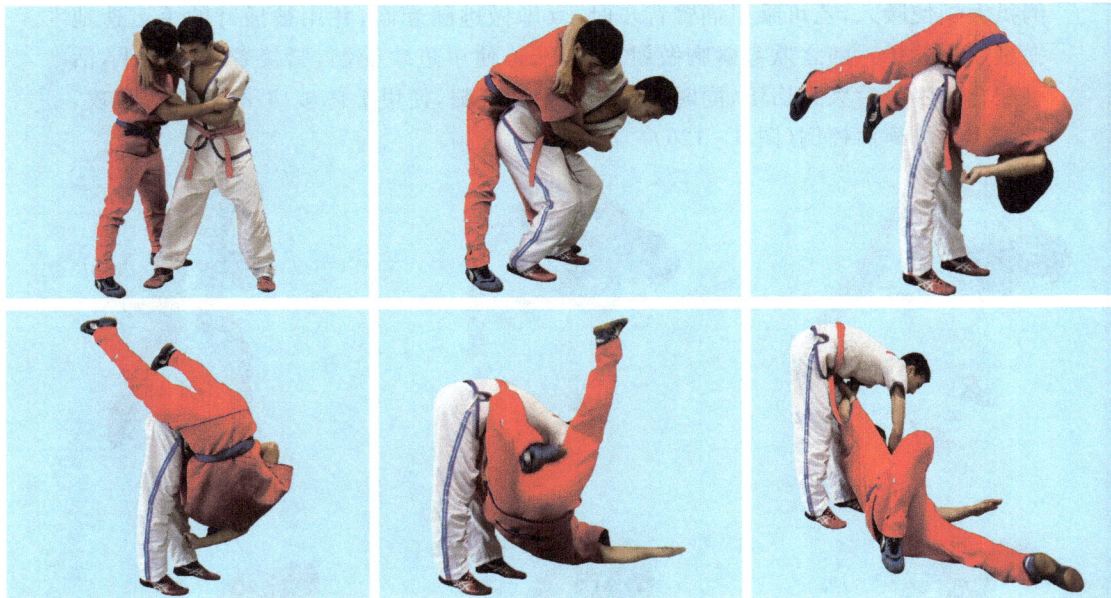

图6-127 夹脖腰入(进攻技术)动作示意图

图6-128 夹脖腰入(反攻技术扒腰掏腿蹩)动作示意图

4. 圈臂腰入(又称移死胳膊的进攻技术)

预备姿势:双方跤架采用顶架摔。甲左架,乙右架,双方把位采用甲抓袖和圈臂,乙抓袖和后带。

动作应用:实战中,乙抢先抓小袖和后带,甲为了扼制乙进攻,用活手由外向里将乙抓后带的手圈住,同时底腿快速背步,活腿拧钻转体,填髋入腰,将臀部贴紧乙的小腹部位,接着紧双手俯腰低头,崩腿拉擦,拱臀撞击乙的腹部,迫使乙双脚离开地面,底手配合向体前紧带小袖,活手向支撑腿方向圈提其臂,使乙身体失衡而摔倒(图6-129)。

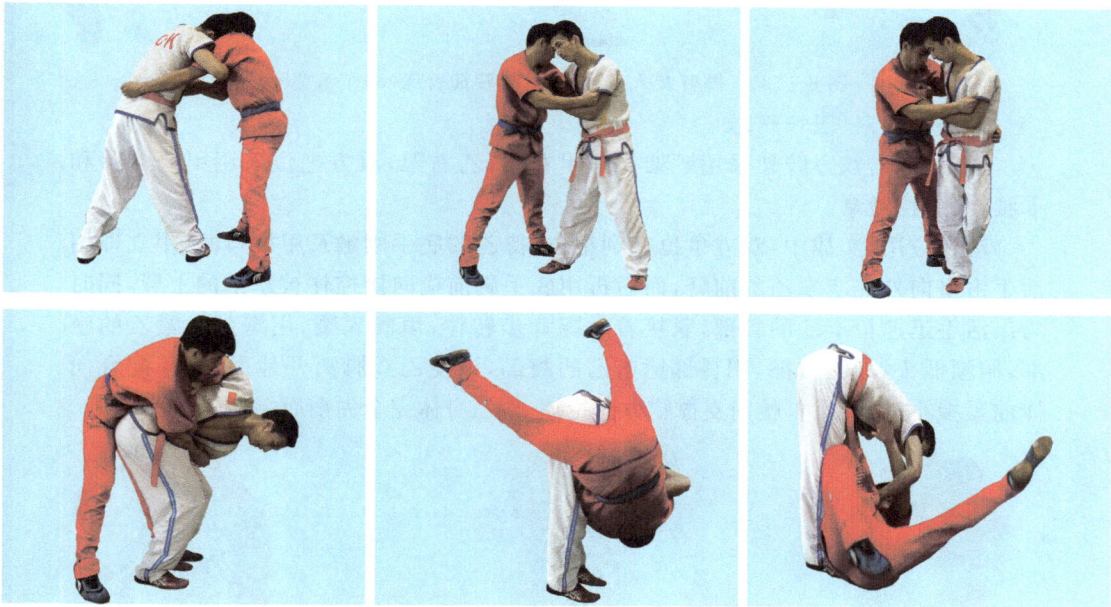

图6-129 圈臂腰入(进攻技术)动作示意图

反攻方法:圈臂腰入的反攻一般采用套腰插臂崴技术进行反攻,实战中,当甲圈住乙臂背步转体,腰入进攻时,乙不等甲发全力,立即滑腰在甲的前面,并迅速插腿入乙裆内,长腰转体,崩腿使崴,底手配合向体侧紧勒小袖,活手向支撑腿方向插臂拍肩,迫使甲的身体向支撑腿方向倾斜,因失去平衡而摔倒(图6-130)。

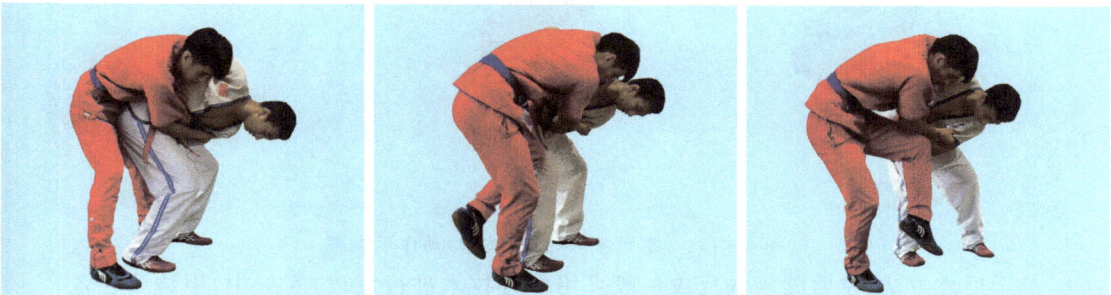

图 6-130 圈臂腰入（反攻技术套腰插臂崴）动作示意图

5. 拿臂腰入（进攻技术）

预备姿势：双方跤架采用顺架摔。甲右架，乙右架，双方把位采用甲绕拿臂和卡腰，乙受控被拿。

动作应用：实战中，双方争抢有利把位，待乙的底手刚触及甲袖口时，甲立即用活手由里向外先绕拿乙的前臂，而后再用底手胸前横向接控住被拿手的上臂，同时腾出活手迅速抢卡乙的腰部，紧接着底腿背步转体，填髋入腰，用臀部贴紧乙的腹部，俯腰低头，崩腿拉擦，用臀部撞击乙的腹部，迫使乙双脚离开地面，底手配合向体前紧拽小袖，活手卡腰向支撑腿方向抢摔，使乙身体完全失衡而摔倒（图6-131）。

图 6-131 拿臂腰入（进攻技术）动作示意图

反攻方法：拿臂腰入的反攻一般采用搋管技术进行反攻，实战中，甲绕拿住乙的臂并用活手卡腰背步欲使腰入,乙不等甲拱臀发力,立即用被拿的活手由下向上反抱甲底手的上臂,横向搋掀,同时活腿在甲的身后将其腿牢牢地顶管住,使其不能动弹发力,迫使其身体后仰,失衡而摔倒(图6-132)。

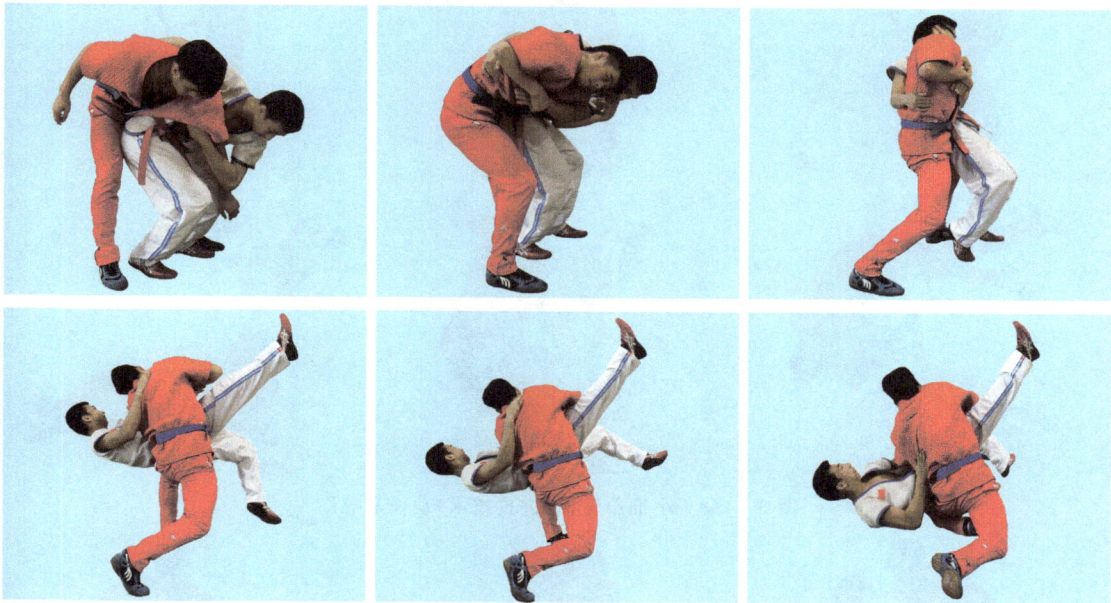

图6-132 拿臂腰入(反攻技术搋管)动作示意图

二 揣绊的进攻与反攻技术

1.小袖单臂揣(进攻技术)

预备姿势:双方跤架采用顶架摔,甲左架,乙右架。双方把位采用甲抓袖控一手,乙被抓大领散一手。

动作应用:实战中,甲抢先抓到小袖,并用活手控乙活手,待乙急于解脱抢把时,甲突然用底手大力向乙身后捅推。待乙蹩劲向前欺身时,甲乘机回带底手并迅速背底腿转体,捧臂挂肩,填髋入腰,将臀部贴紧乙的腹部,紧接着向前俯腰低头,崩腿拉擦撞击乙的腹部,迫使其双脚离开地面,底手配合向体前紧袖,活手于身后扶托乙的大腿部用力地向上反豁,使乙身体失衡而摔倒(图6-133)。

反攻方法:捅袖拉揣绊的反攻一般采用扣腿撕裆技术进行反攻你,实战中,当甲大力捅袖回拉背步转体、钻肩使揣攻时,乙立即用活手推其后背,上体外移,使腰腹离开其臀背,紧接着屈膝下蹲降低重心,并用活手顺势扣捞甲活腿的膝窝处,将其掂离地面,底手配合向下带拉其小袖,迫使甲头下脚上、身体失衡而摔倒(图6-134)。

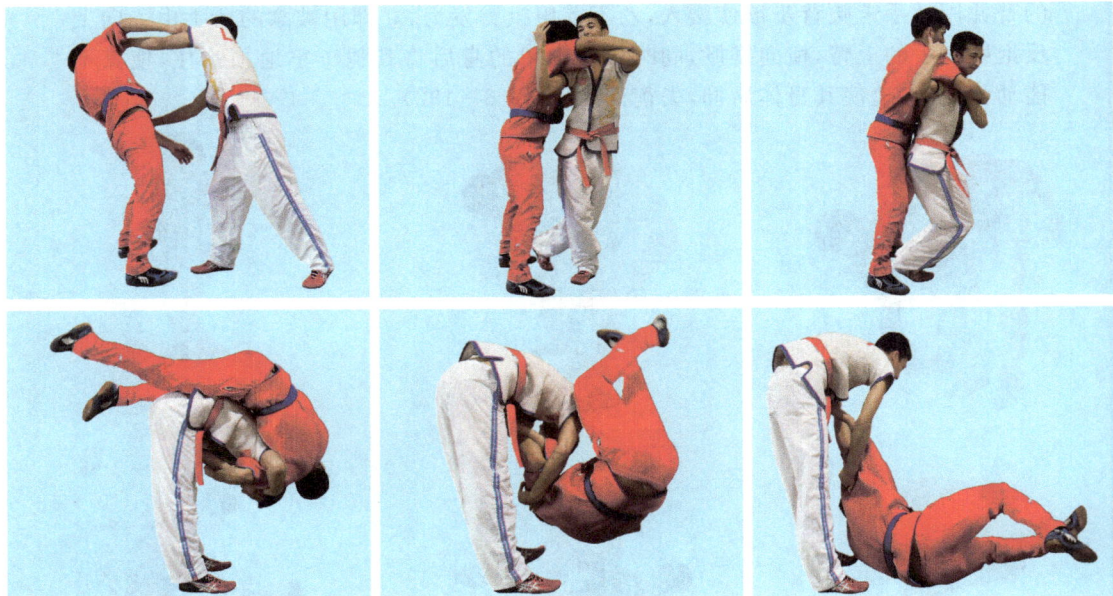

图 6-133　小袖单臂揣(进攻技术)动作示意图

图 6-134　小袖单臂揣(反攻技术扣腿撕裆)动作示意图

2. 反挂门揣绊(进攻技术)

预备姿势:双方跤架采用顺架摔。甲右架,乙右架,双方把位采用甲抓反挂门散一手,乙扶臂散一手。

　　动作应用:实战中,甲用底手反抓直门,活手积极地封控乙抢把的底手,当乙解脱上体前倾抢手时,甲乘机底腿背步,活腿拧钻转体,同时捧臂塞肩于乙的腋下,紧接着向前俯腰低头、崩腿拉擦,用臀部大力撞击乙的腹部,迫使其双脚离地,底手配合向体前紧袖,并用活手反掌扶托乙的大腿部位向上大力反豁,使乙头下脚上、身体衡而摔倒(图6－135)。

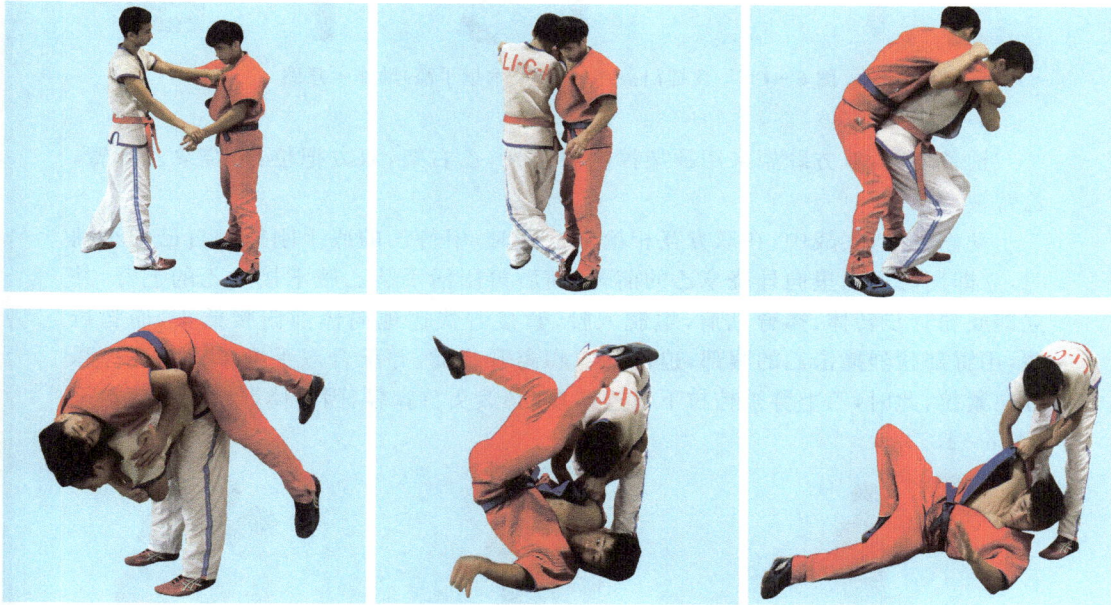

图6－135　反挂门揣绊(进攻技术)动作示意图

　　反攻方法:反挂门揣的反攻一般采用里手豁技术进行反攻实战中,当甲反挂乙直门背步转体,钻肩躬身使揣攻时,乙立即用底手推甲背部上体,使整个身体偏离甲的臀背,然后屈膝下蹲,重心下降,并用底手的手背由里面向上大力扬豁甲的小腿部位,活手配合向体前紧带甲的小袖,使甲进攻被化解,身体失衡而摔倒(图6－136)。

图 6-136　反挂门揣绊（反攻技术里手豁）动作示意图

3. 拿臂揣绊（进攻技术）

预备姿势：双方跤架采用顶架摔。甲左架，乙右架，双方把位：甲绕拿乙单臂，乙臂被拿控。

动作应用：实战中，在双方互相抢夺把位时，甲待乙的底手刚抓触自己的小袖时，立即用底手由里向外绕拿乙的前臂，随后再用活手从乙腋下接拿乙的上臂，并立即底腿背步转体，捧臂钻肩，填髋入腰，紧接着快速地向体前俯腰低头，崩腿拉擦，用臀部猛烈撞击乙的腹部，迫使其双脚离开地面，并配合双手抱单臂向支撑腿方向紧拉，此时，乙上臂被控拉下体遭揣攻，必然头重脚轻，因身体严重失衡而摔倒（图 6-137）。

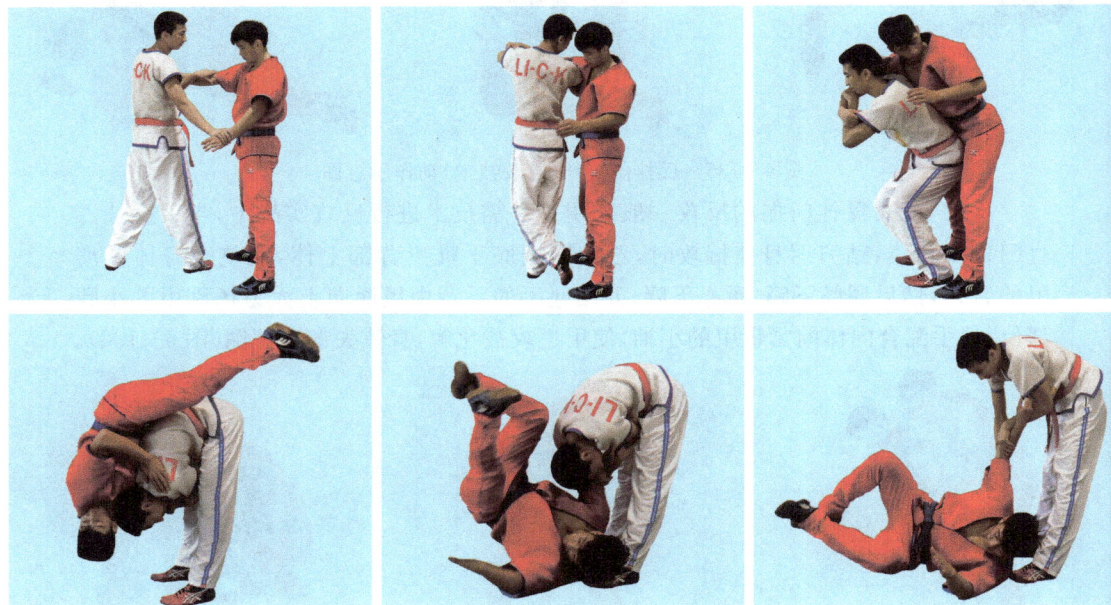

图 6-137　拿臂揣绊（进攻技术）动作示意图

反攻方法：拿臂揣绊的反攻一般采用抱脖子踢技术进行反攻实战中，当甲绕拿乙臂背步转体、钻肩欲使揣攻时，乙待甲刚转体欲拱臂发力时，立即用活手裹夹甲的脖子，并用活腿由后面兜踢甲活腿踝关节处，配合双手向其身后掰其脖子和拉其钻肩的上臂，迫使甲身体后仰、身体失衡而摔倒（图6-138）。

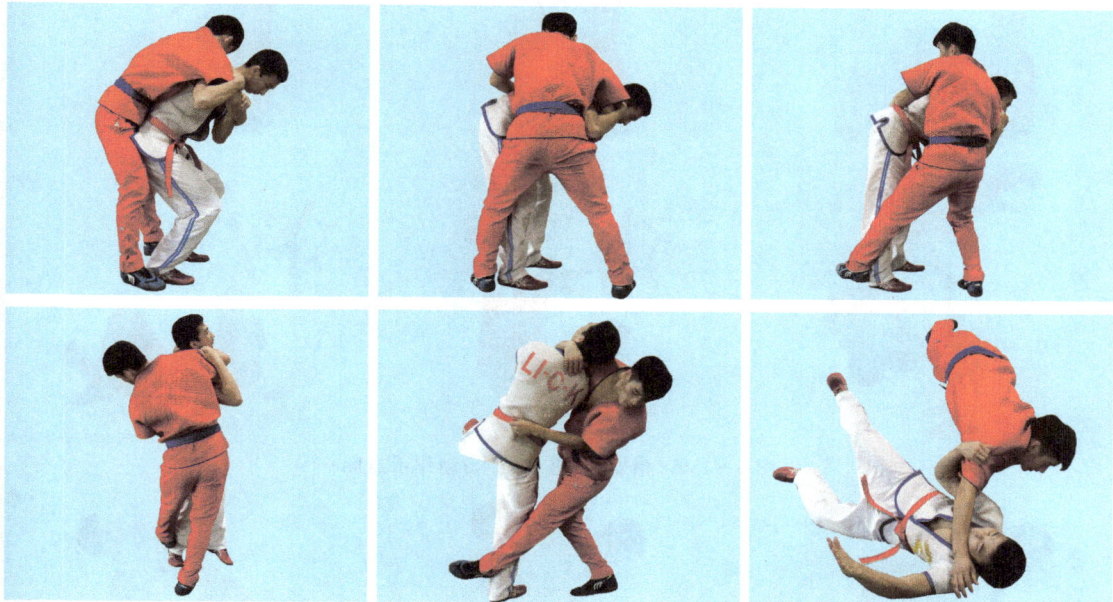

图6-138　拿臂揣绊（反攻技术抱脖子踢）动作示意图

4. 借臂揣（进攻技术）

预备姿势：双方跤架采用顺架摔。甲右架，乙右架，双方把位采用甲抓乙单臂，乙被甲控单臂。

动作应用：实战中，乙抢先抓握甲的大领，甲乘机用底手由下向上反抠紧乙抓领的手臂，同时背底腿转体，钻肩填腰，并用活手从其腋下反抱乙的上臂，紧接着向体前俯腰低头，崩腿拉擦，用臀部猛烈地撞击乙的腹部，迫使其双脚离开地面，配合抱臂的双手向支撑腿方向紧拽其臂，此时的乙上臂被甲控拉，腹部遭揣攻，必头下脚上，因身体失衡而摔倒（图6-139）。

反攻方法：借臂揣绊的反攻一般采用顶腿后掰技术进行反攻，实战中，乙抓大领的手被甲抓控，当甲转体填腰使揣攻时，乙不等其躬身崩腿发全力，立即用被借拿的活手环抱其脖子向后掰勒，同时用活腿膝关节在身后顶其膝窝处，底手配合推其后背，迫使甲身体后仰而摔倒（图6-140）。

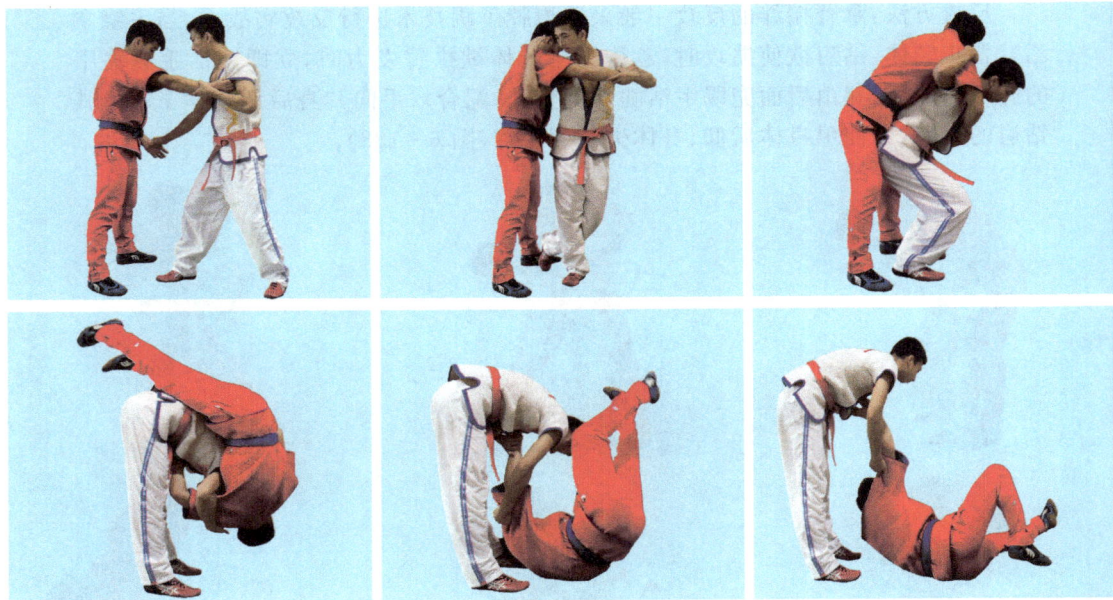

图 6-139　借臂揣(进攻技术)动作示意图

图 6-140　借臂揣(反攻技术顶腿后掰)动作示意图

5. 背步披袖绊(进攻技术)

预备姿势:双方跤架采用顶架摔。甲左架,乙右架,双方把位采用甲抓小袖偏门,乙抓小袖扶臂。

动作应用:甲抢先抓乙小袖偏门把位,双臂横向圆拉走跤步。待乙被捅拉欺身前移时,甲突然背步转体,捧袖钻肩,将臀、腰贴在乙的腹部,随之向前俯腰低头,拱臀崩腿,双手配合向体前紧拽乙的小袖偏门,使乙上体被控拉,下体遭披袖攻击,因身体严重失衡而摔倒(图6-141)。

图6-141 背步披袖绊(进攻技术)动作示意图

反攻方法:背步披袖绊反攻一般采用里手嚻技术进行反攻,当甲抓小袖偏门背步转体、钻肩披袖攻击时,乙上体迅速外移偏离甲的臀、背,同时屈膝重心下降,并用活手插入甲的裆中,用手背由下向上嚻撩甲活腿小腿内侧,底手配合向下方紧带其小袖,迫使甲头重脚轻而摔倒(图6-142)。

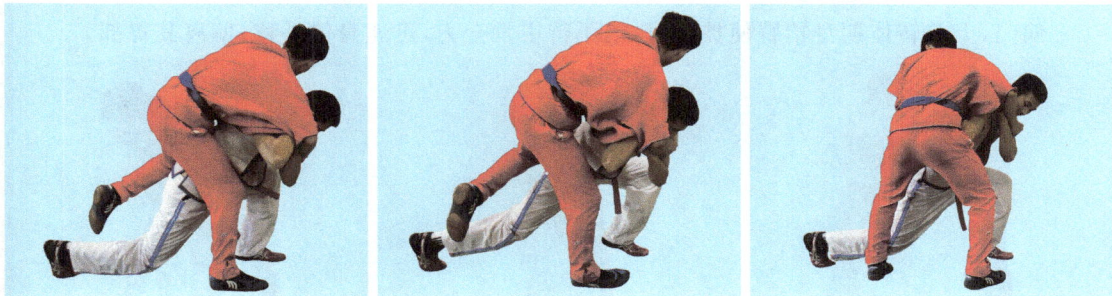

图6-142　背步披袖绊(反攻技术里手豁)动作示意图

6.上步披袖绊(进攻技术)

预备姿势:双方跤架采用顶架摔。甲左架,乙右架,双方把位采用甲抓小袖偏门,乙抓大领扶臂。

动作应用:实战中,甲抢先抓乙的小袖,活手封乙的活手,相持中甲突然向斜前方大力支捅乙的小袖。待乙犟劲身体前移欺身时,甲迅速回拉底手,活手立即改抓乙的偏门,同时活腿上步于乙的裆中,拧钻转体,屈膝跪蹲,捧袖钻肩,用臀、腰贴紧其胸、腹,紧接着拱臀崩腿,俯腰低头,双手配合向乙支撑腿前大力紧拽小袖偏门,使乙头下脚上摔倒在地(图6-143)。

反攻方法:上步披袖绊的反攻一般采用扣腿撕裆技术进行反攻,当甲抓乙小袖偏门,上前转体躬身抬臀使披袖时,乙不待甲发全力,迅速身体外移,偏离其臀部。

图 6－143　上步拉摔（进攻技术）动作示意图

同时俯腰屈腿降低重心，并用底手从裆中由下向上搬扣甲的大腿，底手配合紧拽甲的大领，使甲的进攻被化解而摔倒（图 6－144）。

图 6－144　上步拉摔（反攻技术扣腿撕裆）动作示意图

第四节　手臂技术

在中国式摔跤繁多的技法当中，以手臂为主要作用形成的技术动作较少，其优点是：用法灵活、多变、巧妙；其弱点是：手臂动作较之腿、腰、臀等动作来说，力量较小，使用中容易被对手化解。

1. 里手豁（进攻技术）

预备姿势：双方跤架采用顶架摔。甲左架，乙右架，双方把位采用甲抓大领，乙抓小袖。

　　动作应用:实战中,甲活手先抓大领,底手抓其手腕,并大力向乙身后捅搡其肩领,乙必然欺身,甲乘机收回活手,同时底腿上步于甲的活腿前,屈膝下蹲,并用底手的手背从乙裆中向上撩其小腿内侧,迫使其被撩腿离开地面,活手配合向体前紧拽乙的大领,使乙头重脚轻,因身体失衡而摔倒(图6-145)。

图6-145　里手撩(进攻技术)动作示意图

　　反攻方法:里手撩的反攻一般采用上步扣腿技术进行反攻,实战中,当甲突然下蹲并用活手去撩乙的小腿内侧,乙不等其发全力,立即活腿上步于甲裆内,同时俯腰用底手去扣捞甲的活腿,上体欺身抱胸,体后仰,进攻被化解而摔倒(图6-146)。

图 6-146　里手豁(反攻技术上步扣腿)动作示意图

2. 外手豁(进攻技术)

预备姿势:双方跤架采用顶架摔,甲左架,乙右架,双方把位采用甲反挂直门,乙抓大领。

动作应用:实战中,甲底手抓握乙底手腕部,活手反挂其直门。对峙中,甲突然侧肩活手向怀里紧揪直门,使乙误以为使崴,待乙上步抢髋时,甲突然屈腿下蹲,并乘机用底手的手背由乙抢髋腿的外侧大力向上豁撩其膝窝,活手配合向支撑腿前沉拉其直门,使乙头下脚上、身体严重失衡而摔倒(图 6-147)。

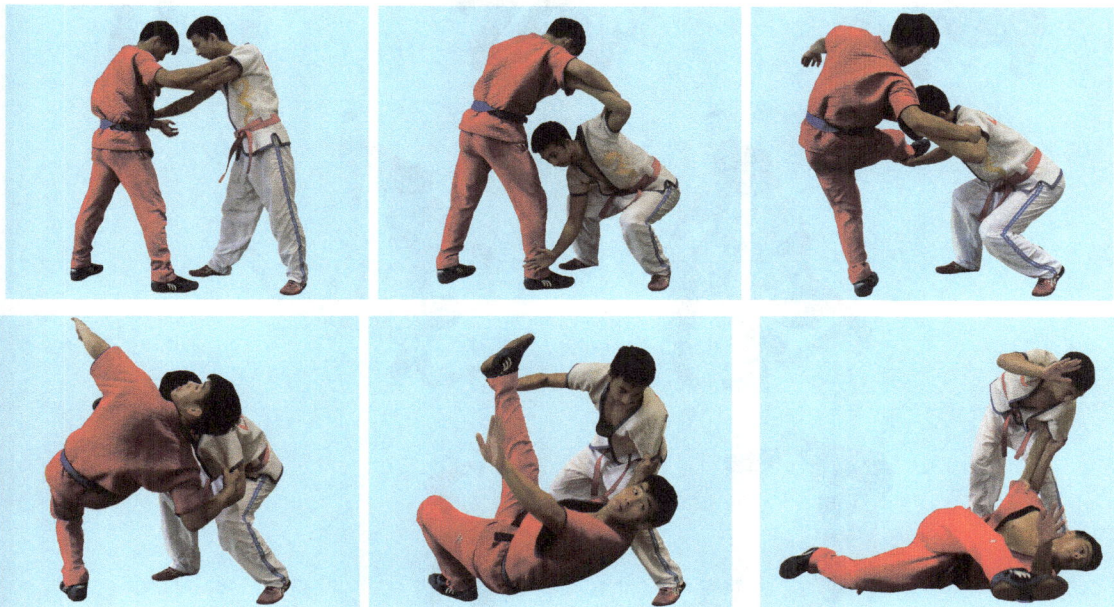

图 6-147　外手豁(进攻技术)动作示意图

反攻方法:外手豁的反攻一般采用反手豁技术进行反攻,实战中,当甲使用外手豁时,乙待甲的手刚触及自己的被攻击腿不等其发力,立即抽腿脱逃至底腿后侧，屈膝调整重心和距离，并顺势用底手由甲裆中撩豁甲的小腿内侧，迫使其被攻击腿离开地面，活手配合大力地向支撑腿前揪拽甲的大领，使甲不仅进攻失败，还会被乙豁倒在地（图 6-148）。

图 6-148　外手豁（反攻技术反手豁）动作示意图

3. 串头托豁(进攻技术)

预备姿势:双方跤架采用顺架摔。甲右架,乙右架,双方把位采用甲抓大领,乙抓小袖大领。

动作应用:实战中,乙抓甲小袖大领,甲抓大领。对峙中,甲突然用底手由下向上托推乙抓领手的上臂,同时屈腿下蹲并晃头从乙被托推手的腋下钻出,上底腿并乘机用底手从乙裆内由下向上大力托豁乙小腿胫骨,活手配合向体前大力地揪拽其大领,使乙头重脚轻,因身体失衡而摔倒(图6-149)。

图6-149 串头托豁(进攻技术)动作示意图

反攻方法:串头托豁的反攻一般采用推头捂蹉技术进行反攻,实战中,当甲串头下蹲使用托豁攻击时,乙不等甲发全力,立即用活腿去蹉乙的底腿,同时用活手向蹉攻方向推乙刚串出的头,底手配合捅小袖,迫使其上体向一侧倾斜,活腿乘机向上粘蹉,迫使甲被攻击腿离开地面而摔倒在地(图6-150)。

图6-150 串头托豁(反攻技术推头捂蹉)动作示意图

4. 串头扣腿(进攻技术)

预备姿势:双方跤架采用顺架摔。甲右架,乙右架,双方把位采用甲抓小袖大领,乙抓大领小袖。

动作应用:实战中,甲、乙双方各抓合适把位相互对峙,甲突然用底手由下向上推托乙抓领手的上臂,并屈膝下蹲晃头从其腋下钻出,同时底腿上前欺身,用底手由下向上搬提乙活腿的膝关节处,迫使其腿离开地面,活手配合向体前紧拽乙的大领,活腿撤步使其头下脚上,因身体失衡而摔倒(图6-151)。

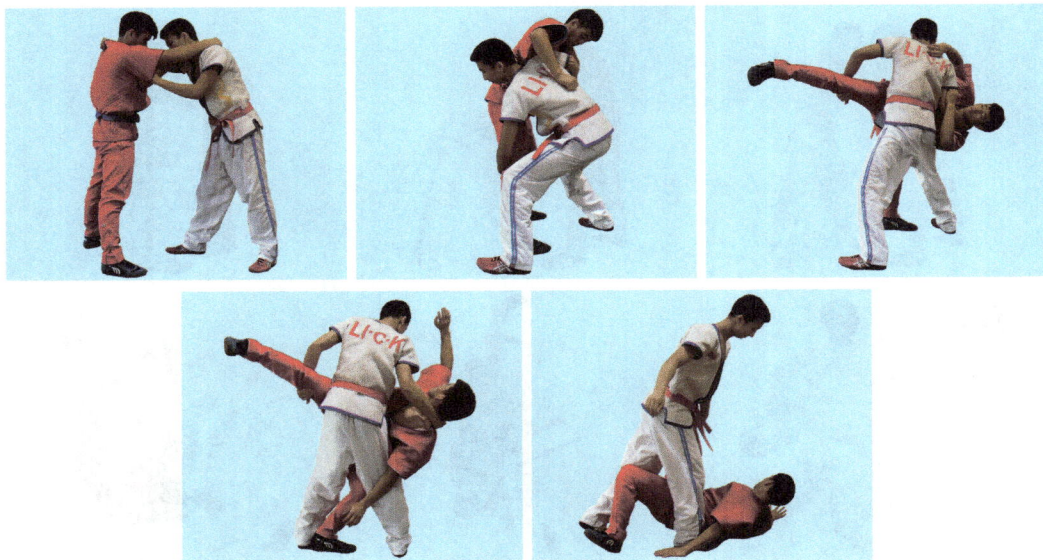

图6-151 串头扣腿(进攻技术)动作示意图

反攻方法:串头撕裆的反攻一般采用反夹脖别子技术进行反攻,实战中,当甲串头扳扣乙腿做撕裆攻击时,乙不等甲发全力,立即用活手将甲串出的头反手牢牢地夹住,然后用被攻的活腿外展去挂别甲的活腿,同时转体躬身背脸起腿横别。底手配合紧带,小袖活手向体前裹夹甲的脖子,此时不但化解了甲的进攻,还势必将甲仰面摔倒在地(图6-152)。

图 6－152　串头撕裆（反攻技术夹脖别子）动作示意图

5. 反挂直门里掏腿（进攻动作）

预备姿势：双方跤架采用顶架摔。甲左架，乙右架，双方把位采用甲反挂直门，乙抓大领散一手。

动作应用：实战中，双方在抢手过程中，甲用活手反抓乙的直门（反挂门）向下沉拉，使乙被抓直门一侧上体向被沉拉方向倾斜，甲可乘机上活腿至乙活腿后侧，并俯腰用活手掏扣乙小腿内侧并上提，迫使其腿离开地面，上体配合欺身，活手大力向其身后支捅乙的胸部，使乙仰面摔倒（图 6－153）。

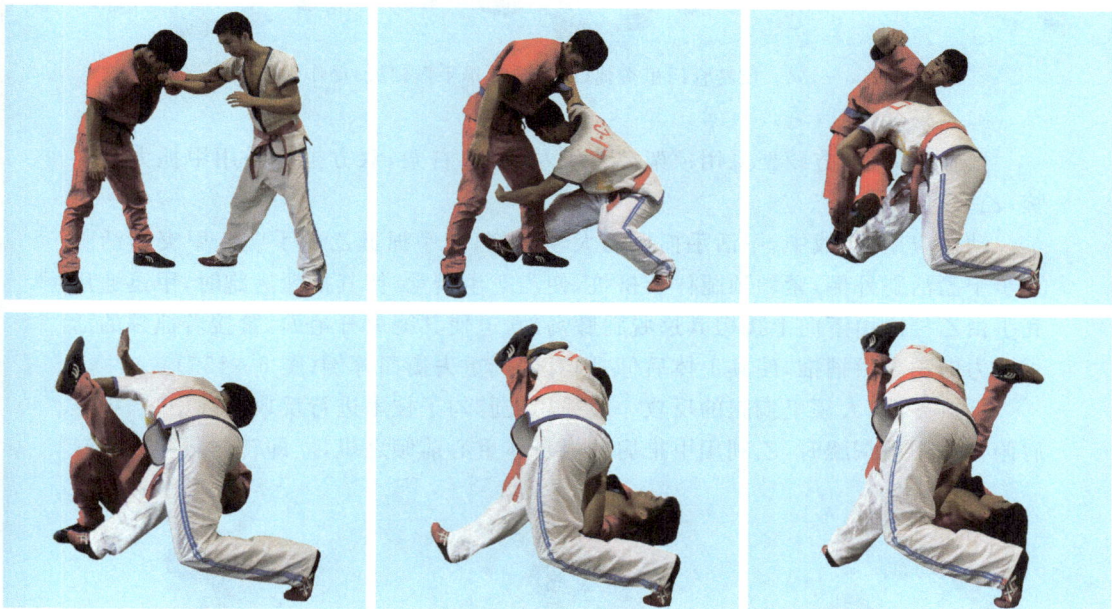

图 6－153　反挂直门里掏腿（进攻技术）动作示意图

反攻方法：反挂直门里掏腿的反攻一般采用单手揪领崴技术进行反攻，实战中，甲沉肩紧直门上前使用里掏腿，乙待甲俯腰掏腿重心前倾时，立即活腿拧钻，转体崩腿，长腰背脸，活手抓领向支撑腿方向揪拉，使崴进行反攻。甲进攻中遭乙突然变向反攻,必猝不及防而被乙摔倒在地(图6-154)。

图6-154 反挂直门里掏腿(反攻技术单手揪领崴)动作示意图

6. 大领里掏腿(进攻技术)

预备姿势:双方跤架采用顶架摔。甲左架,乙右架,双方把位采用甲抓大领手腕,乙抓直门。

动作应用:实战中,甲活手抓握乙大领部位,底手抓握乙的手腕。甲突然活腿上步于乙活腿外侧,紧领顶腿佯装挤桩,使乙产生错觉,待其抽腿逃跑时,甲迅速用底手由乙裆内由下向上掏搬其逃脱腿膝窝处,迫使其腿离开地面,紧接着抓领的活手大力向乙身后捅推,使其上体后仰,因身体严重失衡而摔倒(图6-155)。

反攻方法:大领里掏腿的反攻一般采用夹脖勾子技术进行反攻实战中,当甲推肩俯身使用里掏腿时,乙利用甲推肩欺身身体重心前倾之机,立即转体,用被掏腿

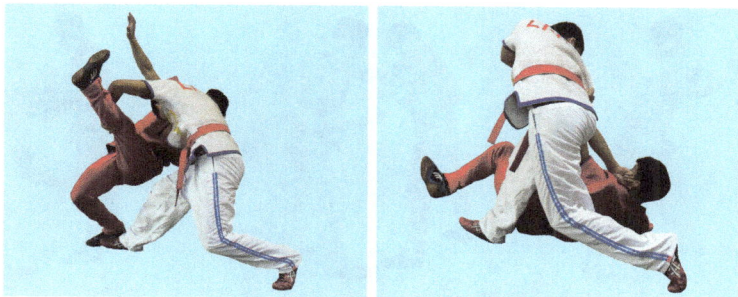

图 6-155　大领里掏腿(进攻技术)动作示意图

插入甲裆内,同时活手由扶臂改夹脖子,俯腰低头,起腿使勾子反攻甲,底手配合向支撑腿方向紧拽其小袖,此时甲突然遭乙变向反攻,必然会头下脚上摔倒在地(图6-156)。

图 6-156　大领里掏腿(反攻技术夹脖勾子)动作示意图

7. 散手外扣腿(进攻技术)

预备姿势:双方跤架采用顶架摔。双方把位采用甲推肩,乙散手。

动作应用:实战中,双方在极力地争抢有利把位,甲乘乙注意力在袖领间抢抓时,突然欺身活腿上大步于乙裆中,同时俯腰用底手去扣搬乙活腿膝关节处,并将其腿扣搬离地,活手配合大力向乙身后推搠其肩,造成其上体后仰,因身体严重失衡而摔倒(图6-157)。

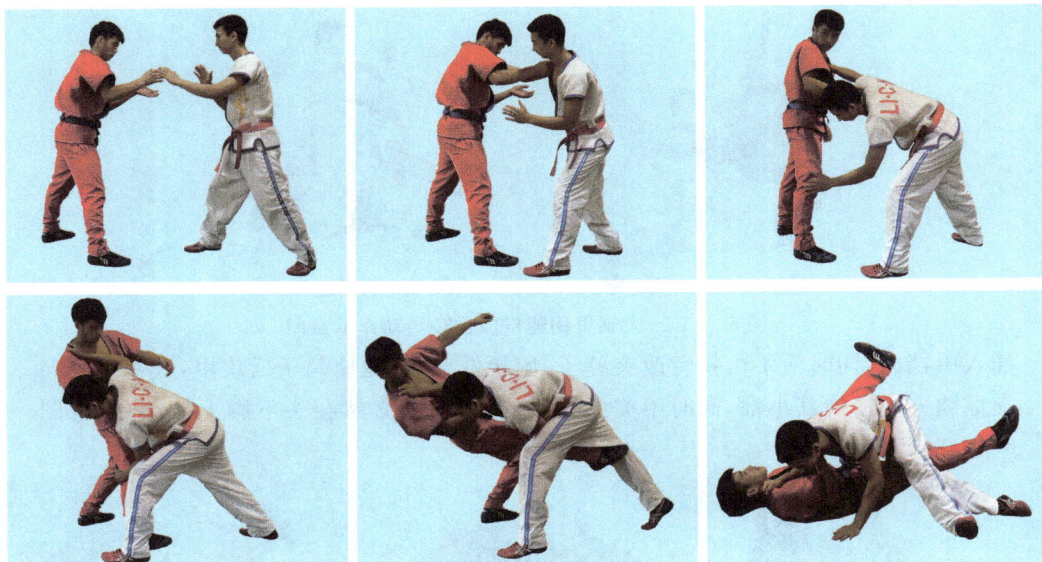

图 6－157　散手外扣腿（进攻技术）动作示意图

　　反攻方法：散手外扣腿的反攻一般采用拧侵技术进行反攻，实战抢手过程中，甲突然上大步欺身使用外扣腿进攻时，乙待甲攻击手刚触及自己的腿部、身体前倾之机，立即后撤被攻击腿，底手抓袖活手抓领，双手合力向撤步空当处拧侵，甲遭乙拧侵反攻，不但扣腿劲力被乙化解，还会被乙大力拧侵摔扑在地（图 6－158）。

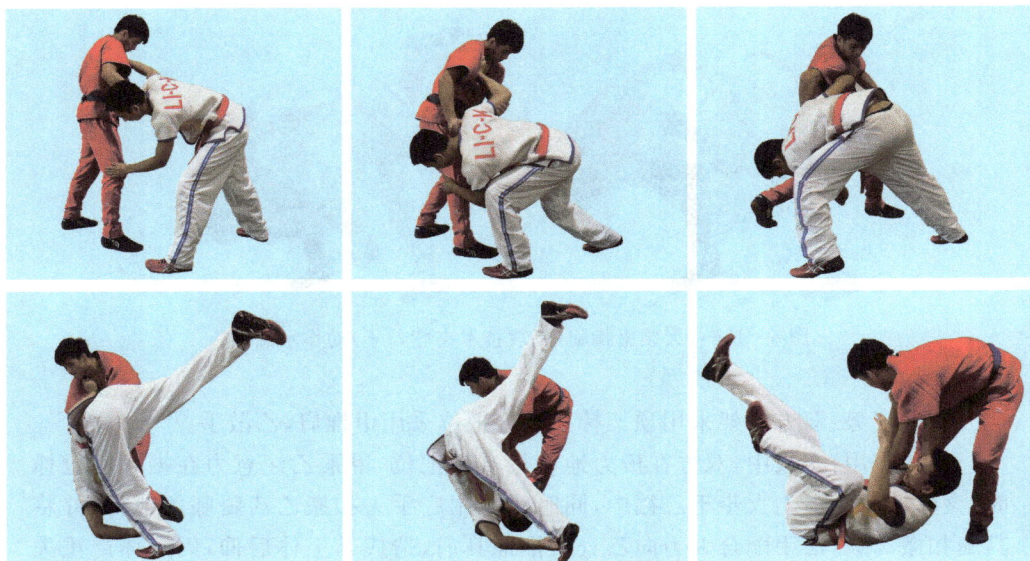

图 6－158　散手外扣腿（反攻技术拧侵）动作示意图

8.倒臂外扣腿(进攻技术)

预备姿势：双方跤架采用顺架摔。甲右架，乙右架，双方把位采用甲拿臂，乙散手被拿。

动作应用：实战中，甲、乙双方互相抢抓有利把位，甲待乙底手刚触及袖口时，立即用活手由里向外绕拿住乙的前臂，底手及时从其腋下接拿乙的上臂，紧接着甲用腾出的活手迅速地去扣搬乙底腿的膝窝处，底手向后支捅其被拿手臂，迫使乙被扣腿离开地面，上体后仰而摔倒(图6-159)。

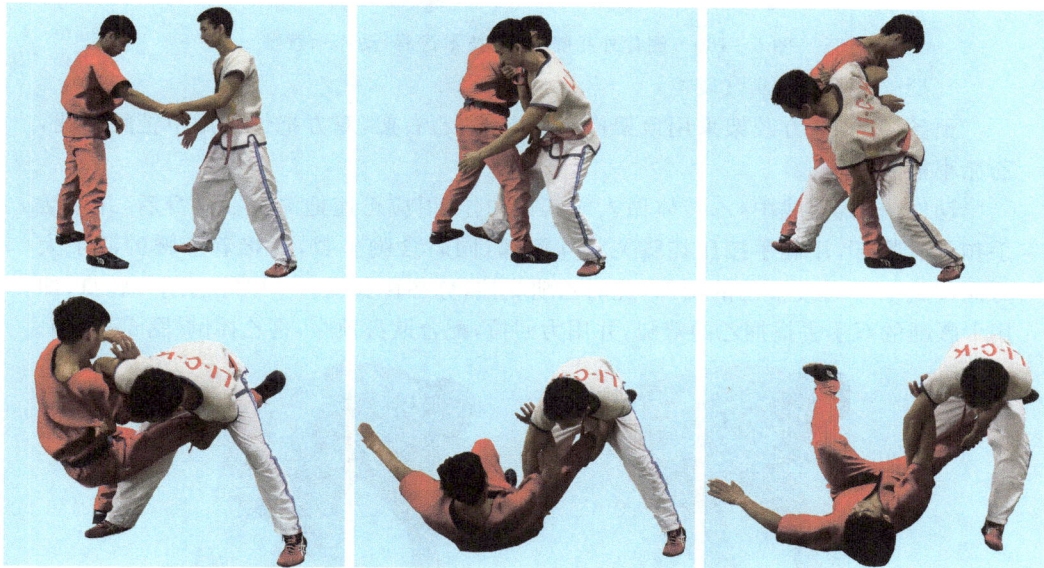

图6-159 倒臂外扣腿(进攻技术)动作示意图

反攻方法：倒臂外扣腿的反攻一般采用搀踢技术进行反攻实战中，当甲接拿乙臂上步俯腰使用外扣腿攻击时，乙等甲攻击手刚触及自己的腿，不等其发力，立即用被倒拿臂反搀其腋下，同时抬起被扣搬迅速拦踢甲的活腿，此时甲攻击中正好身体重心前倾，突然遭到乙借力拦踢，必然猝不及防而被乙反攻动作摔倒在地(图6-160)。

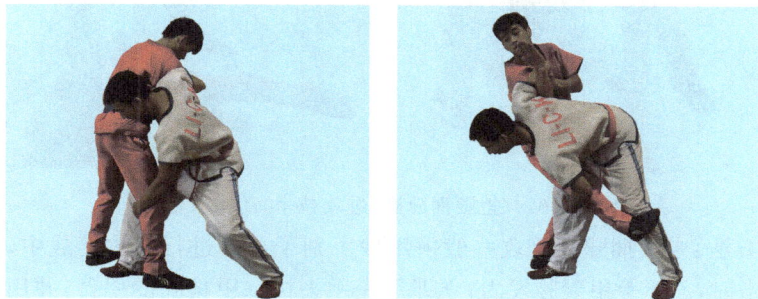

图 6-160 倒臂外扣腿(反攻技术搅踢)动作示意图

9.把腰捆腿磨(进攻技术)

预备姿势:双方跤架采用顶架摔。甲左架,乙右架,双方把位采用甲把腰捆腿,乙抓小袖夹脖子。

动作应用:实战中,乙转体做人或其他动作,甲应迅速地滞留在其身后,并用活手扣卡其腰部,用底手按压在膝关节外侧部,同时含胸坐臀,紧接着卡腰的活手大力向按腿的方向轰推乙的腰部,此时乙腿受控,势必转身脱逃。甲等乙刚一转身,即用卡腰腿的双手去拢捆乙的双腿,并用力回拉,配合欺身顶腹,将乙摔倒(图6-161)。

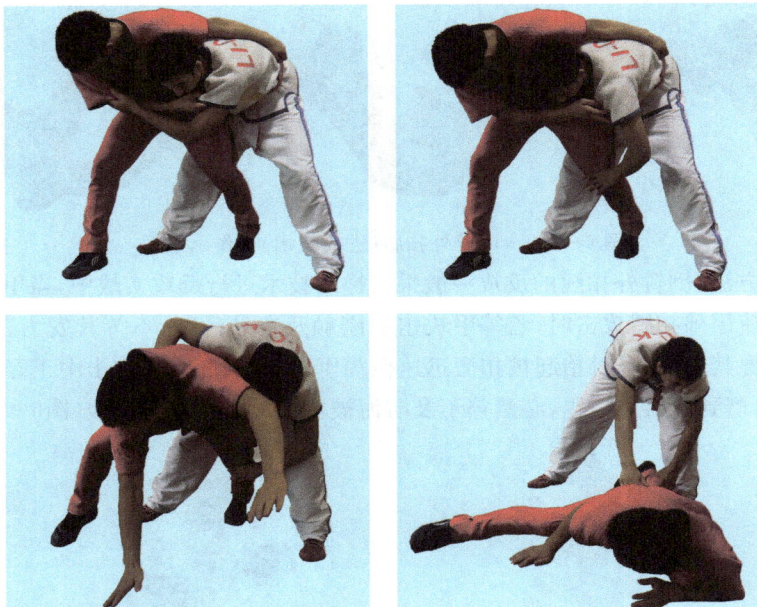

图 6-161 把腰捆腿磨(进攻技术)动作示意图

反攻方法:卡腰捆腿的反攻一般采用抄手别子技术进行反攻实战中,当甲卡腰捆腿欲攻击时,乙不等甲轰腰发力,立即用底手去抄拿甲摁腿的手臂,并用活腿划步于甲的身后横向崩蹬,使用别子反攻,同时活手夹脖,迫使乙失衡而摔倒(图6-162)。

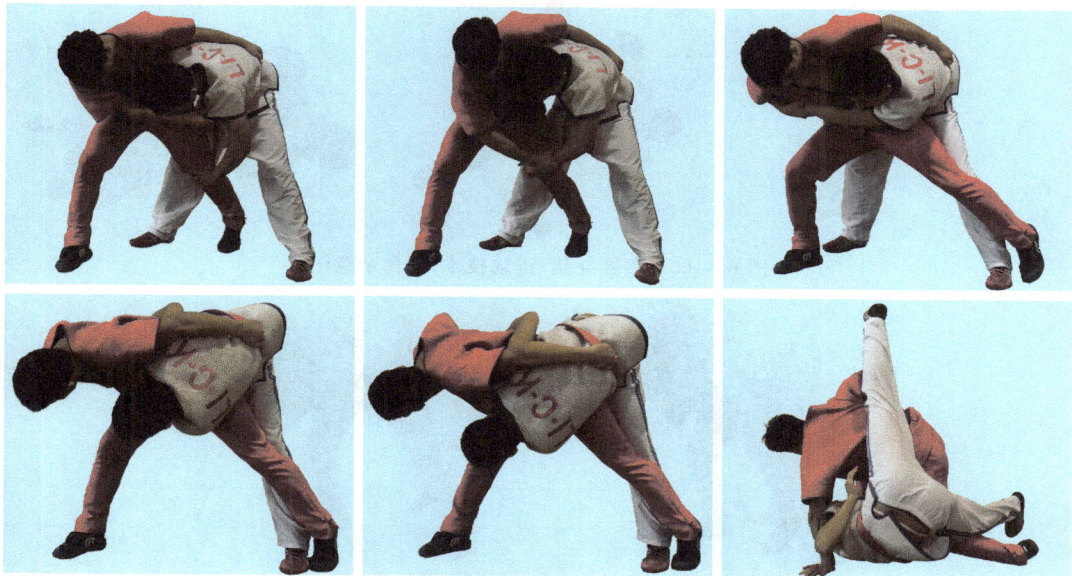

图6-162　把腰捆腿磨(反攻技术抄手别子)动作示意图

10.轰腰托腿(进攻技术)

预备姿势:双方跤架采用顺架摔。甲右架,乙右架,双方把位采用甲扒腰卡腿,乙抓小袖后带。

动作应用:实战中,乙抓好把位转体使腰人,甲马上坐腰降低重心,用底手迅速扣扒其腰部,含胸贴其背上,活手卡摁在乙活腿的膝关节处,紧接着活腿向后撤步,底手大力向卡腿方向轰推其腰部,迫使其上体前移活手扣后带向支撑腿方向揪拉其身体,致使甲被乙反攻动作头下脚上摔倒在地(图6-163)。

反攻方法:轰腰托腿的反攻一般采用抄手勾子技术进行反攻,实战中,甲轰腰托腿欲攻击乙时,乙不等甲全身发力,立刻用底手由下向上抄拿甲托腿的活手,同时将活手插入甲裆部,俯腰低头,崩支撑腿,迫使甲双脚离开地面,紧接着底手紧带其手臂,活手扣后带向支撑腿方向揪拉其身体,致使甲头下脚上摔倒在地(图6-164)。

图 6-163　轰腰托腿(进攻技术)动作示意图

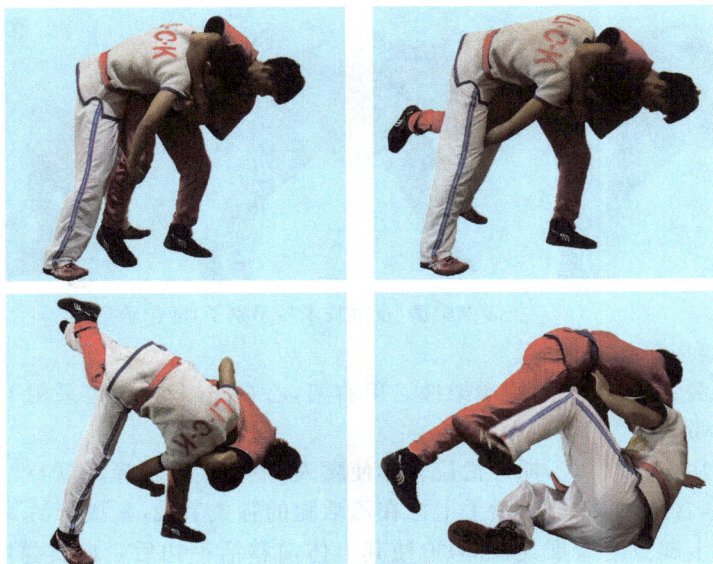

图 6-164　轰腰托腿(反攻技术抄手勾子)动作示意图

11.小袖偏门弹拧(进攻技术)

预备姿势:双方跤架采用顶架摔。甲左架,乙右架,双方把位采用甲抓小袖偏门,乙抓小袖大领。

动作应用:实战中,双方互抓把位在对峙过程中,甲双手突然横向圆拉将乙上体往自己右肩侧紧勒,乙误以为甲要使撮或踢攻,必然会向其底腿方向夺其肩袖,导致身体向一侧倾斜,甲可乘机底腿撤步,并用活腿脚外侧用力弹击乙踝关节内侧,同时双手向乙身体倾斜方向大力地拧涮,此时乙突然遭到甲相反方向的拧涮,身体严重失衡,势必会被甲头下脚上拧翻在地(图6-165)。

反攻方法:小袖偏门弹拧的反攻一般采用脑切技术进行反攻,实战中,当甲抓小袖偏门双手合力向体前使弹拧时,乙乘其向前倾身时,立即用活腿划步切于甲的底腿后面,同时活手将甲连肩带头裹夹在自己的腋下,并实施大力的裹压,迫使其身体后仰,此时攻击中的甲突然遭到乙顺势的裹切,必猝不及防被乙迎面摔倒(图6-166)。

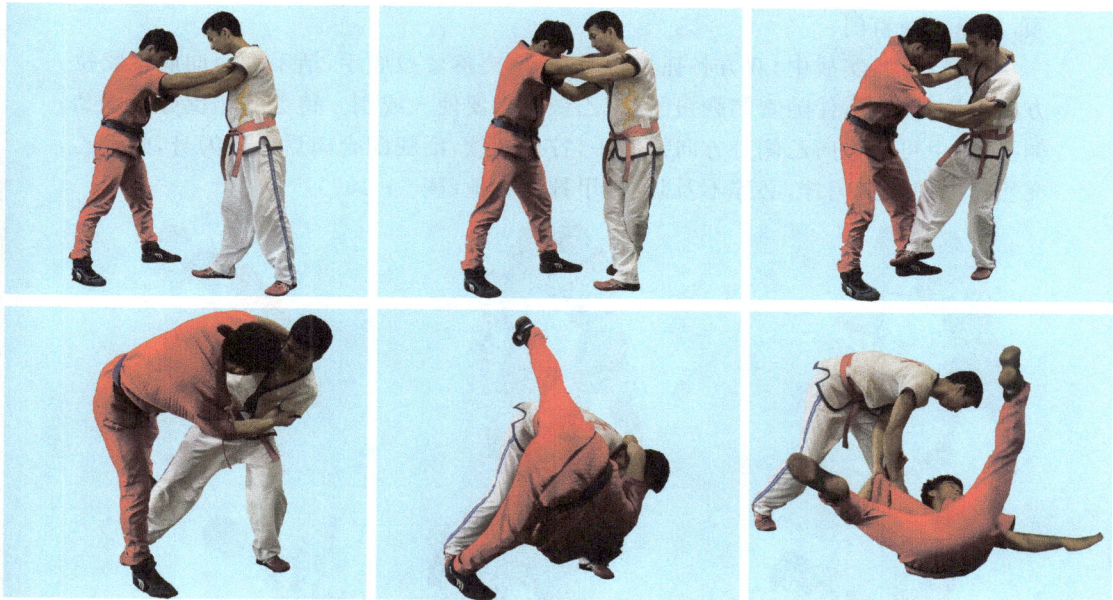

图6-165 小袖偏门弹拧(进攻技术)动作示意图

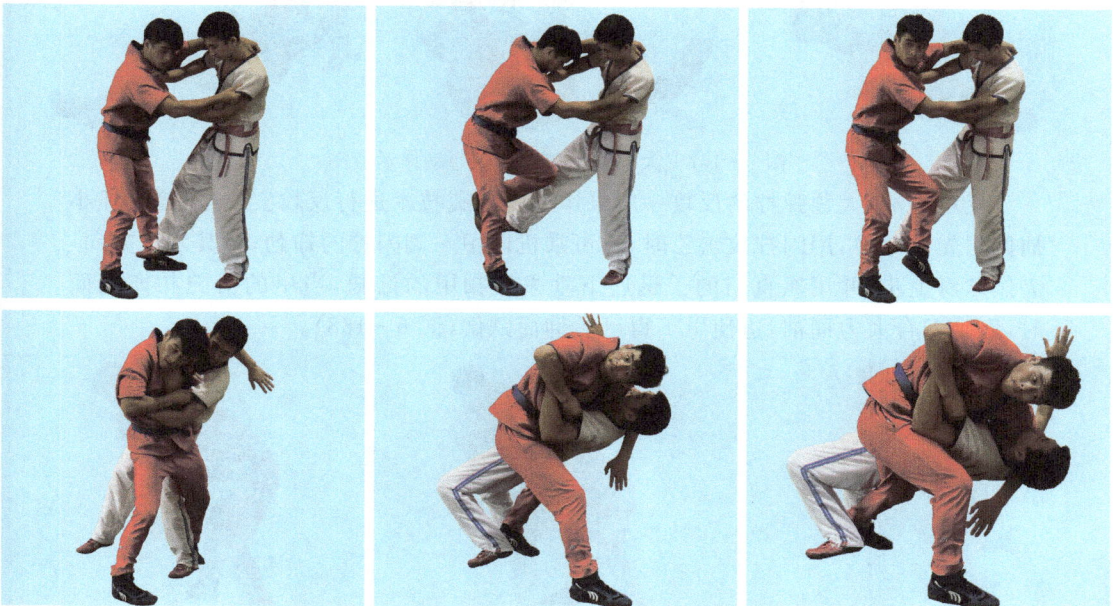

图6-166 小袖偏门弹拧(反攻技术脑切)动作示意图

12. 大领弹拧（进攻技术）

预备姿势：双方跤架采用顶架摔。甲左架，乙右架，双方把位采用甲抓小袖大领，乙抓小袖直门。

动作应用：实战中，双方各抓把位对峙，甲突然紧拉底手，活手大力向底手紧拉方向摁压其肩部，伴随着侧胸扭髋，使乙误以为要使人或别。待乙向相反方向犟劲侧身时，甲可乘机向乙侧身方向捅底手，拧拉大领，活腿配合向后撤步闪身，此时乙突然遭到甲借劲闪拧，必猝不及防，被甲拧翻在地（图6-167）。

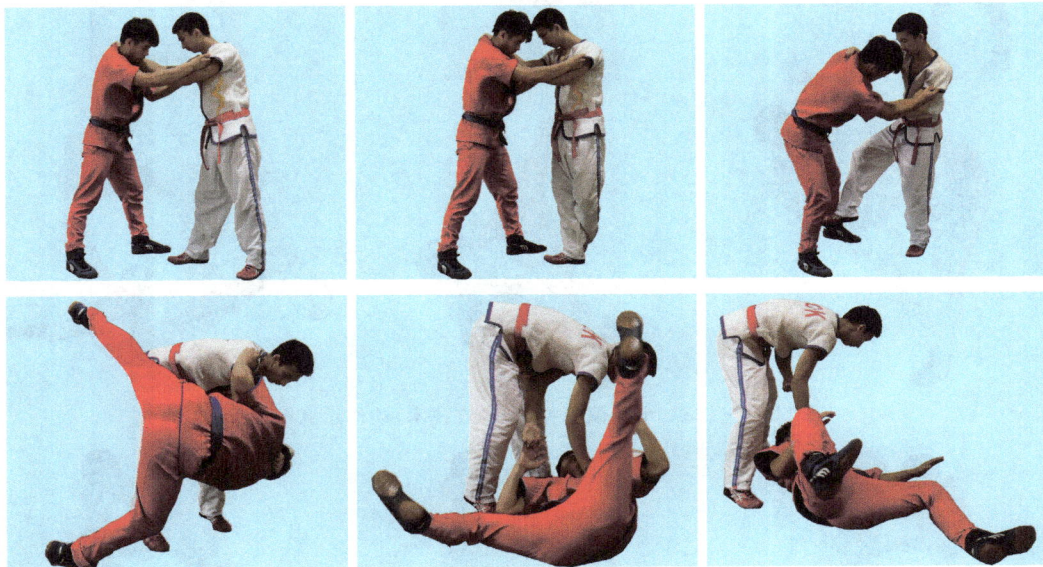

图6-167　大领弹拧（进攻技术）动作示意图

反攻方法：大领弹拧的反攻一般采用欺身扣腿技术进行反攻实战中，当甲抓小袖偏门先摁后挣，用闪拧攻击乙时，乙可乘机向甲一侧闪拧的挣劲，顺其发力方向，突然欺身上步，并用抓直门的手迅速下垂去搬扣甲的活腿，当甲的活腿扣离地面时，底手配合大力捅袖，迫使甲不得已后仰而跌倒（图6-168）。

图 6－168　从领弹拧（反攻技术划步扣腿）动作示意图

13. 手别（进攻技术）

预备姿势：双方跤架采用顺架摔，甲右架，乙右架，双方把位采用甲抓小袖，乙抓大领扶臂。

动作应用：实战中，甲抢先抓到底手并用活手抓握乙的底手，待乙脱手欺身抢抓把位时，甲可乘机用活手由乙的活手腋下去按别乙活腿膝关节外侧部位，紧接着底腿撤步，长腰背脸配合底手向体前拽拉，活手大力地别膝，此时乙上体受到控拉，腿部受到别攻，势必因重心失控而被摔倒（图 6－169）。

图 6－169　手别（进攻技术）动作示意图

反攻方法：手别的反攻一般采用手豁技术进行反攻实战中，当甲抓底手背步使用手别攻击乙时，乙等甲的攻击手刚触及自己的被攻击腿时，不待甲发全力立即屈膝降低重心,并用底手从甲裆内由下向上挑豁其小腿内侧,活手配合向体前紧拉甲小袖或大领,此时攻击中的甲突然遭到乙顺势做手豁反攻,势必头下脚上被乙摔倒(图6-170)。

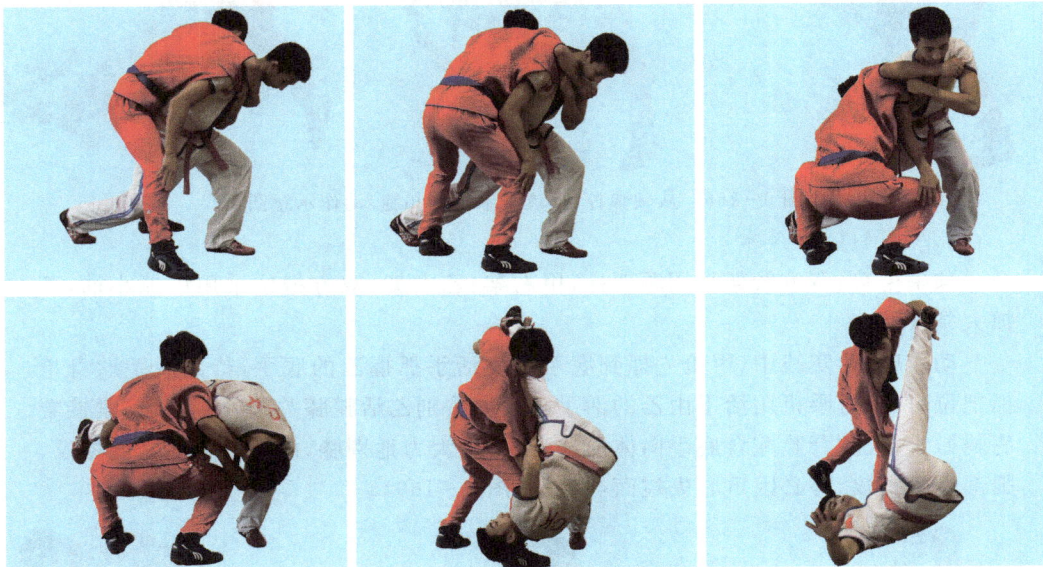

图6-170　手别(反攻技术手豁)动作示意图

14. 小袖偏门侵拉(进攻技术)

预备姿势:双方跤架采用顺架摔。甲右架,乙右架。双方把位采用甲抓小袖偏门,乙抓大领散一手。

动作应用:实战中,甲抢抓小袖做底手,活手抓住乙的一手腕。待乙夺腕解脱时,甲突然体前横向推捅,随之回拉时活手顺势抓握其偏门,以自己为圆心走跤步双手合力横向圆拉乙,并用活手肘部上控下管使乙不得随意抓上底手,此时的乙没有底手,身体又被甲扯动圆拉,必然降低重心欺身迎抗,甲可乘机活腿撤步闪身腾空,双手大力向下侵拉,此时的乙身体形成头重脚轻之势,被甲摔到在地(图6-171)。

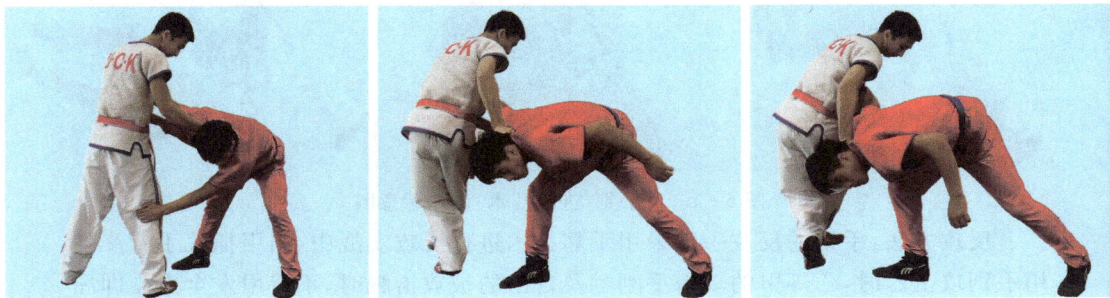

图 6-171　小袖偏门侵拉（进攻技术）动作示意图

反攻方法：小袖偏门侵拉的反攻一般采用上步捞腿技术进行反攻实战中，当甲双手合力横向圆拉欲使侵拉时，乙有意地随甲圆拉的方向移动，并注意屈膝降低自己的重心，当甲以为时机已到双手向下侵拉时，乙立即上步欺身，并用自己的活手迅速地去捞扣甲靠近自己腿的踝关节部位，并将其腿捞提起地面，活手配合向体前下方紧揪其大领，此时的甲形成头下脚上的局面，势必被乙的反攻动作所摔倒在地（图 6-172）。

图 6-172　小袖偏门侵拉（反攻技术上步捞腿技）动作示意图

15. 撤步侵拉攻（进攻技术）

预备姿势：双方跤架采用顶架摔。甲左架，乙右架，双方把位采用甲抓小袖大领，乙抓小袖后带。

　　动作应用:实战中,甲抓好把位突然大力向身后推捅乙,随之双手向回侵拉。乙不解甲的进攻意图,必然欺胸迎抗且降低重心。甲可乘机活腿做撤步,闪身腾空,双手配合大力地向下侵按乙的领和袖,此时的乙刚一欺身遭到甲的顺势侵拉,势必猝不及防而被甲侵拉仆倒在地(图6-173)。

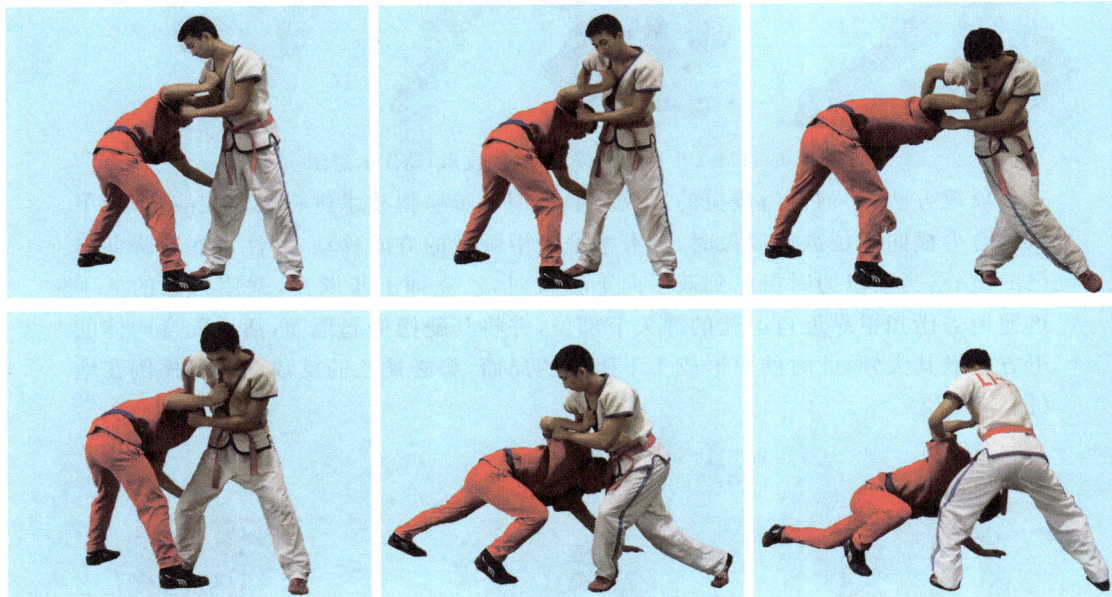

图6-173　撤步侵拉攻(进攻技术)动作示意图

　　反攻方法:撤步侵拉的反攻一般采用上步扣腿技术进行反攻实战中,当甲抓小袖大领使用撤步侵拉时,乙乘其身体重心后移之时,立即底腿上步,上体欺身迎抗,活手由外侧扣搬甲的膝关节窝处,并迫使被搬扣腿离开地面,底手配合大力向其身后捅领,此时甲突然遭到顺势反攻,势必猝不及防后仰摔倒(图6-174)。

图 6-174 撤步侵拉攻（反攻技术上步扣腿）动作示意图

16. 抱单腿枕（进攻技术）

预备姿势：双方跤架采用顺架摔。甲右架，乙右架。双方把位采用甲双手抱乙单腿，乙被动被甲抱。

动作应用：实战中，甲、乙在激烈的抢抓有利把位，甲突然俯腰上步，潜入抱住乙前伸的活腿，随之挺腰抬头，双手向上扛举，乙势必蹩劲排身坐腰降低重心，甲可乘机顺势向下抱压乙腿，并用右肩向下顶枕其大腿部位，同时底腿撤步腾出空当，双手配合向自己裆中摁拉乙的被攻击腿，迫使乙臀部着地后仰摔倒（图 6-175）。

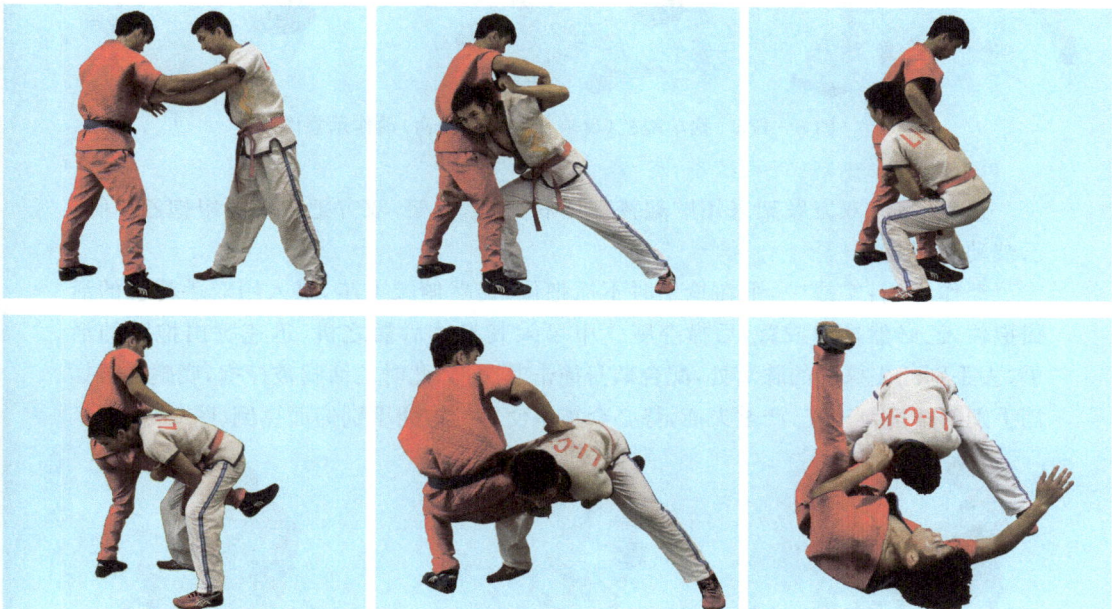

图 6-175 抱单腿枕（进攻技术）动作示意图

反攻方法：抱单腿枕的反攻一般采用摁头撮窝技术进行反攻，实战中，当甲抱单腿用肩枕攻击时，乙立即向下蹲腿不让被抱离地面，同时用底手摁甲的头部，活手揪压其后带,使其不能抬头直腰,甲必然犟劲抱腿抬头,乙可乘机用被抱腿上前撮管其底腿,同时双手配合向撮管方向捅送其头和腰部,迫使甲向底腿方向倾斜倒地(图6-176)。

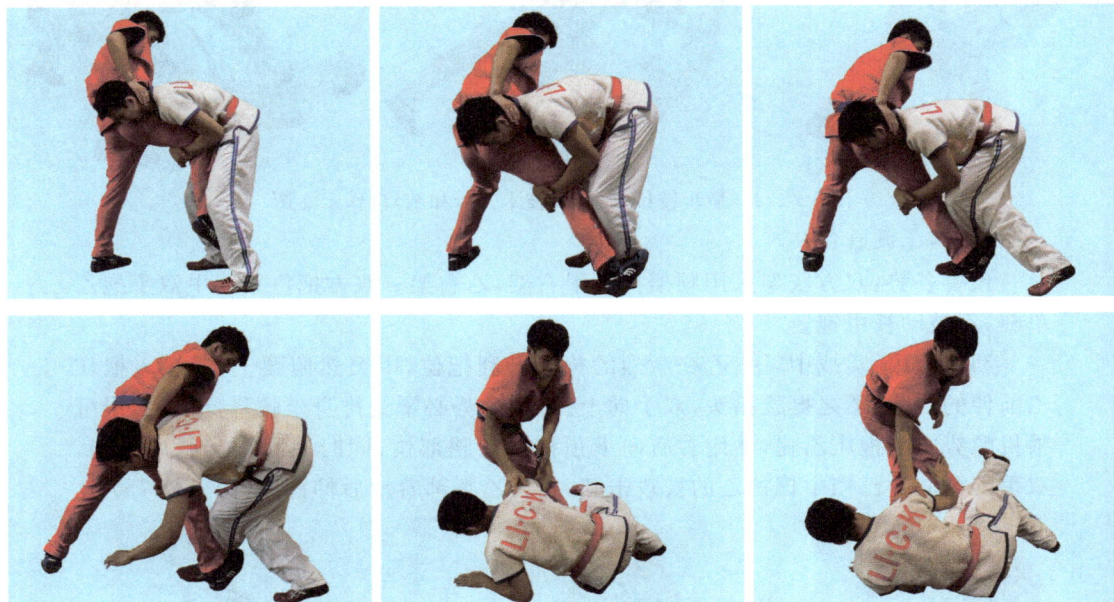

图6-176　抱单腿枕(反攻技术搋头撮窝)动作示意图

17. 抱单腿手别(进攻技术)

预备姿势:双方跤架采用顺架摔。甲右架,乙右架,双方把位采用甲抱乙单腿,乙被动被甲抱。

动作应用:实战中,甲在抢手时不抓把位,突然俯腰上步,潜入用双手将乙的活腿抱住,乙必然推肩或背,后撤夺腿。甲可乘其身体后撤之机,迅速腾出抱腿的活手,去手别乙支撑腿的膝窝处,配合欺身撞击其腹部,此时乙活腿被控抱,底腿又被插裆手别的攻击,身体已严重失衡,势必会被甲使用的抱腿手别仰面摔倒(图6-177)。

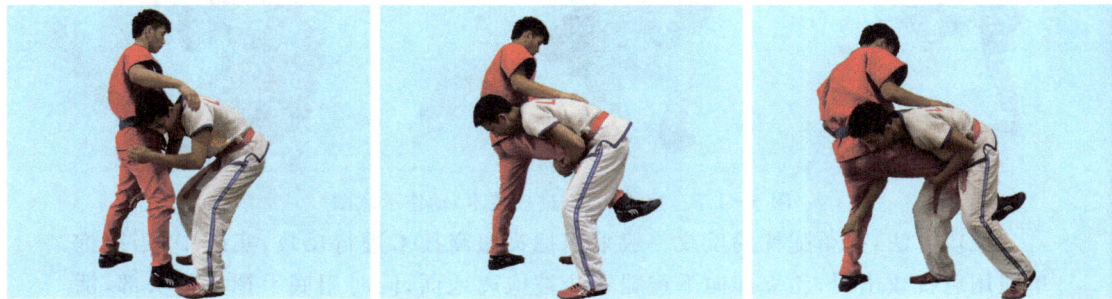

图6-177　抱单腿手别(进攻技术)动作示意图

反攻方法:抱单腿手别的反攻一般采用按头托腿技术进行反攻,实战中,当甲底手抱单腿、活手使用里手豁攻击时,乙不等其发全力,立即撤被攻击腿,同时俯身压在甲的背上,并用活手向下按压甲的头部,使其不能直腰发力,紧接着用底手由下向上去托豁甲的活腿,迫使其腿离开地面,配合卧步转体,使甲翻倒在地(图6-178)。

图6-178　抱单腿手别(反攻技术按头托腿)动作示意图

第五节　头肩技术

在中国跤术的技法当中,以头肩部位形成的技术动作也不多。主要取胜的方法有:穿腿扛、穿裆靠、扒腰鳖、抱双腿扛等。其优点是:以头肩攻击的技法力量大,容易成功。其缺点是：头肩动作多是顶、枕、挤、靠的上体动作，应用不够灵活。

1. 偏门穿腿摔(进攻技术)

预备姿势：双方跤架采用顺架摔甲右架，乙右架。双方把位：甲抓偏门，乙抓大领和小袖。

动作应用：实战中，甲可用活手胸前横向去抢抓乙的偏门，得手后双手交替倒把横向圆拉，配合走跤步。当把对手脚步拉乱时，甲突然俯身屈膝下降，并用活手穿腿入裆，同时晃头钻肩，将对手整个身体扛于肩上，紧接着侧身底手向下方紧拽其小袖，活手配合大力地向上托其臀部，使乙双脚离地被扛于肩上，身体完全失控，而被甲侧向摔倒(图6-179)。

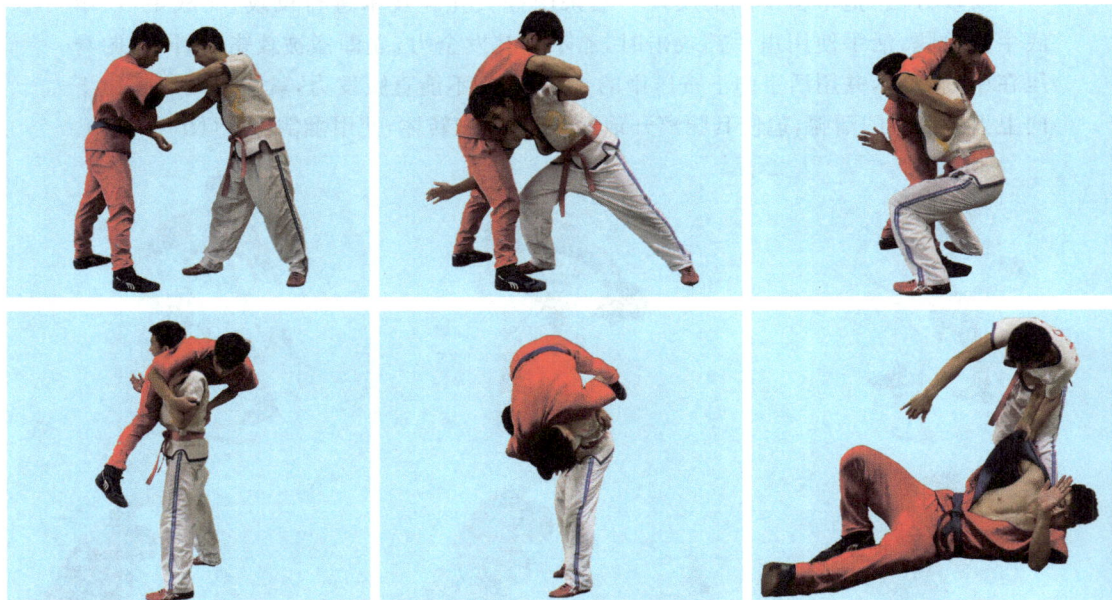

图6-179 偏门穿腿摔(进攻技术)动作示意图

反攻方法：偏门穿腿摔的反攻一般采用揪领侵拉技术进行反攻，实战中，当甲抓偏门突然下蹲潜入使穿腿攻击时，乙等甲的活手刚触及自己的活腿，不等其抬头扛起，迅速地后撤被穿的活腿，同时用抓领的活手和抓袖的底手合力地在体前做侵拉反攻，此时进攻中的甲，刚蹲下做穿扛即遭到乙顺势的反攻，必猝不及防而被乙拉倒在地(图6-180)。

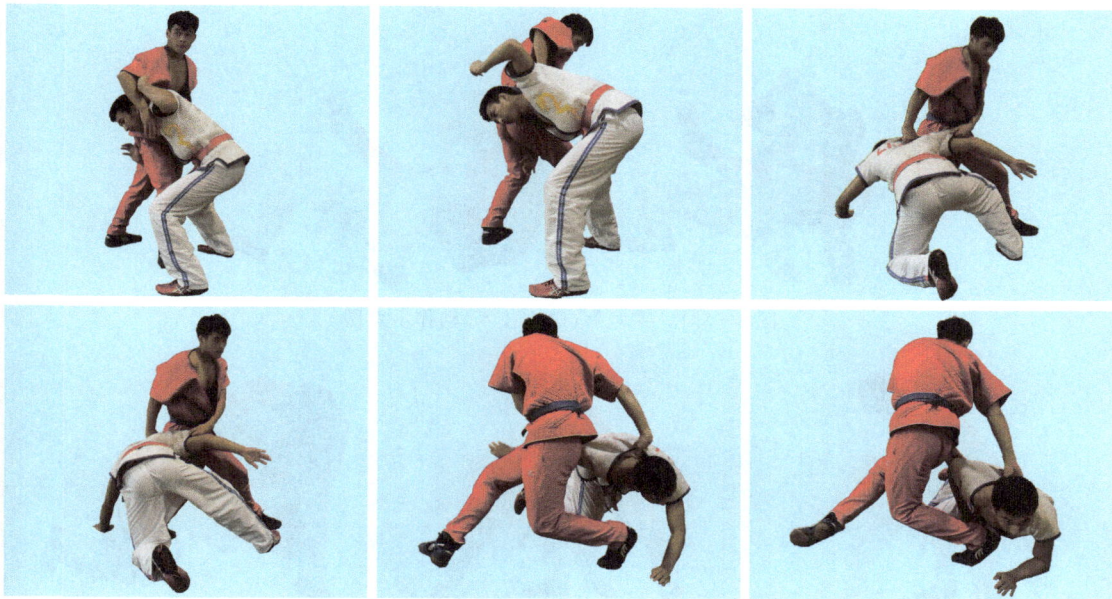

图 6-180 偏门穿腿摔(反攻技术揪领侵拉)动作示意图

2. 穿裆靠(进攻技术)

预备姿势:双方跤架采用顶架摔,甲左架,乙右架,双方把位采用甲抓小袖和穿裆,乙抓大领和后带。

动作应用:实战中,当乙抢抓小袖和后带,紧手抢髋欲使腰人和崴,甲可乘机身体下潜,活腿滑步于乙活腿后面顶管其腿,同时活手迅速插入其裆内去搬管其底腿,头顺势从乙右腋下钻出,并大力地向其身后挺腹、拱肩、抬头向后枕倚乙的腋下,配合底腿后撤调整角度,迫使乙身体向后倾斜,后仰倒地(图 6-181)。

反攻方法:穿裆靠的反攻一般采用揪带大领崴桩技术进行反攻实战中,当甲刚滑步穿臂使靠攻击时,乙不待甲发全力,立即变向转体,底腿弓活腿崩,长腰背脸使崴反攻,同时活手抓后带向支撑腿方向提拉,底手向体前紧拽小袖。此时,甲进攻不但被化解,还会被乙反攻动作摔倒(图 6-182)。

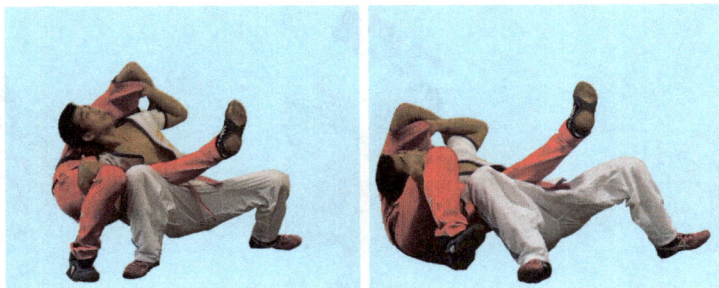

图 6-181　穿裆靠(进攻技术)动作示意图

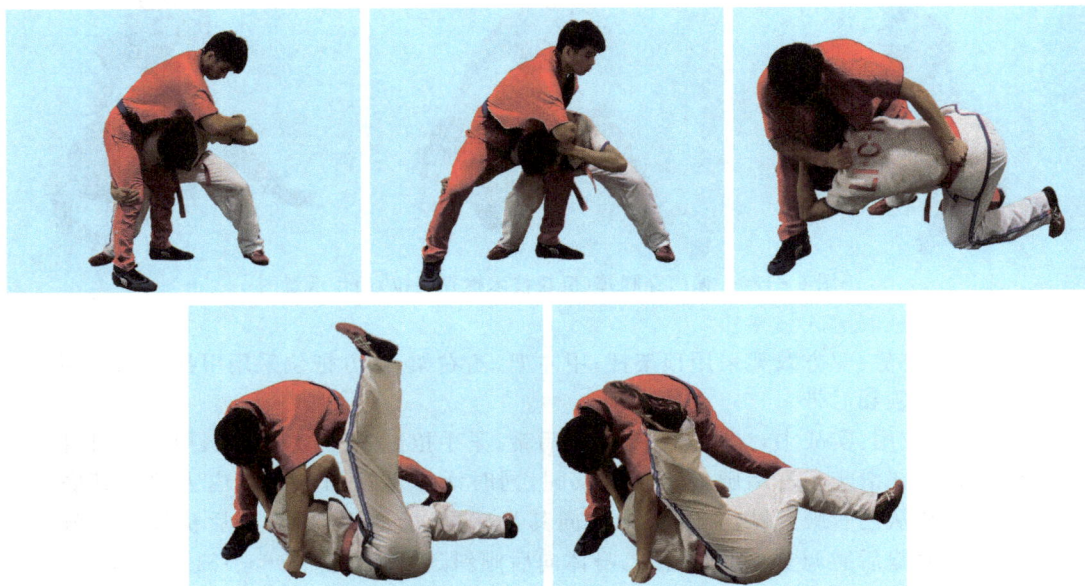

图 6-182　穿裆靠(反攻技术揪带大领崴桩)动作示意图

3. 抱双腿扛摔(进攻技术)

预备姿势:双方跤架采用顺架摔。甲右架,乙右架,双方把位采用甲抱双腿,乙散手被抱。

动作应用:实战中,当双方在争抢把位时,甲突然俯腰潜入,活腿上步于对手的裆中,并用双手将乙的双腿拢抱,同时头从乙右腋下钻出,紧接着挺胸抬头将乙扛在肩上,此时乙双脚离开地面,身体完全失衡,势必被摔倒(图 6-183)。

反攻方法:抱双腿扛摔的反攻一般采用插臂捆腿技术检测反攻实战中,当甲突然潜入抱住乙腿攻击时,乙不等甲发全力,在迅速下蹲降低重心的同时向后蹬底腿,使底腿脱离甲的拢抱,紧接着用活手插于甲的左腋下,向上托推其左臂使其形成单手抱腿,此时进攻中的甲正处于蹲抱姿势,突然遭到乙插臂捆腿的反攻,必然猝不及防被乙摔倒（图 6－184）。

图 6－183　抱双腿扛摔（进攻技术）动作示意图

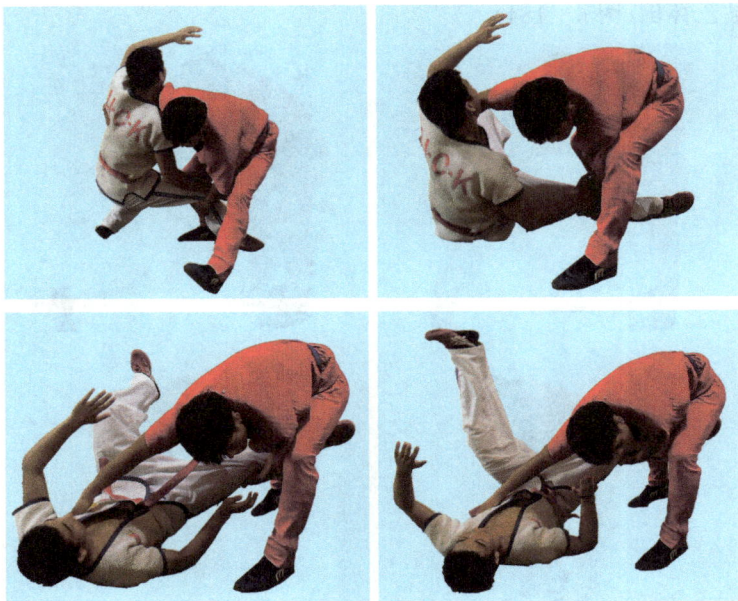

图 6－184　抱双腿扛摔（反攻技术插臂捆腿）动作示意图

第七章　中国式摔跤的教学

内容提示：在中国式摔跤的教学这一章节中主要对中国式摔跤技教学手段、中国式摔跤技术教学的三个阶段、中国式摔跤错误动作的预防和矫正、中国式摔跤练习场地与安全、中国式摔跤垫上游戏的组织与教学等内容进行了阐释。

第一节　中国式摔跤教学概述

一　使学生明确学习中国跤术的目的和任务

在教学过程中教师会逐步帮助学生认识本教程的技术动作对全面锻炼身体、提高健康水平，发展各种身体素质，增强体质的积极作用，以激发学生刻苦锻炼和自觉学习的精神。为此，在每学期开始的第一次中国跤术选修课，应向学生宣布其教学内容、任务和要求，以及考核项目和标准。在各技术教学单元和每节课中，也应使学生明确学习目的和任务。这样能使学生明确不同教学阶段的要求，促使学生积极主动地、自觉地完成中国跤术的学习任务。

二　培养学生的学习兴趣是教学的关键

培养学生对中国式摔跤项目的兴趣，对激发学生学习积极性有重要作用。尤其是中国式摔跤中一些基本技术和辅助技术练习比较单调乏味，这时任课教师应注意讲解得生动形象，动作示范正确优美，并采用多种教学手段和方法，如采用游戏、竞赛等手段，活跃课堂气氛。同时还会注意同学们的负荷安排，不会使学生感到过分的疲劳。

三　从学生、教学设施的实际出发合理安排教学顺序

中国式摔跤教学前教师会深入了解选修课学生各方面的具体情况，如学生的身体健康状况、素质情况和摔跤的技术基础情况等。要针对这些情况和教材特点，确定课的任务，合理选择教学方法，安排课的负荷和提出要求。

同时还应该了解器材设备可能使用的数量与情况,以便教师根据实际情况,有的放矢地确立教学任务,选择和安排教学内容和组织教法。中国跤术教学中对中国式摔跤的教学项目、进度、内容和方法的安排要坚持由易到难、由简到繁、不断提高的原则。在中国式摔跤的教学中贯彻这一原则,应注意以下几点。

1. 从自我保护动作学起

逐步安排过背摔揣、入等技术教学,进而安排手技等技术教学,后期再安排勾、别等转体技术教学。在单元教学中要进行理论学习。

在安排教学进度时要注意坚持由易到难,在课的内容安排时,要在复习前一节课内容的基础上学习新的内容。理论课的讲授内容不能脱离学生的实际基础,要深入浅出,易于学生理解;在技术课的教学中一般是先学简化的分解动作,对动作的规范不做过高的要求,随着学习的深入,逐渐达到各技术动作的要求,最后达到正确的技术动作的规范化。

2. 逐步提高学生的运动负荷

在教学课中,学生的负荷量过小,人体得不到应有的锻炼,动作技术不易掌握;负荷量过大,则影响学生的健康和学习的积极性。为了掌握运动技术,需要有一定的练习数量,在此基础上,注意练习的强度、密度和动作质量。在教学过程中,一定要在学生对原有负荷量适应的基础上再增加练习数量或提高练习强度。

3. 巩固与提高相结合

为了使学生牢固地掌握中国式摔跤的基本知识、技术和技能,并能在实践中加以应用。根据生理学的规律,学生掌握动作技术与技能是大脑皮层建立初步动力定型的结果,如果长期中断,动力定型将会消退,致使教学工作徒劳无功。所以在教学中,应合理安排,重复练习,以使学生在理论、技术等方面达到巩固的程度。

第二节 中国式摔跤技术教学阶段

教师应根据生理学和心理学的原理,运动技能形成的三个阶段,在各个阶段学生生理和心理的特点,遵循动作技术形成的规律和各个阶段的不同特点,采用有效的教法和选择适当的练习手段,来提高学生中国跤术动作技术质量。

一 第一阶段:初步对中国式摔跤基本技术轮廓有所认识

1. 第一阶段中国式摔跤教学任务

使学生初步掌握中国跤术的运动技术轮廓和粗略地认识运动技术的内容结构。

2. 第一阶段中国式摔跤教学方法

①通过教师讲解、示范和直观教具,使学生对技术要点和动作过程、规则和场

地器材有所了解。

②通过练习,使学生初步掌握技术动作。

这一阶段的特点是:动作较僵硬,不协调,易出现多余动作。教师进行教学时要以精炼的讲解、完整而正确的示范,使学生对所学技术有概要的认识。在教学中,要有一定的练习次数,以强化正确的技术动作,预防错误动作的产生,如发现错误动作应及时进行纠正,以免形成错误的动力定型。

二 第二阶段:初步掌握中国式摔跤的基本技术

1. 第二阶段中国式摔跤教学任务

初步掌握中国式摔跤教的正确技术。

2. 第二阶段中国式摔跤教学方法

①通过完整和分解练习改进技术的细节,逐步克服动作生硬和不协调的现象,使动作日趋准确。

②多次重复完整技术练习,体会和加强各技术环节之间的联结,掌握正确的技术动作。

这一阶段的特点是初步建立了动力定型,能比较顺利、连贯地完成动作,但还不巩固,多余动作和错误时有出现。这时教师应采用启发式的讲解和提问,讲解各技术细节之间的关系,指出学生的错误动作产生的原因,并提出具体纠正的方法,要对动作质量提出较高的要求。因为要进行大量的分解和完整的练习,纠正错误动作,直至较正确地掌握动作技术,所以本阶段要比学习阶段的教学时间长。

三 第三阶段:提高中国式摔跤的基本技术

1. 第三阶段中国式摔跤教学任务

继续巩固已形成的动力定型,并根据个人特点进一步改进和完善技术动作,使之达到自动化程度,同时提高相关的理论知识水平。

2. 第三阶段中国式摔跤教学方法

①进行技术评定,提出优、缺点与改进方法。

②发展和提高身体素质。

③结合学生特点,加深对技术的分析。

④培养学生观察和分析的能力。

这一阶段的特点是:通过前两阶段的反复练习后,动作技术形成了牢固的动力定型,能准确、熟练、省力、轻快地完成动作。在这一阶段,教师应针对学生的具体情况提出不同的要求,并注意培养学生分析技术的能力。可在课中适当结合素质练习,提高身体训练水平,并加大运动负荷。

　　中国式摔跤技术教学中的三个基本阶段是根据动作技术技能形成的客观规律划分的,实际上,这三个阶段是统一的相互联系的教学过程,彼此之间并无明显的界限。在中国式摔跤技术教学中,要根据教学任务、教学要求、教材的难易程度、学生的实际情况以及遵循教学的基本规律来确定教学方法。中国式摔跤技术的教学方法主要有讲解教学法、示范教学法、完整教学法、分解教学法、组织练习法等。

第三节　中国式摔跤教学错误动作的预防和矫正

一　中国式摔跤错误动作的产生

　　在中国式摔跤的技术教学过程中要及时发现和纠正学生学习时不断出现的各种错误动作,否则形成了错误的动力定型再纠正时,比学新技术还要困难,甚至会发生伤害事故,影响学生的身体健康。因此,在教学中应采取积极有效的措施,采用有效的教学方法和手段,尽可能减少学生错误动作的产生。学生在练习中表现出来的错误动作,只是一种错误形式,但同一种错误形式,产生的原因可能不一定相同。在进行纠正时,教师必须仔细分析每个同学产生错误动作的原因,针对不同的原因,采取相应的办法和纠正措施,才能起到良好的教学效果。产生错误动作的原因有如下几个。

1. 学生对动作的概念不清楚

　　运动器官的活动受大脑皮层支配,与学会技术和建立表象是密切相关的。当大脑还未分析清楚动作结构之前,运动器官无法完成正确的技术动作。因为每一技术动作都由不同的动作环节组合而成,而每一动作环节又包括用力的大小、方向、快慢、顺序以及协调配合等方面,故练习者对动作概念不清楚,就必然会产生这样或那样的错误。

　　对动作概念不清楚,一般分为整体动作和局部环节的概念不清。如果对整体动作概念不清,学生在进行练习时通常表现为束手无策,在练习时无法完成该动作的最低要求;如果属于对局部环节概念不清,学生能基本上完成动作,只是在某些环节上存在一定程度的错误。教师应针对以上情况,分别讲清全部动作和局部环节动作要领,并且配合不同速度的正确动作示范,使学生建立正确的表象。还可让学生自己讲解动作的过程和要领,观看其他有同类错误学生的练习,启发他们的思维活动,以加深对正确动作的理解程度。

　　造成错误动作的另一类原因是肌肉本体感受力差,控制能力不强,故常发生错误动作,自己又难以察觉。通常把肌肉本体感受力称为"跤感"。为了提高中国跤术选修课学生的跤感,还应从基本功入手,对于这类错误还可用外力帮助的方法,使肌肉的本体感觉信息准确地传入中枢神经系统,从而调整肌肉的活动,使错误动作得到改正。

2. 学生身体素质差

在中国跤术教学中,完成任何一个技术动作都需要有相对应的速度、力量、耐力、柔韧和灵敏等素质为基础,这是学好技术、减少错误动作的前提,但是参加中国跤术选修课的学生均为非体育专业学生。身体素质差,几乎是学习中国跤术不同技术动作过程中产生错误动作的主要原因,因此加强课外辅导和练习,从而促进他们全面的身体素质改善。另外,由于局部身体素质差,也会影响动作的完成。在教学中这种现象是比较常见的。

3. 其他因素产生错误动作

在中国式摔跤教学中,学生技术动作动力定型尚未巩固时,由于外界因素的干扰,例如,由于场地不好而发生意外的事故,或学生注意力不集中等。都可能转移大脑皮层的兴奋点,破坏初步形成的技术动作的优势兴奋性,从而发生错误动作。另外,有的学生是从学习其他项目转入中国式摔跤课的学习,故过去形成的一些相近的技术动作会对其现在所从事的中国式摔跤的技术动作产生负迁移,从而产生错误动作。

因此,教师会针对学生以上各种情况采取相应的纠正方法和措施,改正其错误,使学生形成正确的技术动力定型。

二 中国式摔跤错误动作的预防和矫正

1. 认真备课,预防错误动作的产生

教师在日常备课中,会根据各个技术动作特点及学生情况,事先估计哪些动作容易发生错误。在教学中预先采用有效的手段和教法;要严密课的组织,所提的要求应切合学生实际;场地安排要合理,有利于学生进行练习。

2. 讲解清楚,层次分明

使学生容易理解;示范要正确规范、轻松、协调;示范的位置要恰当,使全体学生都能看清。

3. 要善于发现错误动作

必须对每个技术动作环节上可能产生错误以及产生错误的原因有所了解,才能在教学过程中有意识地注意和识别错误。当发现学生的错误动作后,教师要善于抓住主要错误,这样可以克服一些次要错误,所以要分清主次,逐一克服。

4. 语言提示,矫正错误动作

根据学生的不同错误动作,教师在练习前先对学生进行提示,在练习进行时也可动用语言提示的方法,引起学生注意,以达到纠正错误的目的。例如,在练习转

体技术动作时,学生容易缺少信心而不敢长腰变脸,此时教师一声"变脸"的语言提示,可以帮助学生变脸,向异侧转体,顺利完成动作。

5. 指导学生明确练习的目的和要求

在纠正错误动作时,要让学生明确所选用的专项基本技术练习的目的和要求,才能激发其积极性,自觉地进行练习,提高练习效果。例如,练习"揣"的技术动作,学生往往为了填腰入胯,在背步时先转动身体,由于先向异侧转体,造成肩不能插入对手的腋下,身体重心过高,不能顺利完成技术动作等问题。在纠正错误时,应对学生强调背步时不要过早转体,完成背步动作后双腿要同时屈膝提踵,以双脚的前脚掌为轴转体。

6. 直接帮助来矫正错误动作

当学生在理念上还没有形成完整的技术过程时,也可以采取直接帮助的方法。例如,"揣"的屈膝、提踵、转体的连贯动作。教师可在学生背后双手托扶学生的腰胯,帮助学生下蹲、转体,使学生增强本体感觉。

总之,在纠正错误动作的教学过程中,教师不仅要给学生指出错误所在,而且还要会分析产生错误的原因和提出纠正的方法。注意启发学生的创造性思维活动,培养学生相互分析、相互纠正错误的能力。教师要耐心、亲切、热情、循循善诱,切不可伤害学生的自尊心,引导、启发学生自学与改进动作的自觉性和自信心。

第四节 中国式摔跤教学场地与安全

一 中国式摔跤教学安全规则

1. 摔跤训练场地应该具备良好的设施

父母及学生不能无视人为的有意伤害。同样,因保护装置或训练设施不健全所引起的伤害,应归因于场馆管理者或教学组织单位的疏忽。你学习中国式摔跤之前必须办理意外伤害保险,但在教学中不听从指挥,随意做动作,而出现的伤害事故应属于个人行为,与你的指导教师无关。一旦你阅读明白并同意上面的条款,你就可以签署这份文件,它使得教练可以用他们学习中国式摔跤时的方法教你,这会保证你所接受的学习和练习是权威的、正规的。如果你选择高校有名望的合法的练功场馆,你的训练将会安全并有保障。

2. 安全永远是中国式摔跤教学的有机组成部分

在做中国跤术练习时,双方的格斗是不可避免的,但在训练中格斗要比它实际使用的频率低,而且其质量也受到了影响,人们普遍认为,如果接触性的运动在我们的社会仍有其合法的娱乐效用的话,在这些运动的训练场馆里,人就需要得到有效的保护。目前练习者签署申明书的做法已不罕见,他要求中国式摔跤的学生在进入专项选修课时签一个用于保险的表格,例如,用于意外伤害保险,是对要参加中国式摔跤的学生的一项重要的要求。

既然身体接触是中国跤术训练不可缺少的一部分,意识到它的风险性是十分必要的。中国跤术的训练包括练习者有控制地进行实战时,虽然训练时受伤的情况很罕见,但毕竟还是可能发生。这些伤害包括撞伤、跌倒造成的伤害或骨折等,练习者肘关节经常会脱臼,肌肉也经常会拉伤。通过重复的练习,巩固某些僵硬的规则,会十分无聊,但却是必需的。在不断的重复后,你在做动作时便不再去想这些规则。一些规则虽然看上去很严格,但却可以使学生形成敏捷的思维和统一的意识。不安全的游戏在中国式摔跤训练场中的任何地方都是被禁止的。安全永远是中国式摔跤训练的有机组成部分。下面的规则可以保证训练的有效与安全。

二 中国式摔跤教学要求

1. 在中国式摔跤场地只准穿摔跤鞋。
2. 练习场馆不准吸烟、喝酒、吃东西、嚼口香糖。
3. 迟到的学生需要请示教师才能进入课堂。
4. 服从教师的命令。
5. 在练功的场地,除非回答教师提问或请教问题,不准随便说话。
6. 与教师说话之前应行中国跤术的礼节。
7. 课堂上,学生不应说笑或与其他学生聊天,应注意听讲。
8. 在练习场地不准佩戴珠宝首饰(比如戒指、手镯和项链)。这样会使佩戴者或其他学生受伤,比如被戒指或手镯打伤,或被自己的项链勒住而窒息。
9. 初学者绝不可以在中国跤术练习场之外教其他同学练习,因为缺少必要的保护措施。
10. 中国跤术学生只能把自我防卫的技巧用于保护自己或家庭成员。
11. 中国跤术学生应该懂得礼貌,具有集体意识,时刻都有较好的表现。
12. 练习结束将中国跤术的服装叠好放置在摔跤垫子上。
13. 练习开始将换下鞋子放置在中国跤术摔跤垫子边上。

三 中国式摔跤教学个人举止

1. 当进入或离开中国跤术练习场地时,集体集合以后,或当走上或走下练习场地时,通常需要向国旗鞠躬以示尊敬。
2. 当走上或走下练功场地时,集体集合以后通常需要向国旗鞠躬以示尊敬。
3. 在进入练习场地之前或结束练习离开场地时,师生应行中国跤术的抱拳礼。

4.在与教师谈话时,不应交叉着胳膊,应让双臂自然垂到两侧。

5.手指甲和脚指甲应清洁整齐。

6.注意听教师讲话。

7.如果迟到,穿上练功的衣服(中国跆术服装)在课堂的后面等待,直到找到合适的时间,征得老师的同意后,才可加入课堂。

8.保持身体姿势,站着或坐着时要挺胸,不要弯腰。

9.未经教练许可,不能随便坐下或躺在垫子上。坐时应盘起腿来,不要斜靠着任何东西。

10.如果你要离开中国跆术练习场的场馆或练习的场地,须征得教师的同意。

11.避免动怒。

12.未经教师的允许不准互相打斗。

13.时刻保持一种相互尊重、相互关心的友好氛围。

四 中国式摔跤教学礼仪

如果在训练时间你恰巧在场馆中,你将注意到,当学生们踏上或走下中国跆术练习场的地板时,他们都要向自己的同学和老师行中国跆术的抱拳礼致意。这是在向他们的中国跆术同行以及他们的老师表示尊敬。更重要的是,这是向使他们学会应对挑战、战胜恐惧的场所表示尊敬。

学习中国跆术是一个很长的过程,重要的不在于学到具体的技能,而在于掌握学习中国跆术的方法与途径。

与人交际时首先要尊重对方的人格并向对方表示敬意,这就是礼节的基点。礼节是维持社会秩序之道,可以使人与人之间的交际趋于完善。礼节是表示其精神之礼节。中国跆术学习者最重要的是对内深化礼节的精神,对外正确地遵守礼节。

正如上述的那样,"始于礼节,终于礼节"。对学习中国跆术的人来说,礼节是必须遵守的。在中国跆术练习地,通过勇猛的练习来陶冶人格,为社会做出贡献。这也是一种方法,还可以培养出尊重对方的人格。

第五节　中国式摔跤游戏的组织与教学

一 中国式摔跤游戏的作用

垫上游戏是正确、熟练地掌握中国跆术技能和增强体质的有效手段,中国跆术的基本技术必须多次、反复进行,有时往往会使同学们感到枯燥和单调。因此,在适当的时候,穿插进行些游戏,这无论从生理学、运动生理学或教育学方面来说,都有着十分良好、积极的作用。这里仅从运动生理学的角度谈谈中国跤术垫上游戏的生理作用。每次中国跤术技术教学和训练课的内容都应力求能吸引学生，并使他们始终保持着旺盛的求知欲望，这样才能取得好的教学效果。而游戏首先就能提高大学生中枢神经系统的兴奋性，使大脑处于良好的机能状态。运动生理学告诉我们，当人体的大脑处于良性兴奋状态时，最有利于学会各种运动技能，因为任何技能从神经生理学的观点来解释都是条件反射，而当大脑在良性兴奋状态时，最有利于这种条件反射暂时性神经通路的形成。可以说，当一个人正聚精会神处于迫切渴望学习的心情时，也就是大脑处于良性兴奋状态的时候。而游戏恰恰可以起到集中注意力、提高兴奋性的积极作用。有的游戏内容与课的基本内容十分接近或难度较低而又通过比赛的形式进行，这样就能使大脑皮质的相应中枢先有了粗糙的分化过程，对学会中国跤术基本部分的动作起着十分有效的作用。有很多中国跤术游戏的内容是通过给予各种信号，如"看谁反应快"等，这种急起急停的练习可提高一个人对刺激物的反应速度。

中国跤术教学和训练还可以提高一个人感觉器官的机能，人体的感觉器官如视觉、运动感觉、前庭感觉等机能的敏感性只有在训练中才能获得。游戏还可以培养学生的判断反应能力和动作协调性；可以提高人体的兴奋性和前庭的反应能力等。通过游戏还能提高与摔跤项目直接有关的感觉器官的机能敏感性和稳定性，从而提高了人体对空间、时间的判断能力。

我们知道，每个运动项目都要求同学们必须具备较高的专项身体素质，而反复进行专项素质训练往往会由于枯燥乏味而较易产生疲劳，而穿插采用体育游戏，可以起到提高学生的兴趣同时又能发展素质的作用。

总之，体育游戏不仅可以起到准备活动的作用，如提高兴奋性，提高体温，伸展关节韧带等作用，又可达到使身体放松、消除疲劳的目的；既可以起到诱导练习的作用，又能作为发展身体素质的手段。因此，体育游戏对人的中枢神经系统、运动器官及内脏器官的生理机能起着提高和调整的良好而积极的作用，是进行中国跤术技术教学和训练的一种有效的方法。

游戏是进行活动的手段之一，是中国跤术技术教学与训练的重要内容，它对全面发展学生身体素质，增强、提高基本活动能力和掌握知识技能等有积极的作用。通过游戏，还能培养学生遵守纪律、团结互助的集体主义精神和勇敢、顽强、机智、果断等优良品质和作风。因此，在教学训练中被广泛应用。

二　中国式摔跤教学游戏的选择

1. 选择游戏应有助于教学训练任务的完成

（1）选择一般身体发展的作为准备活动的游戏。

（2）选择配合基本教材的作为辅助练习的游戏（如"抱人接力"等）。

（3）选择完成某些教学训练任务的为教学训练手段的游戏，消除游戏者在练习中过度紧张时，可选用转移性及诱导性练习的游戏等。

（4）选择能使游戏者大脑皮层的兴奋性达到高度集中，把其注意力集中到教学训练中来的游戏。

（5）选择使之在情绪上得到调节或在体力上得到恢复的放松性游戏。

选择游戏不仅是为了更好地完成教学与训练任务，还应该考虑到通过游戏培养对专项的兴趣，培养游戏者的意志品质，并对其进行思想政治教育。在进行游戏时，要考虑游戏者的年龄、性别、身体素质及训练水平，注意参加游戏的人数、场地器材设备和游戏时间的长短等情况。组织方法要尽可能简便，做到在较短的时间内取得较大的效果。

2. 中国式摔跤垫上游戏场地器材的准备

认真做好场地器材的准备工作，是提高游戏教学水平的必要条件之一。场地离建筑物应有一定的距离，以免受伤。所划界线应鲜明。场地的大小、所用器材的种类等，都应根据游戏的性质、游戏者的水平和人数的多少以及场地器材条件的许可来决定。有些准备工作，可以在教师指导下，发动游戏者共同去完成。

（1）垫上游戏的讲解

首先应该注意教师与游戏者站立的位置，教师应站在游戏者都能看得见和听得清的地方，讲解要简明扼要。例如，进行"驮人救护"的游戏时，是圆圈队形，在人数不多的情况下，教师可以站在圆圈的弧线上，如参加游戏的人数很多，则教师可走进圈内一两步处，切忌站在圆心处，使一半游戏者站在教师的背面，影响教学效果。在进行"抱腰前进接力"的游戏时，是两排面对面相距较远而站立的队形，教师在讲解时，应调队将两队彼此靠拢些，教师站在侧面，左右兼顾地进行讲解，讲完后，再调队回到原来的界限上进行游戏。假如是分散进行的游戏，教师可在游戏者集合时进行讲解，选出引导人以后，便分散开进行游戏。

（2）讲解游戏的顺序

①游戏的名称；②游戏者的分布；③游戏的方法（过程）；④游戏的规则与要求；⑤游戏的结果；其中应特别讲清楚游戏的方法、规则与要求。

（3）游戏讲解的要求

讲解必须简明扼要，教师应从容不迫，叙述流畅，准确地讲解游戏的过程、内容，对游戏者选用有一定情节的游戏时，应注意发掘教材和思想性，讲得要生动形象，引人入胜，通过游戏内容对游戏者进行思想政治教育及自然常识的教育。讲解游戏规则时，应注意教育游戏者遵守纪律。为了更好地让学生掌握游戏的过程、方法，应经常把讲解与示范结合进行，既要讲解示范游戏的方法、规则与要求，又要讲解示范动作的结构和要领，帮助游戏者掌握正确的动作。一开始，可不必全部示范，而只演示某些关键性的动作（有时也可以让技术好的游戏者进行示范）。讲解时，还应注意参加游戏人的注意力和情绪。当个别人提问时，教师应面对全体解答问题。在做已学过的游戏时，可以重复不变，也可根据参加者掌握游戏和基本技能、场地器材条件等，对游戏的方法和规则作适当调整，逐步提高游戏的难度和要求，使游戏多样化。

（4）游戏中引导人的选择与分队

一般游戏时间比较短，因此在选择引导人与分队方面也应力求简单。选择引导人经常采用的方法是：

①组织游戏者自己选择引导人，优点是能够选出较合适的引导人；缺点是需要花费一定的时间。

②教师指定引导人，这种方法节省时间，也能挑选出合适的引导人来，但对其他参加者的主动积极性有所限制。

③前一个游戏的优胜者当引导人，这是鼓励优胜者的一个好办法。在游戏教学中，切忌把做引导人当做惩罚的手段。

（5）经常采用的分队方法

①固定队分队的方法，是根据游戏者的健康和体质的情况大致均等的原则，事先进行分队，比较简便，实力也大致均等。

②报数分队的方法，如果事先没有分好固定队，可进行报数分队，这种方法简单，但有时实力不等。

总之，引导人的选择与分队所采用的方法，应根据游戏的性质、学生情况、人数的多少以及时间的长短等来决定。

三 游戏的领导者

游戏应在教师规定的信号下开始，在进行中，教师应会观察同学们的行动，及时补充说明游戏的方法和规则，使游戏能正确地进行；及时教育参加者自觉遵守规则、尊重裁判，对于违犯纪律的行为，应根据不同情况进行教育；教师要善于观察与调整游戏的活动量，如发现运动量不足或过大时，应采取增减活动的紧张程度、比赛的次数，扩大或缩小场地，或者是进行轮流活动和短时间的休息，休息时，可评定学生在执行规则方面的情况，提示游戏者要遵守规则、注意安全和研究战术等。

1. 游戏中的裁判工作

游戏过程中，裁判要严肃、认真、公正、准确，只有客观地评定游戏结果和监督遵守规则的情况，才能保证游戏的教育作用，否则就会降低游戏者的情绪，甚至互相发生争执等。裁判员通常由教师担任，也可以由同学们担任，以培养他们的独立工作能力。教师要全面观察整个游戏的过程,保证游戏的顺利进行。

2. 游戏的结束与总结

提前或延迟结束游戏,其效果都不好,而应在规定的时间或规定的次数后结束,或当学生较满足也还有余兴,但又不太累的情况下结束游戏。在游戏结束后,对游戏应进行总结,首先要公正地评定游戏的结果。对整个游戏与个别人做出奖评,指出各队在发挥集体力量和遵守规则、执行规则方面,在技术、战术的运用和发挥上的优缺点。对在游戏中表现好的应提出表扬,对游戏的失败者,不应指责,而要多从积极方面鼓励他们,克服缺点,争取下次取得胜利。

四 教学游戏组织与方法

1. 垫上钻地道游戏

目的:活动身体,提高兴奋性。

器材场地准备:摔跤垫子。

方法:①把游戏者分成人数相等的两个组,站立成两路纵队。从第二人开始,一个接一个地紧贴前一人,并抱其腰,两腿开立,筑成一条"空道"(图7-1,7-2)。

图7-1 把游戏者分成两组

图7-2 做好准备,听从指挥

②教师发令后每组最后一人开始通过"空道"往前钻,钻过后,站在排头前边,也作地道,这样一个接一个地依次进行完(图7-3)。

规则:①不许抢口令。

②必须从胯下钻过。

③哪组先钻完为胜,可以三赛两胜或五赛三胜。

注意事项:游戏前,做好手腕和膝关节的活动。

图7-3 游戏过程

2. 垫上钻桥洞游戏

目的：发展肩腰关节的柔韧性。

器材场地准备：在垫子上进行。

方法：①把游戏者分成人数相等的两个组，成两排在垫子上横着躺好（图7-4）。

②教师发令后，立即成"手桥"，从最后一个人开始经各"人桥"下钻过，到前面后再成"桥"，每人挨个钻一次（图7-5，7-6）。

图7-4 把游戏者分成两组

图7-5 做好准备，听从指挥

图7-6 游戏过程

规则：①必须从"桥"下钻过去。

②先钻完组为胜一次。可以三赛两胜或五赛三胜。

注意事项：①注意安全，防止碰头部。

②游戏时可以"手桥"并用，也可以交替进行。

3. 垫上骑马接力游戏

目的：发展臂力和腰背肌力量

器材场地准备：在垫子上进行。

方法：①把游戏者分成人数相等的两个组，各组两人一对搭配好（图7-7）。

②教师发令后，一人跪撑地做"马"，另一人骑上"马"背，从起点迅速爬到垫子的另一端，摸到垫子边缘两人调换后迅速爬回，拍第二对人的手，第二对做法同第一对，依次进行完（图7-8，7-9）。

图7-7 把游戏者分为两组

图 7-8　做好准备,听从指挥

图 7-9　游戏过程

规则:①下面的人必须用膝跪着爬行,骑"马"的人两脚要离地。

②到垫子另一端回转时,必须摸到垫子的边缘。第二对出发前必须拍到第一对人的手。

③哪组先做完为胜。

注意事项:①第一对人按体重大小搭配好

②根据垫子的大小,游戏时也可以中间不调换,前一对完后,做"马"的人跪到队伍后面,骑"马"人接着跪撑做"马",依次类推。

4. 垫上抱人接力游戏

目的:发展腰部、腿部和两臂的抱提力量。

器材场地准备:垫子或一块空地。

方法:①把游戏者分成人数相等的两个组,站在一条标志线上,在前方取距离相等的两个标志(图 7-10)。

②教师发令后,第二个人弯腰屈腿,第一个人反抱第二个人的躯干,使对方四肢离地,从标志线开始跑至前面的标志

图 7-10　把游戏者分为两组

点,然后两人调换跑回出发线,接着第二对做,依次类推(图 7-11,7-12)。

图 7-11　做好准备,听从指挥

图 7-12　游戏过程

规则：①开始起动时不能踩线。

②必须绕过前方标志回到起点后，才算完成。

③必须反抱躯干，被抱的人必须四肢悬空。

④先完成组为胜。

注意事项：被抱人不能太放松。

5. 垫上抱腰解脱游戏

目的：发展握抱力量和解脱能力。

器材场地准备：垫子上或空地上。

方法：①把游戏者分成实力大致相等的两个组，一组队员在另一组队员的后面，两手抱住对方的腰（图7-13，7-14）。

图7-13　把游戏者分为两组

图7-14　做好准备，听从指挥

②教师发令后，被抱的一方设法解脱，抱的一方尽力不让解脱（图7-15）。

规则：①不许摔绊对方。

②解脱时，不许反拧手指。

③抱腰的两手搭扣或握腕，不许手指交叉抱。

④解脱后，就不许再抱了。

⑤在规定时间内，哪组解脱的人数多为胜方。

图7-15　游戏过程

注意事项：分组时注意体重和实力基本均等。

6. 垫上夺后带游戏

目的：发展身体的灵活性和提高兴奋性。

器材场地准备：垫子或空地，中国式摔跤或防身带子若干条。

方法：①把游戏者分成人数相等的两个组，每人腰上系带子一条，分成两人一对，面对面站好（图7-16）。

②教师发令后，两人互相抢抓后带，谁先抓住一至两秒为胜方（图7-17）。

图 7-16　把游戏者分为两组

图 7-17　教师口令游戏开始

规则:①只许抓,不许摔。

②在规定的范围内进行,不许跑出界外。

③两人互抓,决定胜负以后,就停止,不许再去抓另一对的对手。

④在规定的时间内,看哪组抓到的多为胜。

注意事项:①可以安排在课的开始部分进行。

②也可以直接分成两组进行,不分对,互相抓握,看谁抓得多。

7. 垫上骑马打仗游戏

目的:活动身体各关节,提高兴奋性。

器材场地准备:摔跤垫子。

方法:①把游戏者分成相等人数的两个组(图 7-18),各组每两人组成一"战马"(一人骑在另一人的腰上面,上面人两脚紧夹住下面人的腰部)(图 7-19)。

图 7-18　把游戏者分为两组

图 7-19　做好准备,听从指挥

②教师发令后,两组"战马"开始角斗,可以采用推、拉、夹、摔等动作把对方拉下"马"来(图 7-20)。

规则:①骑"马"的人战斗时,不许拳打脚踢。

②失败的"战马"不许再参加战斗。

③最后余下的"马"是哪一方的,即为哪一方取胜。

④败者一方,罚做一场游戏或做一个练习等。

注意事项：①做游戏前，活动身体各关节。

②从"马"上摔下来时，注意倒地的方法和姿势。

8. 垫上抱腿比赛游戏

目的：练习抱腿的能力，提高身体的灵活性及反应能力。

器材场地准备：摔跤垫子。

方法：①把游戏者分成人数相等的两个组，两人一对，面对面站好（图7-21,7-22）。

图7-20　游戏过程

图7-21　把游戏者分为两组

图7-22　做好准备，听从指挥

②教师发令后，一组人想办法抱住对方腿，而另一组人，千方百计不让对方抱住。两组交替进行（图7-23）。

规则：①不许跑出垫子外。

②抱腿时，可以站着抱、蹲着抱、趴着抱，但不许撞。

③必须抱住才算，摸腿不算。

④在规定的时间内，以抱住多少来评定胜负，多者为胜。

图7-23　游戏过程

注意事项：如果安排在课前，要先活动一下身体的各关节，特别是膝关节。

9. 垫上集体相扑游戏

目的：活动身体，提高兴奋性。

器材场地准备：摔跤垫子。

方法：①把游戏者分成人数和实力基本相等的两个组，站在摔跤垫子的7 m或9 m直径的圈内（图7-24,7-25）。

图 7-24 把游戏者分为两组

图 7-25 做好准备，听从指挥

②教师发令后，两组对抗相扑，可以用拉、推、摔，把对方推拉出圈子或摔倒。出圈或被摔倒者即出场（图 7-26）。

规则：①不许打或击。圈内摔倒，任何一点着地就算输。

②推、拉、摔对方时，不许抓衣裤。

③手或脚一出圈即为输。

④最后余下是哪一组的人，即为胜方。

图 7-26 游戏过程

注意事项：①游戏前做好准备活动。

②可采用三赛两胜或五赛三胜制。

③赛前双方可以研究战略战术。

10. 垫上抱腰前进接力游戏

目的：向学生传授救护知识，发展他们全面的身体素质。

器材场地准备：摔跤垫子。

方法：①在场地上画两条相距 15 m 的平行线，分别为起、折点线。将学生分为 4 个偶数队，各队第 1 组甲立于乙背后，膝关节微屈，两臂抱乙腰及小腹部（图 7-27，7-28）。

图 7-27 把游戏者分为两组

图 7-28 做好准备，听从指挥

②开始,将乙抱出(乙需收腹屈膝)。甲跑至折点线后,两人交换返回起点。越线后第2组出发,按此方法继续游戏,依次类推。先完成的一队为胜方(图7-29)。

规则:①必须严格按照每个游戏的要求进行。

②游戏时动作要利落、快速。

11. 垫上背驮人接力游戏

目的:向学生传授救护知识,发展他们全面的身体素质。

器材场地准备:摔跤垫子。

方法:①在场地上画两条相距15 m的平行线,分别为起、折点线。

②将学生分为两个偶数队,各队第1组甲背乙而立,乙以两臂围绕甲颈,两腿跨于甲腰间,甲两手抱乙大腿(图7-30,7-31)。

图7-29　游戏过程

图7-30　把游戏者分为两组

图7-31　做好准备,听从指挥

③开始,快速跑动至折点线后,绕旗两人交换返回起点,越过起点线后,第2组照此方法进行,依次类推。按各队完成1轮的先后排列名次(图7-32)。

规则:①必须严格按照每个游戏的要求进行。

②游戏时动作要利落、快速。

12. 垫上单肩驮人接力游戏

目的:向学生传授救护知识,发展他们全面的身体素质。

器材场地准备:摔跤垫子。

图7-32　游戏过程

方法：①在场地上画两条相距 15 m 的平行线，分别为起、折点线。将学生分为 4 个偶数队。

②各队第 1 组甲面向乙而立，半蹲于乙的前方，乙以腹部卧于甲的一肩上，甲用两肩围抱乙的双腿，甲起立将乙驮起（图 7-33,7-34）。

图 7-33　把游戏者分为两组

图 7-34　做好准备，听从指挥

③开始，快速跑至折点线后，两人交换返回起点。第 2 组按以上方法进行，依次类推。先完成 1 轮的队为胜（图 7-35）。

规则：①必须严格按照每个游戏的要求进行。

②游戏时动作要利落、快速。

13. 垫上双肩驮人接力游戏

目的：向学生传授救护知识，发展他们全面的身体素质。

图 7-35　游戏过程

器材场地准备：摔跤垫子。

方法：①在场地上画两条相距 15 m 的平行线，分别为起、折点线。

②将学生分为 4 个偶数队，各队第 1 组甲在乙背后蹲下，以头部在乙的两腿间穿过，乙骑坐在甲双肩上，甲两手握乙的双腿起立，乙用两足背分别勾住甲腰侧背后（图 7-36,7-37）。

图 7-36　把游戏者分为两组

图 7-37　做好准备，听从指挥

③开始，快速前进至折点线，绕过折点旗后，两人交换返回起点，第2组照此方法进行，依次类推。按完成1轮的先后排列名次（图7-38）。

规则：①必须严格按照每个游戏的要求进行。

②游戏时动作要利落、快速。

14. 垫上双臂托人接力游戏

目的：向学生传授救护知识，发展他们全面的身体素质。

图 7-38 游戏过程

器材场地准备：摔跤垫子。

方法：①在场地上画两条相距15 m的平行线，分别为起、折点线。

②将学生分为4个偶数队，各队第1组甲立于乙的侧方，屈膝体前倾，一臂围抱乙的背部，另一臂抱乙的膝部，将乙抱起直立，乙身体放松，以手围抱甲颈（图7-39,7-40）。

图 7-39 把游戏者分为两组

图 7-40 做好准备，听从指挥

③开始，甲托乙快速前进，至折点线后，两人交换返回起点。第2组照此方法进行，依次类推。按完成1轮的先后排列各队名次（图7-41）。

规则：①必须严格按照每个游戏的要求进行。

②游戏时动作要利落、快速。

③前者双脚落地，后者才可以出发。

15. 垫上仰撑进退接力游戏

目的：增强学生的上、下肢和腰肌、腹肌的力量，培养顽强奋进的精神。

图 7-41 游戏过程

器材场地准备:摔跤垫子。

方法:①在场地上画两条长 15 m、宽 8 m 的平行线,分别为起、折点线。

②将学生分为人数相等的 2~4 组,成纵队左右相距 1 m 与折点线各自的小旗对应站立(图 7-42)。

③准备,各组排头脚蹬起点线成仰卧姿势撑体。

④开始,速向折点线撑体倒行,绕过折点小旗后,撑体正行回起点。当身体全部越出起点线后,各组第 2 名按此方法出发,依次类推,按完成 1 轮次的先后排列各组名次(图 7-43)。

图 7-42 把游戏者分为两组

图 7-43 做好准备,听从指挥

规则:①臀部不准着地,但可以中途休息。

②可根据学生体力和气候的情况规定练习总轮次。

16.垫上划旱船游戏

目的:发展学生的耐力素质,锻炼相互协作的能力。

器材场地准备:摔跤垫子。

方法:①在场地上画两条相距 15 m 的平行线,分别为起、终点线。

②将学生分为人数相等的 2 个偶数队,每队 2 人为一组,在起点线上各队左右相距 1 m 与各自的终点旗对应站立(图 7-44)。

图 7-44 把游戏者分为两组

③各队第 1 组纵向手拉手在起点线外互相坐在对方的脚上(图 7-45)。

④开始,用腿部屈伸的动作前进,过终点线后起立返回本队队尾,第 2 组按此方法做,依次类推。以完成 1 轮的先后排出名次(图 7-46)。

规则:①配合要协调一致。游戏的最后一名,在练习结束后,由教师给以适当的身体练习处罚。

②比赛必须到达终点线外,下一组才可以出发。

图7-45　做好准备,听从指挥

图7-46　游戏过程

17. 垫上推小车游戏

目的:发展学生的上肢和腰腹力量,培养他们勇于拼搏的精神。

器材场地准备:摔跤垫子,秒表2块。

方法:①在场地上画两条相距15 m的平行线,分别为起、折点线。

②将学生分为人数相等的2个偶数队,每队再平分为两组。每队两组成两列横队,左右间隔2 m,在起点线后面向折点站立(图7-47)。各队前排双手扶线俯撑于地上,后排相对应者架起前者双腿(图7-48)。

图7-47　把游戏者分为两组

图7-48　做好准备,听从指挥

③开始(开表),用推办法,推其前行。至折点线后,在线外两人交换,用同样的方法返回起点,各队最后2人到达起点时停表。全队完成快者得1分,失败者不得分。游戏进行3轮后,得分多的一队为胜(图7-49)。

规则:①各队在折点线外交换时,必须按出发时的方法进行。返回时双手触线为到达。

②两人要配合的协调、自然。被推者腰部要适当紧张。

18.垫上抱头角力游戏

目的:发展游戏者的上肢、腰腹和腿部力量,锻炼他们身体的协调性。

器材场地准备:摔跤垫子,秒表1块。

图7-49 游戏过程

方法:①在场地上将游戏者分为人数相等的甲、乙两队,分别成一列横队,左右相距一臂,一对一、面对面站立,对面两人各为一组(图7-50)。

②各组均以左手抱住对方后颈,以右手握住对方之左肘(图7-51)。

③开始,用推、拉、拧的方法,使对方双脚或一脚移动位置者为胜。一个轮次结束后,统计各队胜利次数。进行多个轮次的角力后,胜利次数多的一队胜(图7-52)。

图7-50 把游戏者分为两组

图7-51 做好准备,听从指挥

规则:①必须按照统一的口令开始角力。

②每次比赛为30秒。

19.垫上背拉游戏

目的:发展学生的全身力量,提高他们身体的柔韧性与协调性。

器材场地准备:摔跤垫子。

图7-52 游戏过程

方法:①在场地上画一条直线,为标志线。将学生分为人数相等的两队(图7-53),各成一列横队,在直线两侧一对一、背对背站立,相对的两人各为一组(图7-54)。

图 7 - 53 把游戏者分为两组

图 7 - 54 做好准备，听从指挥

②每组 2 人各以两臂相互勾紧。开始，各自用力向前拉，以将对方拉过标志线者为胜。游戏采用三轮两胜制，在三轮的比赛中两次胜利人数多的一队为胜（图 7 - 55）。

规则：①按照统一的口令开始用力。

②必须将对手拉过标志线，才算 1 次胜利。

图 7 - 55 游戏过程

20. 垫上背推游戏

目的：发展游戏者的腿部和腰部力量，提高他们身体的控制能力。

器材场地准备：摔跤垫子。

方法：①在场地上画一条直线，为标志线。将游戏者分为人数相等的两队，各成一路横队左右保持一定距离，背对背、一对一在标志线两侧站立，相对的两人为一组（图 7 - 56）。

图 7 - 56 把游戏者分为两组

②准备，每组两人各以右臂勾紧对方的左臂，且成半蹲姿势，使背部靠紧（图7 - 57）。

③开始，对手各自用力后退，压迫对方前走，在规定的 2 分钟时间内，后退走到标志线另一侧者为胜。游戏共进行 5 轮，最后以胜利次数多的一队为胜（图 7 - 58）。

规则：①必须按照统一的口令开始用力。

②不准坐地，坐地者为失败 1 次。

图 7-57　做好准备，听从指挥

图 7-58　游戏过程

21. 垫上虾行游戏

目的：发展游戏者上、下肢和腰肢力量，培养大学生集体主义精神。

器材场地准备：摔跤垫。

方法：①相距 10 m 的平行线分别为起、终点线，将游戏人数分成 2 队，各队均成一路纵队在起点处站立（图 7-59），各队排头仰卧地面，两手置于腹上（图 7-60）。

图 7-59　把游戏者分为两组

图 7-60　做好准备，听从指挥

②开始，用双足交换蹬地前进，至中场虚线后，第 2 人出发，依次类推。率先到达终点的一队为胜（图 7-61）。

规则：①必须按照各类动物的行走方法进行游戏。

②前者手触中场虚线，后者出发。

③各队每人到终点后，走到面前起点成纵队站立。

图 7-61　游戏过程

第八章 中国式摔跤竞赛规则

内容提示:本章节重点讲解了中国式摔跤竞赛通则、比赛器材(每块场地)、比赛礼仪、中国式摔跤的一般规定、比赛中的判罚、判定胜负和确定名次、裁判人员及其职责、裁判方法及手势口令等主要内容。

第一节 中国式摔跤竞赛通则

第一条 比赛场地

1.1 比赛场地:由硬度适当的海绵垫组成,厚度为 6～8 cm,整个场地边长为 12 m 的正方形,表面覆盖革制盖单。

1.2 比赛区:场地中心 9 m 直径的圆形为比赛区,比赛区为黄色。

1.3 保护区:比赛区边沿至垫子边沿为保护区。保护区的四角有中华民族的图腾龙的标记。

1.4 比赛开始线:比赛区中间相距 3 m 各标出红蓝线,面向裁判台左红右蓝,开始线长 60 cm,宽 6 cm。

1.5 运动员出场线:沿开始线平行至距垫子边沿 50 cm 各标出红蓝线,长宽同开始线。

第二条 比赛器材(每块场地)

2.1 公制计重器	1 台
2.2 计时钟	1 台
2.3 秒表	2 块
2.4 镜子	1 面
2.5 记分牌(示分器)	1 台
2.6 单音哨	2 个
2.7 双音哨	1 个
2.8 锣(钟)	1 套

2.9 PC   1 台

2.10 显示器   1 台

2.11 摄像机   1 台

2.12 打印机   1 台

2.13 复印机   1 台

2.14 打印纸   若干

2.15 记录表格   若干

2.16 笔   若干

2.17 桌、椅   若干

2.18 判罚牌:各种判罚牌直径 20 cm,把长 20 cm,两面图案相同。

2.18.1 得分牌:6 块,红、蓝底黑字各 3 块,分值分别为 1 分、2 分、3 分。

2.18.2 警告牌:1 块,黄色。

2.18.3 罚出场牌:1 块,红色。

2.19 扩音设备

2.20 场地灯光,灯光照度不低于 1 500 lx(勒克斯)。

第三条　服装

3.1 跤衣:

3.1.1 摔跤衣用六层棉布制成,在领襟、胸襟、小袖抓握部位要缝的稍密。

3.1.2 图 8-1 为中号规格尺寸。大号和小号跤衣规格尺寸较中号增减 4 cm,袖口增减 2 cm。特号跤衣比中号跤衣的尺寸增加 8 cm,袖口增加 6 cm。在跤衣扎跤带位置,以侧面中心线向前后 15 cm 各有一组高 3 cm,宽 0.5 cm,相隔 2 cm 缝制的穿孔,以备穿扎跤带用。

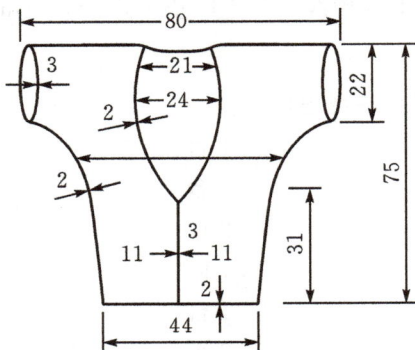

图 8-1　中国式摔跤服的尺寸(单位:cm)

3.1.3 颜色:跤衣为白色。跤衣所有的边缘两面分别缝有 3 cm 宽的红边或蓝边。

3.1.4 跤带:摔跤带用六层棉布制成,颜色同摔跤衣。特号长 4.40 m,大号长 3.70 m,中号长 3.40 m,小号长 3 m,带子宽 2.5 cm。扎腰带时第一圈必须穿过穿孔再由腹前绕到后腰,再绕回腹前打死结。

3.1.5 表演摔跤衣尺寸同比赛摔跤衣,但外层用红(蓝)绸缎。

3.1.6 运动员着摔跤衣后屈臂 90°,袖口要有一拳的空隙。

3.2 跤裤:

3.2.1 灯笼裤(棉布制成)。

3.2.2 颜色与摔跤服相同。沿裤缝处正反面分别缝有 1 cm 宽、间隔 1 cm 的两条红条或蓝条。

3.2.3 裤腿底部距踝骨 2～6 cm。

3.3 跤靴:

3.3.1 软底高腰靴。

第四条　比赛礼仪

4.1 着装:

4.1.1 运动员上场之前,必须按本规则第三条之规定着装。跤衣、跤裤边条颜色要一致。

4.1.2 比赛进行中,运动员须经场上裁判指令,才能整理服装。

4.1.3 女运动员跤衣内必须穿无袖紧身上衣,不得穿戴有金属或其他硬质框架的胸罩。

4.2 仪表:

4.2.1 运动员仪表要整洁大方,颜面要洁净,皮肤暴露处不得涂抹油脂或油彩。

4.2.2 运动员不得佩戴各种首饰、硬质发夹及硬质护件。

4.2.3 运动员的头发和男性胡须不应长于 10 mm 或刮净,长发必须编扎。

4.2.4 运动员的指甲不得长于 1 mm。

4.3 礼节:

4.3.1 抱拳礼,持立正姿势,两臂上抬至胸前呈环形状,右手握拳,拳眼向脸,左手五指并拢,拇指微屈,掌心压在右拳四指部位。两手合拢瞬间,向前略推。

4.3.2 比赛开始前,运动员站在场地两侧上场线处,看到裁判员进场手势后进场。进场后站在开始线,按裁判员手势向对方致抱拳礼。

4.3.3 比赛结束,运动员站在开始线,待上裁判员宣判结果后,运动员向场上裁判员致抱拳礼,然后回到上场线一侧,相互致抱拳礼后退场。

第二节 中国式摔跤的一般规定

第五条 竞赛性质

5.1 个人竞赛:以个人在所属级别内竞赛所得的成绩,确定个人名次。

5.2 团体竞赛:

5.2.1 以每个团体所有被录取的运动员的成绩总和确定团体名次。

5.2.2 以每个团体参赛队胜负场次的总和积分确定团体名次。

第六条 竞赛制度

6.1 淘汰制。

6.2 循环制。

第七条 组别及体重级别

7.1 组别:

7.1.1 性别组别:

7.1.1.1 男子组

7.1.1.2 女子组

7.1.2 年龄组别:

7.1.2.1 男女成年组:18周岁以上。

7.1.2.2 男女青年组:15周岁～17周岁。

7.1.2.3 男子少年组:12周岁～14周岁。

7.2 体重级别:

7.2.1 男子

7.2.1.1 成年组:－52 kg、－56 kg、－60 kg、－65 kg、－70 kg、－75 kg、－82 kg、－90 kg、－100 kg、－115 kg。

7.2.1.2 青年组:－48 kg、－52 kg、－56 kg、－60 kg、－65 kg、－70 kg、－75 kg、－82 kg、－90 kg、－100 kg。

7.2.1.3 少年组:－40 kg、－44 kg、－48 kg、－52 kg、－56 kg、－60 kg。

7.2.2 女子

7.2.2.1 成年组:－48 kg、－52 kg、－56 kg、－60 kg、－65 kg、－70 kg、－75 kg、－82 kg。

7.2.2.2 青年组:－44 kg、－48 kg、－52 kg、－56 kg、－60 kg、－65 kg、－70 kg、－75 kg。

第八条 称量体重和抽签

8.1 运动员比赛前一天进行体重称量,称量时间在 1 小时内完成。其间运动员可按规定两次称重。

8.2 由总裁判长领导,检录长负责组织裁判员组成称量体重组,实施运动员体重的称量。

8.3 运动员称量体重时,应赤足,男子穿短裤,女子穿短裤和贴身上衣。如运动员体重低于或超过原属级别,并在规定时间内不能达到原属级别,则按全部弃权论处。

8.4 运动员称量体重后,由本人抽签,根据抽签结果进行编排。

第九条 比赛场数、时间

9.1 比赛场数:

9.1.1 运动员在一天内的竞赛场数原则上不超过四场。

9.1.2 如有特殊情况可赛五场,但场与场之间至少休息 15 分钟。

9.2 比赛时间:

9.2.1 每场比赛净时 4 分钟,上下半场各 2 分钟,中间休息 30 秒。

9.2.2 比赛中一切暂停时间均应扣除。

第十条 比赛中的信号

10.1 准备上场信号:裁判台计时员鸣哨示意,运动员站在上场线做好上场准备。

10.2 上场信号:场上裁判员做出两臂侧平伸后向上呈 90°弯曲,掌心向内。运动员即刻上场。

10.3 开始比赛信号:场上裁判员发出"预备(yùbèi),开始(kāishǐ)"口令,运动员开始比赛。

10.4 停止比赛信号:场上裁判员发出"停(tíng)"的口令,运动员即刻停止比赛。

10.5 比赛结束信号:裁判台计时员鸣哨或鸣锣(钟)。鸣哨为半场结束,鸣锣(钟)是终场结束。

第十一条 临场教练员

11.1 临场教练员(一人)必须着运动服、运动鞋,坐在指定的席位上。局间休息时可向运动员进行指导和放松。

11.2 比赛进行中,临场教练员不得以任何方式干扰裁判员工作,不得用语言、手势等肢体动作侮辱裁判员,不得进入比赛场地。

11.3 如对判罚有异议,可在本场比赛结束后,按规定程序向仲裁委员会提出申诉。裁判员不受理任何异议。

第三节　比赛中的判罚

第十二条　进攻有效与无效

12.1 在比赛区内使用动作将对方摔倒在比赛区或保护区,判进攻有效。

12.2 在比赛区内将对方摔倒后,自己踏入或跌入保护区,判进攻有效。

12.3 对方倒地与自己踏入保护区同时发生,判进攻有效。

12.4 故意将对方推出或抱出比赛区,判进攻无效。

12.5 踩着对方的脚或松开后立即进攻,判进攻无效。

12.6 使用犯规动作进攻,判进攻无效。

12.7 场上裁判员叫停后仍然进攻,判进攻无效。

12.8 将对方摔倒触地与鸣哨(锣)同时发生,判进攻有效。

12.9 将对方摔倒触地在鸣哨(锣)之后发生,判进攻无效。

第十三条　得分标准

13.1 比赛中,除两脚(两点)外的身体其他任何部位(第三点)着地或消极、犯规被警告者失分。根据倒地和其他情况,判对方得 3 分、2 分、1 分或双方互不得分。

13.2 得 3 分:将对方摔成两脚离地,身体成腾空状,并使其躯体产生翻转,躯干着地,自己保持站立。

13.3 得 2 分:

13.3.1 将对方摔成得 3 分状,自己"第三点"随后触地。

13.3.2 将对方摔成躯干着地但没有腾空,自己保持站立。

13.3.3 对方教练员被罚出场。

13.4 得 1 分:

13.4.1 将对方摔成除 3 分、2 分情况外的"第三点"着地。

13.4.2 双方同时倒地,自己躯干在上。

13.4.3 自己"第三点"未触地,对方身体任何部位接触保护区。

13.4.4 对方或对方教练受到一次警告。

13.5 互不得分:

13.5.1 双方不分上下同时倒地。

13.5.2 双方同时出界。

第十四条　犯规

14.1 侵人犯规:

14.1.1 使用反关节动作有意伤害对手者。

14.1.2 以手、肘、膝、头部击打或撞击对方或抓对方生殖器官者。

14.1.3 用脚尖踢对手或用脚蹬踹对手者。

14.1.4 用脚踢、弹对手小腿中部以上部位者。

14.1.5 按压对方眉口之间的面部或咽喉或抓对手头发者。

14.1.6 双手搂抱对手头、颈者。

14.1.7 已将对手摔倒,还故意压砸对方者。

14.1.8 将对手抱起使之失去控制能力,仍将对方头朝下垂直下摔,有意伤害对手者。

14.2 技术犯规:

14.2.1 场上裁判发出开始口令之前或叫停之后,仍然进攻者。

14.2.2 比赛进行中,作为教练员、助手干扰比赛或进入场地者。

14.2.3 比赛进行中,自行停止比赛者。

14.2.4 比赛中故意抓对手裤子者。

14.2.5 女运动员故意抓对方内衣者。

14.2.6 比赛中故意倒地者。

14.2.7 比赛中佩戴饰物或坚硬护具者。

14.2.8 比赛进行中,跤衣带、跤靴带松开者。

14.2.9 违反本规则第四条各款者。

第十五条　消极

15.1 比赛进行中,不主动抓握,被对手抓握后又多次逃脱,逃脱后不积极抓握进攻,仍有意逃避达15秒者。

15.2 比赛进行中,抓住有利把位而不主动进攻达15秒者。

15.3 比赛进行中,双手抓住对手,但不使用动作故意拖延比赛时间达15秒者。

15.4 比赛进行中,用头顶住对方,故意拖延比赛时间达15秒者。

15.5 比赛进行中,仅使用假进攻动作而无真正进攻意图达15秒者。

15.6 比赛中主动进入保护区者。

15.7 倒地后不立即起身,故意拖延比赛达5秒者。

15.8 因对手无意轻微犯规而故作受伤状,经医生诊断后仍不积极比赛者。

第十六条　罚则

16.1 比赛前3分钟,三次点名未到,或点名到后擅自离场,不能按时上场比赛者,按全部弃权处理。

16.2 比赛期间,运动员无故弃权,取消本人全部成绩。

16.3 凡违犯第十一条第一款、第二款的教练员,视情况:第一次违犯给予警告,第二次违犯给予判罚出场。

16.4 凡犯有第十四条第一款:"侵人犯规"之一者,根据情节轻重,分别给予警告或取消该场比赛资格。

16.5 凡犯有第十四条第二款"技术犯规"之一者,给予警告。

16.6 凡出现第十五条"消极"各款之一者,给予警告。出现第十五条第六款者,同时判失分。

16.7 双方运动员正在攻守中,一方犯规,如对犯规者有利时,应立即停止比赛,并按规定给予处理,如对犯规者不利时,则不停止比赛,等该进攻动作结束后再叫停,并按规定给予处理。如犯规者将对手摔倒则不得分,并给予处罚;如犯规者被对手摔倒,则判对手得分,并给犯规者处罚。

16.8 因一方运动员犯规使对手受伤,而不能继续参加比赛,裁判员可根据情节轻重,取消犯规者该场比赛或全部比赛的资格,并判受伤者获得该场比赛胜利。

16.9 两单位运动员为挤掉其他运动员或其他比赛队伍名次,有计划地进行非竞争性比赛,应取消一方或双方运动员该场比赛或全部比赛资格。

16.10 比赛中,一方运动员受到三次警告,则取消该运动员本场比赛资格及技术得分。宣布对方获胜并保留获胜方的技术得分。

第十七条　运动员受伤处理

17.1 比赛期间,经大会医生认为一方运动员因身体情况不宜继续参加比赛,则判对手获胜,该队员再参加比赛须有大会医生证明,否则不准参加比赛。

17.2 比赛进行中,一方运动员因受伤(不因对手犯规致使)而不能继续参加比赛时,场上裁判员可宣布比赛暂停,但暂停时间不可超过 2 分钟,如果受伤者仍不能继续进行比赛,则判受伤运动员本场比赛为负,保留其技术得分。

第四节　判定胜负和确定名次

第十八条　判定胜负

18.1 累计得分多者胜。

18.2 优势获胜。比赛中双方得分各自累计相差 9 分时,即终止比赛,判得分多者优势获胜。

18.3 比赛中一方因故不能继续比赛者,判负,对方获胜。

18.4 比赛中一方被处罚取消比赛资格,判对方获胜。

18.5 双方得分相同,则判获 3 分多者胜;若相同,则判获 2 分多者胜;若还相同,则判技术得分多者胜;若还相同,则判体重轻者胜;若还相同,抽签决定。

第十九条　确定名次

19.1 个人名次：

19.1.1 淘汰赛时直接产生一、二名,负于第一名者为第三名,负于第二名者为第四名,依次类推。

19.1.2 循环赛时,每场比赛结束后,胜者计 2 分,负者计 1 分。无故弃权者,计 0 分。其技术(小分)为 0 : 0(不算优势胜利)。如果比赛进行中一方弃权,已有技术分,则按场上的技术分记录。

19.1.2.1 全部比赛结束后,按积分(即计分的总和)的多少确定个人名次,积分多者名次列前,少者名次列后。

19.1.2.2 如两人积分相等,则按两人在比赛中的胜负确定名次,胜者名次列前。

19.1.2.3 如两人以上积分相等,则以他们之间的比赛胜负确定名次。

19.1.2.4 如两人以上积分相等又为循环互胜,则按第十八条第五款的原则确定名次。

19.1.2.5 参加预赛或决赛的场数不到一半者,成绩全部作废,不计名次,曾与其比赛的对方成绩均予注销。

19.1.2.6 参加预赛或决赛的场数已达到或超出一半时(如应赛六场,已赛完三场或三场以上)应按其积分确定名次,其余未进行比赛的场次,均按弃权论处。

19.2 团体名次：

19.2.1 按各单位运动员在各级别比赛中被录取名次的总和确定名次,得分多者名次列前,少者列后。

19.2.2 如遇两个或两个以上单位团体积分相等,则判获得第一名多的单位名次列前;如再相等,则判获得第二名多者名次列前;依次类推。

19.2.3 团体循环对抗时,参照第十九条第一款第二项的原则确定名次。

19.2.4 每个级别录取几名及每个名次各得几分,由主办单位在竞赛规程中规定。

第五节　裁判人员及其职责

第二十条　裁判人员的组成

20.1 总裁判长一人,副总裁判长一至二人。

20.2 每场比赛:执行裁判长一人,主裁判一人,副裁判一人,计时裁判一人,检录裁判一人。

20.3 编排记录长一人,编排裁判二至四人。

20.4 检录长一人。

20.5 宣告员一人。

20.6 医务监督一人。

20.7 根据比赛规模可酌情安排裁判员和工作人员的人数。

第二十一条　裁判人员的职责

21.1 总裁判长：

21.1.1 解释规则

21.1.2 领导裁判人员，负责裁判组的组织工作。

21.1.3 比赛前对场地器材和设备进行总的检查。

21.1.4 当裁判员的判定不一致时，可做最后的决定。

21.1.5 裁判员或运动员不称职或发生严重错误时，可建议竞赛委员会给予适当的处理，必要时可停止裁判员职务，取消裁判员及运动员的比赛资格。

21.1.6 如遇特殊情况(大风、大雨等)影响比赛时，可决定是否继续进行比赛。

21.1.7 审定、签署和宣布比赛成绩。

21.1.8 比赛结束后及时做出书面总结。

21.2 副总裁判长：

21.2.1 协助总裁判长领导裁判组的工作，总裁判长缺席时，代行总裁判长职责。

21.2.2 根据需要也可兼任执行裁判长工作。

21.3 执行裁判长：

21.3.1 比赛前检查本场地比赛的用具和比赛场地，准备好记分表。

21.3.2 比赛中监督、协调主裁判及其他裁判员的工作。

21.3.3 比赛中在接到主裁判和副裁判判定得分信息后，即刻判定得分结果，并举牌示众，将结果记录在记分表内。如主裁判和副裁判得分信息不统一时，执行裁判长可根据场上情况采纳其中一方意见并举牌示众、记录结果。如执行裁判长持有第三种意见，可召集场上裁判合议并将结果示众。如合议意见不能统一时，报副总裁判长判定。

21.3.4 比赛中，对场上裁判员的判罚提出改正意见，意见不能统一时报副总裁判长或总裁判长判定。

21.3.5 根据场上情况，确定运动员的优势胜利、弃权、取消比赛资格，以及对教练员的处罚等事宜。

21.3.6 比赛结束，判定胜负，签署比赛成绩。

21.3.7 协助副总裁判长工作，根据需要也可兼任其他裁判员工作。

21.4 主裁判：

21.4.1 严格执行规则，公正裁判。

21.4.2 用口令和手势指挥运动员进行比赛、上下场及行礼等。指令比赛的开始、终止或暂停。

21.4.3 根据自己的观察,确定运动员的得分,并向执行裁判长示意,在确认执行裁判长的判定后宣告得分结果。

21.4.4 判定运动员的消极、犯规、不礼貌行为和警告处罚并宣告,确定临场治疗等事宜。

21.4.5 注意观察执行裁判长和副裁判的提示,必要时暂停比赛,处理相关事宜。

21.4.6 宣告比赛结果。

21.4.7 协助执行裁判长工作,根据需要也可兼任其他裁判员工作。

21.5 副裁判:

21.5.1 在保护区协助主裁判严格执行规则,公正裁判。

21.5.2 根据自己的观察,确定运动员的得分,并向执行裁判长示意。

21.5.3 根据自己的观察,对场上出现的出界、消极、犯规和受伤情况,及时向主裁判示意。

21.5.4 及时向执行裁判长反映教练员的违规情况。

21.6 计时裁判员:

21.6.1 根据主裁判发出的开始和暂停的口令计时。

21.6.2 比赛开始和结束鸣哨告示,全场终了鸣锣(钟)告示。

21.6.3 比赛开始前5秒,发出准备开始的信号。

21.6.4 根据执行裁判长的公示,负责翻牌挂分。

21.6.5 遇有伤病等情况时,根据场上裁判员的指示计时。疗伤时间2分钟一到,即刻鸣双音哨告示。

21.7 编排记录长:

21.7.1 领导编排组负责运动员资格审查,审核报名单。

21.7.2 负责组织抽签及比赛的编排。

21.7.3 负责组织竞赛用记录表格的准备,收集审查登记比赛成绩。

21.7.4 负责组织各级别运动员的录取登记,汇编成绩册,填制证书并协助大会发奖。

21.7.5 负责将所有记录编排、录取等表格资料整理后上交总裁判长。

21.7.6 编排裁判根据编排记录长的分配开展工作。

21.8 检录长:

21.8.1 负责组织称量运动员的体重,检查称重器材。

21.8.2 比赛前10分钟,负责组织运动员点名,按本规则第四条第一、二款检查运动员的服装及仪表。

21.8.3 比赛前3分钟通知运动员入场,并检查其服装颜色是否与编排一致。

21.8.4 向执行裁判长和宣告员报告出场比赛和弃权运动员姓名。

21.8.5 检录裁判在检录长的领导下开展工作。

21.9 宣告员:

21.9.1 摘要介绍竞赛规程和规则。

21.9.2 介绍运动员的单位、姓名和级别,报告每场比赛的结果。

21.9.3 负责临场的宣传教育工作。

21.9.4 宣告总裁判长确定告知全体的有关事宜。

21.10 医务监督:

21.10.1 审核运动员的"体格检查表"。

21.10.2 参加称量体重工作。

21.10.3 负责组织竞赛中的急救工作,并决定受伤运动员能否继续参加比赛。

第六节　裁判方法及手势口令

第二十二条　裁判方法

22.1 每场比赛由一名执行裁判长、两名场上裁判(1名主裁判、1名副裁判)负责比赛的判罚工作。执行裁判长坐裁判台(距保护垫2米);主裁判在比赛区或左侧(面向裁判台,下同)保护区;副裁判在右侧保护区。

22.2 比赛中每当出现运动员"第三点"着地,主裁判应即刻发出"停"的口令,场上裁判应根据各自的观察,向执行裁判长做出判决手势,若无明显错判,执行裁判长必须同意其中一方或双方(主副裁判)的判决,并举牌示意。主裁判根据执行裁判长的判定做出宣告。

22.3 执行裁判长若认为场上裁判的判决为明显的错判、漏判,可召集场上裁判协商后重新判定,或报副总裁判长必要时报总裁判长做出判定。

22.4 场上裁判员若认为执行裁判长有明显的错判、漏判,也可向其要求复议。

22.5 场上裁判员(主、副)认为有运动员消极、犯规行为时,应向执行裁判长示意。若场上裁判员同时示意,则执行裁判长应即刻判定,由主裁判宣告。若场上一位裁判员示意,执行裁判长则根据自己的判断决定是否判定。主裁判有权先停止比赛,再征求判罚。

22.6 比赛中教练员出现违犯规则现象,场上(主、副)裁判员应向执行裁判长提出处罚意见,由执行裁判长决定是否处罚。一经决定处罚,由执行裁判长向违规教练员出示警告牌或令其离开现场。

22.7 双方相互抓握对方均无进攻意识,可暂停比赛,重新开始。

第二十三条　裁判员的手势、口令及符号

23.1 场上裁判员手势口令：

23.1.1 运动员上场：主裁判站在跤台中央面向裁判台，两臂向两侧平举，手心向上，五指并拢，然后做肘弯曲，两上臂上 90°，手心向内；待运动员走到比赛开始线，两臂下摆，指向双方开始线，待双方运动员行礼后收臂。

23.1.2 征询开始比赛：主裁判面向裁判台持立正状，右臂前举，掌心向前，得到执行裁判长答复后放下。

23.1.3 开始比赛：主裁判持立正状，左脚向前跨一步，两臂向两侧下抬起与身体成 45 度，掌心向前，并发出"预备"口令，然后两臂直臂摆动至身体前方呈交叉状与身体成 45 度，五指并拢，掌心向下，同时发出"开始"口令。

23.1.4 暂停或停止比赛：主裁判右臂向前伸直，五指并拢，拇指在上，指向运动员，同时发出"停"的口令。

23.1.5 得 1 分：场上裁判面向执行裁判长，一臂（左红右蓝）向前平举，伸出食指。

23.1.6 得 2 分：场上裁判面向执行裁判长，一臂（左红右蓝）侧举，小臂成 90°向上，伸出食指和中指。

23.1.7 得 3 分：场上裁判面向执行裁判长，一臂（左红右蓝）伸直上举，伸出拇指、中指、食指。

23.1.8 红（蓝）方得分：主裁判看到执行裁判长裁决后，一臂（左红右蓝）侧举，掌心向上指向得分方，发出"红（蓝）方"口令，同时做出得分手势，发出"1（2、3）分"口令。

23.1.9 互不得分：两臂体前斜下举，掌心向后，然后摆动交叉于体前。

23.1.10 准备消极判罚：一方运动员消极达 10 秒时，场上裁判员一臂（左红右蓝）侧举，五指并拢掌心向上，在腰腹处反复屈肘摆动 5 秒。手臂摆动中，若消极一方开始进攻，则停止摆动，重新计时。

23.1.11 警告：主裁判一臂（左红右蓝）屈肘侧上举，握拳，拳心向前，同时发出"红（蓝）方消极（技术犯规，侵人犯规）警告一次"口令。

23.1.12 出界：一臂（左红右蓝）向前伸直，五指并拢，拇指在上，在体侧前后摆动两次。

23.1.13 整理服装：面向需整理服装的运动员，两掌放在左右腰腹处，指尖向下。

23.1.14 宣告胜负：主裁判一臂（左红右蓝）向侧上方举起，与身体成 45°，掌心向上，同时发出"红（蓝）方胜"口令。

23.1.15 副裁判若发现需暂停比赛的情况时，应面向主裁判，右臂上举，示意暂停。

23.2 执行裁判长的手势动作:

23.2.1 开始比赛:执行裁判长端坐裁判台,一臂上举,五指并拢,掌心向前。

23.2.2 暂停示意:鸣单音哨。起立面向主裁判,一臂上举,五指并拢,掌心向前。

23.2.3 得分:向得分运动员一侧,举得分牌(1 分、2 分或 3 分)。

23.2.4 互不得分:两臂胸前交叉,掌心向下。

23.2.5 警告:

23.2.5.1 对运动员警告:向被警告一侧,上举警告牌。

23.2.5.2 对教练员警告:起立,向被警告一方平举警告牌。

23.2.6 判定胜负:一臂(左或右)侧举,五指并拢,掌心向上,指向获胜一方。

23.2.7 招集场上裁判员:起立,两臂自然抬起屈肘上举,五指并拢向上,掌心向内。

23.2.8 记录符号:

23.2.8.1 得分:"1"表示得 1 分;"2"表示得 2 分;"3"表示得 3 分。

23.2.8.2 警告:用"×"符号表示。

第七节　修改与解释

第二十四条　规则的修改权

由中国摔跤协会负责此规则的修改。

第二十五条　规则的解释权

对此规则条款理解有异议时,由中国摔跤协会负责解释。

附件一:摔跤运动员称量体重记录表

摔跤运动员称量体重记录表

级别: 年　月　日　时

单　位	姓　名	体　重	抽 签 号	调 整 号

检录长:_____、_____   裁判员_____

附件二:中国摔跤比赛成绩记录表

摔跤成绩记录表

级别:　　　　　　赛　　　　　　　　　　年____月____日地点_____

序号	姓名	单位	1	2	3	4	5	6	7	8	比赛成绩			备注
											获胜场次	积分	名次	
1														
2														
3														
4														
5														
6														
7														
8														

总裁判长:_____   编排记录长:_____

附件三:中国式摔跤比赛场上记分表

中国式摔跤比赛场上记分表

比赛时间: 年 月 日 时 分

编号:NO 组别: 执行裁判长:

台号: 级别: 主裁判:

轮次: 红方: 副裁判:

场次: 蓝方: 获胜方:

序号	主裁判		副裁判		执行裁判长		判定结果		备 注
	红	蓝	红	蓝	红	蓝	红	蓝	
1									
2									
3									
4									
5									
6									
7									
8									
9									
10									
11									
12									
13									
14									
15									
16									
17									
18									
19									
20									
累计									

记录说明:

一、1分记"1";2分记"2";3分记"3"。

二、运动员受到警告记"×",在判定结果对方栏中记"1"。

三、教练员受到警告记⊗,在判定结果对方栏中记"1";教练员再次受到警告记⊗,在判定结果对方栏中记"2"。

第九章 中国式摔跤运动损伤与预防

内容提示:本章重点介绍运动损伤的治疗,中国跤术运动是两个身体接触项目,在搏斗中难免会出现一些小伤,因此学会运动损伤的治疗是同学们必须掌握的技能,对提高同学们的学习积极性、预防伤害事故的发生具有指导作用。

第一节　中国式摔跤运动损伤的概述

运动性损伤是指运动中机体在内力、外力作用下引起的一系列急慢性损伤。中国式摔跤是一项两人直接以对方身体为对象的对抗性竞技项目,尽管有"只许摔,不许打"的规则限制,但比赛中对抗激烈,动作变化快,运动强度高,难免会发生各种损伤。即使是在没有对抗性的教学与训练中,也常常由于种种原因,导致损伤发生。

运动损伤一旦发生,往往会对学习、训练、竞赛,以及伤者心理上产生不良影响。因此,研究中国式摔跤运动发生损伤的原因和规律,采取有效的预防和及时的救治,是中国式摔跤教学训练中不可忽视的问题。

正确地认识和掌握中国式摔跤运动损伤的规律,采取有效预防,可以减少教学训练中的意外发生,保证教学、训练顺利地进行。对意外或突然发生的损伤事故进行恰当急救和有效的临时处理,可以保护伤员的生命健康,避免再度伤害,减轻伤员的痛苦,预防并发症,为伤员的转运和进一步治疗创造条件。损伤及时合理的治疗和康复,可以阻止急性损伤的发展,促进慢性损伤的早期康复。

中国式摔跤运动的损伤发生与该运动的技术动作特点、运动员的训练水平、教学训练安排、运动环境与条件等因素有关。

运动损伤可以发生在全身各部,但各部位各种类损伤的发生率也有较大差别。其中耳壳挫伤(血肿)、软骨炎、胫骨创伤性骨膜炎、屈指肌腱腱鞘炎最常见。其次是身体各部位的擦伤,各关节的扭伤。各关节损伤中以肩肘关节损伤发生率最高。以下是我们根据损伤部位对中国式摔跤常见运动损伤进行的归类,供大家参考。

1.面颈部:耳轮挫伤(血肿)、眉弓挫伤、鼻梁撞伤、颈部扭伤等。

2. 肩部：肩锁关节扭挫伤或脱位、锁骨骨折等。

3. 肘部：摔跤肘（肘关节尺侧副韧带、肘前臂总腱撕裂，肱骨内上髁炎）、肘关节脱位等。

4. 腕手部：屈指肌腱腱鞘炎、指间关节挫伤、手舟骨骨折等。

5. 膝部：膝关节侧副韧带损伤、半月板损伤、髌骨劳损等。

6. 小腿：胫骨前挫伤与血肿。

7. 踝部：踝关节扭伤。

8. 伤病：脑震荡、中暑、砸胸、撞裆、抽筋等。

第二节　中国式摔跤运动损伤的原因及预防

一　损伤发生的主要原因

在中国式摔跤教学与训练中常见的损伤发生原因可归纳为以下几个方面：

1. 缺乏对中国式摔跤运动损伤预防的必要知识的了解

中国式摔跤运动损伤的发生，常与教学训练的组织者、指导者和参与者对预防运动损伤的意义认识不足、思想上麻痹大意及缺乏必要的预防知识有关。教学不讲方法，训练不讲系统；缺乏安全意识，不重视安全教育；在训练和比赛中没有积极采取各种有效的预防措施；发生运动损伤后，也不认真分析原因、总结经验教训等等。这些都会导致伤害事故的发生。

2. 运动前缺乏必要的准备活动

准备活动的目的是提高中枢神经系统的兴奋性，增强各器官系统的功能活动，使人体从相对的静止状态过渡到紧张的活动状态。据国内有关调查资料的分析，缺乏准备活动或准备活动不合理，是造成运动损伤的首位或第二位的原因。中国式摔跤运动准备活动中常存在的问题有：

（1）运动前准备活动不充分

中国式摔跤运动中，常用的练习程序是先做一些热身活动，使神经系统的兴奋程度和其他各器官系统的功能活动适度动员起来，然后进入压腿、踢腿、下叉以及专项基本功的练习。这些练习的动作幅度大、速度快，要求相应的对抗肌不仅具有良好的伸展性，还必须具备及时放松、协调配合的能力。如果准备活动不充分，肌肉的伸展性没得到充分改善，神经系统的兴奋性也较低，对抗肌弹性和伸展性较差，不能及时而充分地放松，进入练习时操之过急，猛踢、猛拉、急转、猛捌，就容易发生肌肉和韧带拉伤或扭伤。

（2）专项准备活动不充分

充分的准备活动需要结合专项技术来设计，有主有次。没有针对性的准备活动，不能使运动中负担较重的部位得到充分地预备时，或者两次活动间的间歇时间较长，运动员忽视进入第二次练习前的准备活动时，或因长时间的停练后消退的专项条件反射性联系尚未恢复时，幅度过大、力量过强、速度过快的动作都有可能造成关节韧带扭伤和肌肉拉伤。

3. 运用错误技术动作导致的伤害

技术动作的错误，违反了人体结构功能的特点及运动时的力学原理而造成损伤，这是初次参加运动的人或学习新动作时发生损伤的主要原因。其次，在学习动作时没有掌握正确的动作要领，不注重动作的技术环节，一味追求效果，急于求成，或者不注意倒地后自我保护技术的学习和训练，忽略柔韧性、灵活性练习，都会导致技术动作失误、损伤发生。再次，不必要的精神紧张、肌肉劳损等也是形成错误动作的重要原因。

4. 训练过度疲劳和身体机能下降

睡眠或休息不好、患病受伤或损伤初愈阶段以及教学训练时间过长，身体过度疲劳，机能下降是引起意外损伤的重要原因。此时肌肉的弹性、伸展性、力量都下降，受到快速牵拉，很容易引起"过力"，导致"闪腰""岔气"等肌肉急性扭伤，俗语也称"努伤"。另外，过度疲劳还是导致机体慢性劳损的主要原因。

另外，当过度疲劳，身体机能下降时，机体动作协调性、神经反应能力也显著降低，即使技术熟练的运动员，在这种情况下也可能发生运动技术错误，从而引起损伤。同时，随着生理机能下降，运动员警觉性和注意力减退，反应较迟钝，此时参加实战或练习较难的动作，也很容易发生损伤。

5. 教学与训练中组织方法不当

在教学训练中，不遵守循序渐进、系统性和个别对待的原则；实战训练和比赛中分组不合理；在组织方法上，学生过多、教师又缺乏及时正确的指导、缺乏保护和自我保护措施，这些都可能是导致受伤的原因。

6. 场地设备的缺点导致的伤害

运动场地不平，有小碎石或杂物；地垫维护不良或年久失修，表面不光滑或有裂缝或地垫密合不严，边界区有缝隙；服装不整或佩戴不必要的饰品等，都有可能导致损伤发生。

7. 训练场地不良气候导致的伤害

训练场地气温过高易引起疲劳和中暑，气温过低易发生冻伤或因肌肉僵硬，身体协调性降低而引起肌肉韧带损伤，潮湿高热易引起大量出汗，发生肌肉痉挛或虚脱；光线不足、能见度差，影响视力，使兴奋性降低和反应迟钝而导致受伤。

二 中国式摔跤运动中损伤的预防原则与措施

1. 加强教练员、运动员思想教育,树立安全意识

平时要积极认真地对学生开展预防运动损伤的宣传、教育工作,使其在学习、训练和比赛中,克服麻痹思想,树立安全意识。并要求掌握运动损伤的预防知识,采取各种行之有效的预防措施,认真贯彻以预瞄疗为主的方针。

2. 运动员加强保护和自我保护意识

保护在中国式摔跤训练和比赛中十分重要,因为中国式摔跤是一项激烈的对抗性运动,很容易发生技术失误以致受伤。尤其是刚刚参加训练的运动员或初学者,判断和控制能力差,要先学习自我保护。教师要把保护和自我保护的知识与方法传授给学生。例如,倒地时的自我保护,俗话说,"要想摔别人,先学摔自己。"摔跤是一项综合性很强的运动项目,在学习进攻技术时,多练倒地和翻腾动作,提高空中和倒地反应以及抗撞击能力,可以有效地防止损伤。在摔跤运动中,优秀的运动员被摔倒时,在与地面接触的瞬间,会将身体团成球状,滚动后迅速恢复为平衡状态。身体的球状滚动减少了与地面的摩擦接触,从而能有效防止创伤的发生。

有些跤手在倒地时,习惯用手臂去撑地面,养成这种不良习惯是极其危险的。身体在倒地时,受地心引力和冲力的两重作用,这时撑扶地面,支点在前臂与手腕上,来自地面的反作用力与重力和冲力往往在肩、肘、前臂部位交会集中,如果双方运动员同向一个方向倾倒,产生的冲击力将是两个人共同的重力冲量,常会引起肩、肘脱位,前臂骨折等严重创伤。

在训练与比赛中运动员还应相互关照,做好防护,做到防患于未然。在实战中要强调"练跤先修德",提倡"宁输一跤,不伤一人"。

3. 认真做好专项准备活动

中国式摔跤是一项紧张、激烈的竞技性运动,无论从运动量上还是在对抗性上,都属于高强度,在正式上课和训练比赛前都应做好充分的专项准备活动。准备活动的内容,要根据训练和比赛的内容和特点而定,要做到全面、细致、充分,既有一般性准备活动(跑步、关节操、热身操及垫上热身活动),又有专项准备活动。使准备活动最后部分的内容与教学、训练的基本内容相似。对运动中负担较大和易伤的部位,要特别注意准备活动的充分,适当地做一些力量性和伸展性练习。

准备活动的量,要根据运动员的特点、气象条件和教学训练或比赛的情况而定。一般认为,兴奋性较低、锻炼基础或训练水平较高、运动持续时间较短或天气较寒冷时,准备活动的强度可稍大些,时间可稍长些。相反,体育锻炼者的年龄小,锻炼基础较差,运动持续时间较长或天气炎热时,准备活动的强度宜小些、时间可短些。已伤部位的准备活动更要谨慎小心。全套准备活动要循序渐进,准备活动

的量应以身体感到发热、微微出汗为宜。

注意力不集中，常是各种意外损伤发生的诱因。所以准备活动中也要做好精神准备，排除杂念，集中注意力，全身心地投入到教学、训练和比赛中去，不要说笑打闹。

4. 重视对基本功和基本技术动作的规范性教学与训练

在中国式摔跤对抗过程中，技术动作的完整到位和自然流畅是取得胜利和有效防止伤害的重要因素。例如，使用小得合，前腿脚面要触地。当对方反攻时，脚可随其力倒地，如果脚尖或脚内侧触地，对方盘腿反攻，脚踝关节内侧副韧带就容易扭伤。用踢时需转体拧腰，上步闪身，上手挣，底手拉拽，给对方让开地方，动作准确，一气呵成。如果组合不好，即使对方倒地也会砸伤自己底腿。其他如倒胳膊插臂等上肢动作，均需正确掌握动作，否则就容易将自己肘关节扭伤。动作的完整到位和自然流畅，上中下三盘合一，一气呵成，是以扎实的基本功和长期规范的基本技术训练为基础，因此，应高度重视基本技术教学和训练，使学生正确掌握技术动作要领，掌握正确的动力定型。

5. 防守反击要把握时机，符合规范，不可盲目蛮干

"粘连黏随、柔化顺从"是中国跤的主要技法要求。每个绊子的使用、破解、反攻以及手法上的挣脱等，都有它的力学原理。在练习中，不可脱离实际、盲目运用，否则，会造成损伤。例如，锁手捏的破解，只能采用跟着走、抢出步进行反攻。如强硬使用动作进攻，很容易把胳膊别折。肘关节能向前屈，决不能向后伸，当对方反作用力的力点放在本方的肘关节上，这时如不柔化顺从，反而用肘做力点，手腕做支点，就会使两个不同方向的力相撞，而力小的支点会倾斜，倾斜后的前臂，必然要骨折。运动员在场上，不能单凭冲劲鲁莽硬拼，在动作的使用上，一定要懂得它的力学原理，并结合生物力学和人体解剖学的知识去运用。

6. 合理安排教学和训练内容，谨防过度疲劳和过力

为了防止过力和过度疲劳的发生，在中国式摔跤的教学与训练中应合理安排教学训练内容和运动负荷，遵循"因材施教，循序渐进，量力而行"的原则。俗语讲"紧了崩、慢了松，不紧不慢才成功"。

合理安排教学内容时，对于初学者，在学练一些简单技术的同时，应先练抻筋、压腿、耗腿、站桩等功法，待柔韧性和腰腿有一定的功力后，再慢慢学练难度大的动作。选练器材时，先练一些小棒子、皮条、小推子（花砖）等轻器械。练习石担、杠铃、滑车（拉力器）等，也不宜过重。训练中，应选择适当的功法和技法，运动量和强度都要遵循由简到繁、循序渐进的教学训练原则，不可急于求成，好高骛远。

另外，加强一般素质和专项素质训练是防止或减少损伤发生和深化训练的良好方法。为了在运动中防止疲劳、减少损伤并提高训练情趣，可以采取动静结合、

适当变化的方法。在每次训练课中,可多选练一些不同风格的功法和技法,训练时每组次数不宜过多,组间间隔适当长些,则不易疲劳。不同动作交叉训练(如铁牛耕地和跳崩子),既能增加情趣,又可做到使局部肌肉及时放松,避免造成机体局部负担过重从而引起运动创伤。还可逐渐缩短时间间隔,加大练习密度,提高训练强度,避免运动训练的单调乏味。

7. 精神集中,认真对待,不可放松或懈怠

摔跤是一项对抗性很强的竞技项目。训练和比赛中都要求运动员精神高度集中,不得有半点松懈。由于对抗激烈,运动员处于兴奋状态,其大脑神经相当活跃,如果注意力集中,反应敏锐,肌肉群都处于适度紧张的应急状态,其紧张性与反应性完全可以减少倒地等碰撞所造成的创伤。如果运动员在训练和比赛中盲目放松情绪,这时肌肉神经松弛,冲撞中很容易造成损伤。优秀的运动员只有在结束训练与比赛时,才放松情绪。

8. 受伤或病后要及时治疗,充分休息,不可过早参加训练

受伤后,由于损伤程度有轻重,其恢复时间是不同的。但是都需要一个过程,不可盲目臆断。应根据医嘱治疗休息,不可强行训练,但可以适当做一些功能锻炼,促进伤处康复。很多运动员由于伤后过早参加训练,引起反复损伤,造成损伤恢复不良,形成慢性劳损及各种后遗症,不仅影响身体健康,而且缩短了其运动生命。对于疾病也应遵医嘱治疗,待康复后再参加训练。有人认为头痛脑热不算病、出点汗就好了,是没有科学根据的。如发高烧时训练,可引发心力衰竭、心肌炎、便血等病症。轻伤时可以调整训练内容,如上肢扭伤可集中练腰、腿力量,下肢扭伤可集中练臂力,待伤好后再全面练习。但要安排合理、因人而宜。

9. 训练及比赛前应认真检查场地器材

虽然中国式摔跤对场地器材的要求不是很高,但是在实际的学习和训练中,如果忽视了对场地器材的维护及管理,也常会造成不必要的损伤。为了做到不因场地、器材引起运动损伤,在训练比赛前要注意以下几方面的问题。

第一,场地是否平整。室内垫子是否松软适度、摆放整齐严密、无缝隙、不滑动、盖布无皱褶,场地四周是否有保护垫子,无关的器材和杂物是否消除。若为室外土场地,要用细面沙加黄土垫30厘米左右,训练前要翻挖、整平、踩实,并保持潮湿、松软适度。要远离墙、树和其他堆积物。如果有观众,则要与观众席保持一定的距离。训练时如发现场地板结、坚硬,应重新翻挖,或暂不做倒地动作。

第二,检查服装、器材是否标准、完好。跤衣大小是否适中,跤鞋是否合脚。训练器械要勤检查,如练地秤时,每组练习前均应检查是否有松动,石担子、滑车等大型器材应随时检查,防止脱落。

第三节　中国式摔跤运动损伤的急救处理

采取严格的预防措施，能减少损伤的发生，但有时一些意外的创伤还是难免的。作为一名专业工作者，了解、掌握一些创伤后的急救方法，在医护人员到达或去医院之前合理及时地应用，是十分必要的。采取急救处理可以抢救生命，防止再度损伤和并发症，减少伤者痛苦，为转运及进一步治疗创造条件。

一　损伤后急救的原则和注意事项

急救时必须抓住主要矛盾，救命在先，做好休克的防治。骨折、关节脱位、严重软组织损伤或合并其他器官损伤时，伤员常因出血、疼痛而发生休克。在现场急救时，要注意预防休克，若发生休克，必须优先抢救休克。其次，急救必须分秒必争，力求迅速、准确、有效，做到快救、快送医院处理。

救护人员要保持镇静，切不可惊惶失措或顾此失彼，即使出现危急情况也应镇静地进行有条不紊的抢救工作；急救技术力求熟练敏捷。经急救处理后，应陪伴伤员到医院，并向医生介绍发病情况和急救经过。

二　运动损伤的初步诊断

初步诊断过程，是对损伤情况进行调查与分析的过程，它是确定急救措施的前提。进行初步诊断的过程和内容大体如下：

（一）收集病史

主要包括两个方面：一是简要地询问受伤经过，如受伤的动作及身体部位，受到暴力打击或跌倒时身体哪个部位先着地等，以便确定损伤的部位和性质。因为不同的动作发生的运动损伤都有一定的特点和规律；不同的暴力作用机制，可发生不同的损伤；二是扼要地询问伤员的自我感觉，如受伤时有否听到响声，身体哪个部位疼痛、肢体能否活动等。若伤员昏迷时，应向同伴或其他在场人员简要了解伤员的受伤经过。

通过扼要、迅速地了解伤情并加以分析，确定损伤部位、性质和范围，以便做进一步的重点检查。

（二）就地检查

首先要观察或检查伤员的全身状况，如精神、面色、姿势、知觉、呼吸、脉搏和血压等，注意伤员有否休克；二是局部检查，如有无创口出血、红肿、压痛、畸形等，以便确定是否有骨或关节损伤，以及有无内脏和神经损伤。检查时不要只注意损伤局部而忽视其他部位。根据检查结果作出初步诊断后，按照不同情况迅速采取急救措施。

三 休克的急救

（一）摔跤运动员休克的病因

休克为 shock 的译音，系"震荡"之意，是人体遭受体内外各种强烈刺激（如剧烈疼痛和大量出血）后发生的一种全身综合症。主要问题是急性周围循环衰竭，有效循环血量的锐减，导致组织器官的缺氧和代谢紊乱，若不及时抢救，可引起伤员的死亡。引起摔跤运动员休克的主要原因有：骨折、脱位、严重软组织损伤；睾丸挫伤后的剧烈疼痛引起周围血管扩张使有效循环血量相对减少；或大血管破裂出血引起血容量突然降低，使有效循环血量不足，但这种情况较少见；另外，过度疲劳、饥饿、寒冷、酷暑等等，都能诱发休克发生，或加重休克程度。

（二）摔跤运动员休克的征象

休克的发生分为兴奋期和抑制期。兴奋期休克的兴奋期紧跟损伤而出现，它是仰制期的前导，可能只持续几分钟乃至数秒钟。此期伤员多有烦躁不安，呻吟和叫唤，表情紧张，面色苍白，脉搏快而有力，呼吸急促，血压正常或反而稍高。若能及时抢救，或可避免进入抑制期。

抑制期伤员出现显著病容，精神萎靡，表情淡漠，口渴，头晕，出冷汗，四肢发凉，呼吸急促，脉搏快而无力，血压下降。严重者出现发绀（面色、口唇青紫）、昏迷。

（三）摔跤运动员休克的急救方法

1. 摔跤运动员平卧休息

立即让伤员平卧，安静休息，并给以亲切的安慰和鼓励，消除伤员的思想顾虑。伤员的卧姿最好不要采用头低足高的"休克位"，因为这样
会使颅内压增高，并使膈肌上升，影响呼吸，不利于休克的纠正。

2. 摔跤运动员的饮水

神志清醒又无消化道损伤的患者，可给饮适量的盐水（每 100 ml 的水中含盐 3 g、碳酸氢钠 1.5 g）或姜糖水、热茶等饮料，以减轻口渴。

3. 保暖和防暑

注意身体保暖，以避受寒。汗湿的衣服尽可能换去，以防身体散热过多。炎热的夏天，要注意防暑降温。

4. 保持呼吸道通畅

昏迷患者，常因分泌物或舌后缩等原因引起呼吸道堵塞，要及时清除分泌物及血块，松解衣领，必要时可把舌牵出口外。

5. 止痛

剧烈疼痛时，可口服或注射镇静、止痛剂。

6. 包扎和固定

开放性损伤的伤员，应立即用无菌敷料或清洁的毛巾、手帕等棉制品将伤口覆盖包扎。骨折或脱位的伤员，应做必要的急救固定。

7. 止血

外出血都应在急救的早期采用绷带加压包扎法、指压法或止血带法等及时止血，对内出血患者，应尽快送医院处理。

四　骨折的现场处理

所谓骨折是指骨的连续性遭到破坏。在中国式摔跤运动强烈的对抗中或相互练习中用力不当，骨折是时有发生的。一旦发生骨折或疑有骨折时，应按要求进行现场急救处理，然后送医院进一步治疗。

1. 骨折的分类

中国式摔跤运动中所发生的骨折，多为暴力作用引起的外伤性新鲜骨折，但骨折的程度不同，有完全骨折，也有不完全骨折（如骨裂）。损伤后，骨折处皮肤完整，骨折端未与外界相通者称闭合性骨折；骨折端穿破皮肤，直接与外界相通者称开放性骨折，这种骨折容易发生感染，诱发骨髓炎或败血症；若骨折后，断端刺伤了重要组织、器官，可发生严重的并发症，常称复杂性骨折。

2. 骨折的特征

骨折后有助于判断的局部特征有：

（1）疼痛

发生骨折的当时，疼痛较轻，但随后疼痛较重，活动肢体时更痛，持续剧痛可发生休克。

（2）肿胀和淤血

骨和周围软组织的血管破裂，导致局部明显的出血和肿胀。

（3）功能障碍

因疼痛、肌肉痉挛、骨杠杆作用破坏和周围软组织损伤等造成，肢体多不能站立、行走或活动。

（4）畸形

完全骨折时，常因暴力作用和肌肉痉挛，使骨折断端移位，出现伤肢缩短、侧突成角或旋转畸形。

（5）异常活动和骨擦声

四肢长骨完全骨折时，骨折处出现类似关节的异常活动，移动肢体时因断端相互摩擦而出现骨擦声，这是完全骨折的特有现象。在检查时要谨慎小心，决不可有意去寻找异常活动和骨擦声，以免加重损伤和增加伤员痛苦。

(6)压痛和震痛

骨折处有敏锐的压痛,有时轻轻叩击远离骨折的部位,在骨折处出现疼痛。最后确诊须拍 X 线片,以进一步了解骨折局部的情况。轻的骨折常无明显的全身症状,严重骨折可因剧痛、出血或神经损伤而发生休克。

3. 骨折的急救原则

(1)防治休克:严重骨折、多发性骨折或同时合并其他损伤的伤员,易发生休克。急救时要注意预防休克,若有休克,必须先救休克,再处理骨折。

(2)就地固定:骨折后及时固定,可避免断端移动,防止加重损伤;固定后伤肢较为稳定与安静,可减轻疼痛,且便于伤员转运。未经固定,不可随意移动伤员。

(3)先止血再包扎伤口:伤员有伤口出血时,应先止血,清洗创面,再包扎伤口并固定。如为暴露伤口可剪开衣服、鞋袜,不可脱。

(4)及时送医院做进一步诊断与治疗。

4. 注意事项

夹板的长短、宽窄要适宜,使骨折处上下两个关节都固定。若无夹板时,可用树枝、竹片等代用品。夹板要用绷带或软布包垫,夹板的两端、骨突部和空隙处要用棉花或软布填妥,防止引起压迫性损伤。肢体明显畸形而影响固定时,可将伤肢沿纵轴稍加牵引后再固定。缚扎夹板的绷带或宽布条应缚在骨折处的上下段。固定要牢靠,松紧度应适中,过松则失去固定作用,过紧会压迫神经血管。此外,四肢骨折固定时应露出指(趾)端,若发现指(趾)端苍白、发麻、发凉、疼痛或呈青紫色,应立即松解夹板,重新固定。上肢骨折固定后,用悬臂带把患臂挂于胸前;下肢骨折固定后,可把患腿与健腿捆缚在一起。固定后应尽快将伤员送到医院,争取及早整复。

第四节　中国式摔跤运动常见损伤的诊断与治疗

一　面颈部常见损伤

(一)耳轮挫伤

1.原因与征象:摔跤运动在实战中常有搓撞耳轮现象,俗称"卷耳朵"。多伤及耳廓的前外凹面,伤后耳廓即疼痛、红肿,在耳前凹面部逐渐形成血样积液,一般在24 小时内积

液肿胀达高峰,疼痛加重,影响训练。运动员往往怕耳廓再度挫伤而停止训练。积液的产生是由于耳廓皮下组织少,血管表浅,受到挤压、搓揉、挫碰时,常常伤及软骨,造成软骨与软骨膜之间血样渗出。治疗不及时或不当以及反复损伤者,

因积液的长期刺激可引起弹性软骨损伤变性而出现粘连、变形,继发耳壳畸形——"菜花耳"。

2.处理方法:挫伤后应马上用凉水冲洗或用冰块冷敷,再用万花油等外敷药物涂抹,吃止痛消炎片以防发炎。应停止训练和比赛,防止二次挫伤。如果发现大面积水肿,可用无菌针管将其抽出,还可再注入强的松龙或盐酸肾上腺素液,最后用石膏压实包扎,几天后可痊愈。如果是轻微挫伤,虽疼痛但没有水肿,可用冷毛巾冷敷。万不可按摩和揉搓,谨防再次挫伤。处理不当常继发耳壳畸形"菜花耳",须成形手术矫正。

(二)眉弓挫伤 ●●●

1.原因与征象:眉弓是前额部较突起而坚硬的骨性部位,皮下组织很少。在摔跤中,常因头与头、头与肘等的碰撞而受挫伤,轻则皮下骨膜出血,积血肿胀、青紫,重则皮肤与皮下组织破裂,创口血流难止,甚至出现眉弓骨折。

2.处理方法:眉弓撞裂后,可用脱脂棉敷于伤口,用手按合伤口到医院缝合。万不可按摩、揉搓和擦洗,以防感染。愈合后方能做实战训练。

(三)鼻梁撞伤 ●●●

1.原因:鼻子是面部最高的部位,且位于面部正中,靠正中较细的鼻梁骨支撑,在对抗中或磕碰硬物很容易被撞伤。

2.征象:伤后轻者出血,重者骨折。骨折后鼻梁骨松动,甚至塌陷变形。开放性鼻骨骨折,常流血不止。

3.处理方法:鼻子出血后,可将伤者头仰起,左手捏其鼻翼,用右手第五掌骨轻切其颈,可立即止血,再用消毒棉球堵住鼻孔。如流血不止,可用凉水冲洗后到医院处理。鼻骨骨折如有塌陷变形,立即送医院处理。伤后应停止双人实战训练,以防二次撞伤。如果开放性鼻骨骨折,流血不止,应立即送医院处理。

(四)摔跤运动员颈部损伤 ●●●

1.原因:在实战中很少有头部垂直戳下的现象。偶发于一些初学者和极度疲劳时。

2.征象:轻则软组织扭伤,颈部疼痛僵硬、活动障碍,重则骨折、脱位,甚至损伤脊髓导致休克、截瘫。

3.处理:一旦头颈损伤,首先要检查颈骨是否受损变形,眼球有无异样,四肢是否抽搐。如有以上症状时,说明有脊髓损伤,须固定体位,迅速送往医院就诊,不可校正和按摩。而一般的肌肉韧带扭伤可自我按摩或请按摩师按摩校正。

二 肩部常见损伤

(一)肩锁关节扭伤及脱位 ●●●

1.原因：由于倒地方法欠佳，肩部前上或后上部触地，肩胛骨向下或向后错动，导致肩锁关节囊、韧带的不完全或完全断裂，以及肩锁关节的半脱位和脱位。

2.征象：伤后，肩锁关节处疼痛、压痛，并逐渐加重，上肢不能下垂，外展或上举时疼痛加剧。如为半脱位，肩的外形可无改变，全脱位肩部有明显畸形。

3.整复与固定：伤病员坐位，屈肘，头及颈部略向前倾。治疗者立于伤侧，一手托肘部向上推送并轻度外展肩部，另一手拇指向下按压锁骨外端，即可复位。然后将伤侧肘关节屈曲 90°，用腕颈吊带悬吊伤肢，用吊带后经肩胛应用三角巾悬吊前臂，固定 3～5 周。

(二)锁骨骨折 ●●●

1.原因：多因倒地姿势不当，跌倒时单臂支撑过猛或肩部外侧受暴力所致，骨折多位于中段。

2.征象：锁骨骨折后，诊断并不困难，患者多用手托肘，耸肩，头向患侧倾斜，下颌转向健侧，以减轻因胸锁乳突肌痉挛牵拉骨折端而产生的疼痛。局部因锁骨表浅，多有明显压痛，可触到错位的骨折端及听到骨擦音。

3.整复与固定：由于锁骨骨折愈合容易，重叠愈合也不影响功能，故不必强求解剖复位，在现场可用三角巾、绷带固定上肢，即双肩行"8"字形绷带固定。方法是先在骨折近端上放一棉垫，并用胶布固定之，以对抗胸锁乳突肌的牵拉力，然后放厚棉垫于两腋下，用宽绷带从伤肩经上背部到对侧腋下，绕过肩部，从背后返回伤侧腋下，绕过伤处，如此呈横"8"字形反复包绕 5～6 层。伤后 4 周多可愈合。

三 肘部损伤

(一)摔跤肘 ●●●

肘关节内侧软组织损伤：肘关节内侧软组织损伤是指尺侧腕屈肌群和旋前圆肌在肱骨内上髁附着处及肘关节囊和尺侧副韧带的牵拉性损伤。摔跤运动员最常见，故称"摔跤肘"。

1.原因：损伤原因主要为反关节致伤，一方使用动作被另一方强力抵制，造成肘关节过度外翻，也有因犯规动作所致。另外，不当的上肢支撑也是常见的损伤原因。运动员在被对方摔倒时或自己动作不成功，在没有思想准备的情况下跌倒后上肢撑地，自身的冲击力加上对方压力以及手掌接触地面的反作用力，在肘关节形成交点，迫使肘关节外旋。

2.征象：摔跤肘表现为肱骨内上髁下缘前臂屈肌群起点肿胀、压痛，肘关节被动过伸,极度扭曲,被动伸腕、抗阻力屈腕,肘关节内旋、外旋时疼痛。前臂屈肌群附着点撕裂、尺侧副韧带撕裂者,临床表现特点是被动过伸,极度扭曲疼痛,或伸屈受限,被动伸腕、抗阻屈腕疼痛。合并肘关节囊撕裂者,临床检查特点是内上髁、肘关节囊、肘后滑膜局部肿胀、疼痛或压疼,肘关节屈、伸受限,损伤数小时后手和前臂肿胀。

合并内上髁撕脱性骨折、完全或不完全骨折,临床检查特点是内侧肿胀,内上髁较健侧高,肘关节伸、屈受限,内侧牵拉疼痛,数小时后上臂下段和前臂肿胀,完全骨折可扪及活动骨块及锐利的骨折部,可用 X 线确诊。陈旧性损伤,内上髁一般较健侧大,压痛,屈伸不全,极度扭曲、极度过伸局部均疼痛,被动外旋、抗阻力屈腕、伸腕均可疼痛。

3.处理

(1)尺侧副韧带、肘前臂总腱撕裂,外敷郑氏新伤药一号和二号,固定悬吊3～5 天。

(2)合并关节囊撕裂须固定一周以上,第二天至第三天可局部用 25 mg 强的松龙、4 mg/2％普鲁卡因局封,一般 3 次即可,配合按摩,忌用重手法。早期可用推、压、揉法做周围按摩,以达到消肿目的;中期可用按压,两手掌搓、揉、捏手法,以达到消炎作用;后期可用拨、顺腱刮法,被动屈伸活动,以疏通经络,消除粘连,恢复功能。

(3)伴有内上髁不完全的撕脱性骨折应固定三周,避免屈肌腱牵扯,如完全骨折复位固定不成功,应尽早手术治疗。

一般摔跤肘伤如能及时得以治疗,功能恢复会较快。如果反复受伤,不能适当处理,容易使肘关节伸展不全、屈伸受限,或引起创伤性关节炎。

(二)肘关节脱位 ●●●

1.原因与征象:摔跤中,常见的是肘关节后脱位,损伤机制同摔跤肘。症状为肘关节固定在半屈曲位,呈所谓"靴"型,伸屈受限,上肢缩短,肘前膨出,肘前方可扪及突出的肋骨下端,肘关节前后径加长,局部肿胀。肘后三角关系破坏,肘后可扪及突出的尺骨鹰嘴。

2.整复方法:

①牵拉屈肘复位法。伤员取坐位,助手用双手握患肢上臂,术者握腕部对抗持续牵引 2～3 分钟后,术者一手继续维持牵引,另一手移向患肢肘部,拇指抵住尺骨鹰嘴突用力向下、向前推顶,其余四指托住肱骨下端向后搬拉,并逐渐屈曲肘关节,即可复位。

②膝顶牵拉屈肘复位法。伤病员坐于椅子上,术者立于伤侧。一腿屈膝,足蹬在伤侧的椅子边角上(右侧用右膝,左侧用左膝),将伤肢屈曲肘窝抵在膝前,一手

握住上臂下段,一手握住前臂下段,用力对抗牵拉,当听到或感到复位声响时,即已复位。复位后,可仅用腕颈吊带将伤肢悬于胸前3周。

四 腕手部常见损伤

(一)舟骨骨折

1.原因:舟骨骨折主要由间接暴力引起。运动员被摔着地时用手支撑垫子,支撑的方法不当,手旋前位置背伸和桡骨偏位着地,桡骨直接冲击舟骨,常可引起舟骨骨折。

2.诊断:伤后腕部桡侧鼻烟窝肿胀、压痛,腕关节桡偏,或叩击第三掌骨头时出现腕部剧烈疼痛,摄腕关节正斜位X线片可以明确诊断。

3.处理原则:舟骨骨折后,由于血供差、难于固定等因素,如不及时治疗,骨折多难愈合。表现为腕关节疼痛,关节活动幅度减小,并可引起腕关节创伤性关节炎。所以一旦发生跌伤,腕关节肿胀、积血,均应考虑为舟骨骨折。此时,不管有无X线片上的阳性发现,都应按骨折进行固定。两周后重新拍X线片检查,确有骨折者,骨折处脱钙,可看到明显的骨折线若为阴性可解除固定。反之,则应继续固定,直至痊愈,这样才不致延误治疗。

4.整复固定方法:单纯腕舟骨骨折多无移位,无须整复,仅用短臂石膏管型或石膏前托固定腕关节于背侧屈300位即可。但对合并有舟骨、月骨、周围腕骨脱位者,则需手法复位。伤病员取坐位,前臂旋前,一助手提前臂上段,另一助手分别握拇指和四指,对抗牵引。术者双手食指、中指、无名指重叠,抵住腕掌侧上部,两拇指由背侧向掌侧按压头状骨和三角骨即可复位。复位后,用石膏托或小夹板固定,前臂中立位颈胸悬吊8~10周。

(二)屈指肌腱腱鞘炎

1.原因:中国式摔跤运动员的第二、三、四、五掌骨易发生屈指肌腱腱鞘炎。这与运动员长期用手抓握跤衣有很大关系。另外,指浅屈肌与指深屈肌的肌腱至掌骨颈部,两个肌腱挤入一个狭窄的由骨及韧带围成的腱鞘,也是产生该病的内因之一。

2.征象:手指在活动时患处疼痛及局限性压痛,不能伸直,经常有"弹响"与"交锁"情形。此类患者久病,疼痛可以完全消除,只遗留有"弹响"现象,又称"扳机指"。

3.处理:发病早期应注意患肢休息,局部制动、理疗,直到症状完全消失。上述治疗无效时,可用甾体抗炎剂(确炎舒松)局部封闭,以减轻局部炎症反应。局封每周1次,3~4次为一疗程,同时配合理疗。症状完全消失后,可逐步开始恢复训练,但要注意正确的训练方法,避免致病因素,才能防止复发。病情严重者,终日疼痛或闭锁不能解除时,则需外科手术,切开狭窄的腱鞘,效果较好。

五　膝及小腿部常见损伤

（一）膝关节内侧副韧带损伤 ●●●

1.原因：膝关节侧副韧带和筋膜较松弛，可做屈伸动作。屈曲时，膝关节有一定回旋度，灵活性好而稳定性差；伸膝时，不能回旋，稳定性好而灵活性差。摔跤运动中，双膝常处于屈曲位，灵活性大，稳定性差，当小腿突然剧烈外展、外旋，或是足与小腿固定，大腿突然剧烈内收、内旋时（如"用绊"），可因膝关节的过度外翻而伤及内侧副韧带。

2.征象：症状表现为膝部反复出现阵发性疼痛并且疼痛逐渐加重，屈伸功能明显受限，可伴有局部肿胀和淤血；若韧带完全断裂，膝关节会出现异常松动。

3.处理：此伤发生后，应立即停止活动，局部冷敷、包扎、固定，伤后24小时可采取适度热敷、按摩和理疗，局部外敷新伤药、奇正炎痛贴或接骨续筋膏等。完全断裂者应及时手术缝合、固定。

（二）膝关节半月板损伤 ●●●

1.原因：在膝关节屈伸过程中同时伴有关节扭转，则半月板本身出现运动方式与关节面特征不相协调的状态，使半月板在股骨髁与胫骨平台间剧烈研磨而导致劳损。

2.征象：常有典型外伤史，可自感深部有撕裂感，关节深部肿胀疼痛，可出现关节绞锁而完全不能屈伸。

3.处理：早期时可制动、消肿、止痛，外敷新伤药和消肿膏等，内服虎潜丸或跌打丸等。若关节内有明显积血，应在无菌条件下抽血，以减少关节腔内机化和粘连的后果，局部加压包扎、固定，休息2～3周。为防止肌肉萎缩，应在伤后3～4周逐渐恢复伤肢的活动。如伤痛严重，活动受制，则应考虑手术缝合或去除损伤的半月板。

（三）髌骨劳损 ●●●

又称髌骨软骨炎，是摔跤运动中较常见的一种慢性损伤。

1.原因：由于摔跤运动员膝关节长期处于半屈曲位，活动中髌骨关节面在较强压力下反复摩擦或相互撞击，致使软骨面被磨损，粗糙不平，失去光泽。

2.征象：症状表现为慢性膝痛且软而无力，休息可获暂时缓解，运动后复又加重；怕半蹲位和上、下楼梯；髌骨压痛，以髌骨尖和周缘较明显。

3.处理：治疗应与训练相结合，不必停止训练。局部用推揉法、按摩髌骨及其周围软组织。同时在医生指导下用专用髌骨护膝进行保护情况下进行必要训练。

（四）胫骨前挫伤与血肿 ●●●

1.原因和征象：这是一种中国跤常见的运动损伤，是用踢类跤绊不当所致。损伤位于胫骨内侧骨面与皮肤之间，血肿较大时可向下、向内流注，越过胫骨内后缘。损伤初期内容物为血性，如未及时处理，则内容物变为黄色粘液，类似滑囊炎，经久不愈，有时还可继发感染。受伤当时多有剧痛，但稍缓又能继续比赛，赛后才发现胫前出现有波动的疼痛血肿。如不及时抽出而变成慢性，则表现为滑囊炎症状，时肿时消。局部压痛在胫骨面上，且有波动感，有时可以触到肥厚的囊壁或凝集的游离小结。

2.预防与处理：无论是训练或比赛，运动员都应穿着带毡垫的护腿以防受伤。如在比赛中受伤，应立即以弹力护腿压迫。如果可以离开场地，应以好得快（氯乙烷）喷涂降温止血，然后，局部置海绵垫，再以弹力绷带压迫止血并局部抬高，卧床休息。已有积血的应立即抽出，再压迫包扎。一般至少需一周的局部休息才有可能愈合。已成慢性的，可局部抽液，注入强的松龙，再加压包扎，卧床休息。愈后再练时，应以海绵圈环绕伤部，外用护腿固定以防再伤。若保守治疗无效且囊肿较大者可手术切除。

六 踝关节扭伤

1.原因：在摔跤运动中，常因场地不平、过于松软或踩在对方的脚面上等使踝关节跖屈位突然内、外翻扭伤，有时伴有踝关节的旋转，致使踝部韧带受到过度牵拉而损伤。损伤程度可分为韧带扭伤、部分撕裂和完全断裂三种类型。

2.征象：受伤后踝部立即出现肿胀疼痛，不能走路或尚可勉强走路，伤后二三日局部可能出现淤斑。内翻扭伤时，外踝前下方肿胀、压痛明显，若将足部做内翻动作时，则外踝前下方发生剧痛；外翻扭伤时，内踝前下方肿胀、压痛明显，若将足部做外翻动作时，则内踝前下方发生剧痛。严重扭伤疑有韧带断裂或合并骨折脱位者，应做与受伤姿势相同的内翻或外翻位X线摄片检查。

3.处理：先要检查是否带有胫、腓骨骨折。如无骨折，可速用好得快（氯乙烷）喷洗或冰敷，降温止血后加压包扎，以防出血肿胀。如无明显出血肿胀，或24～48小时后肿胀消除者，可用红花油或按摩乳在伤处按摩，用绷带保护，几天后即可痊愈。

如果有胫骨或腓骨骨折。受伤者正坐于凳上，助手坐于伤者背后，双手抱其腰，施术者右手握其伤脚跟，左手抓握其脚弓，用力向外拉出，将其断骨接上，用石膏托或夹板将其固定。第二天松开绷带检查复位情况，如果良好无异常，则再固定好。可配合服用止痛消炎散、跌打丸等舒筋活血药品，外敷新伤药或接骨续筋膏，痊愈后方能参加训练。

七 其他伤病的预防与处理

（一）中暑

1.原因与征象：夏天气温高，空气中湿度大，训练时运动员排汗不畅，内热散发不及,常产生高热中暑,运动员表现虚弱或虚脱休克、呼吸困难、脸色发白、恶心呕吐、心跳过速。

2.预防与处理:夏天训练时应谨防中暑。一旦发现运动员呼吸困难、脸色发白、恶心呕吐、心跳过速甚至休克,应当马上将其腰带解开,到通风处休息,最好平卧,喝加食盐的凉开水,服祛暑降温药品,如十滴水。休克者可掐人中、合谷穴,同时送往医院。

(二)砸胸

1.原因与征象:常因双方先后倒地,后倒地者砸在先倒地者胸上而引起。被砸者只是呼吸困难,并无其他异样,为岔气。重者可致胸、肋损伤变形或是肋骨骨折或脱位。

2.处理与康复:如果经检查被砸者胸、肋已损伤变形,应让伤者正坐于凳上,施术者立于背后,双手由伤者腋下插入,伤者向下坐或一助手蹲至伤者面前,用双手按压伤者大腿根部。施术者腹部紧贴伤者腰部,双手向上抱捧,挺腹晃动。双手同时捂伤者嘴,迫其暂停呼吸。挺腹并向后扳其双肩,可使伤肋复位。如有凸起,可用硬纸板敷于凸起处,再用绷带缠紧固定。服止痛化淤药品。康复后方可参加训练。

如果被砸后只是呼吸困难,并无其他异样,伤者可正坐于地上,施术者立其背后,双手由背后插于其腋下,向上提拉,同时双膝顶其腰背,可立即康复;或伤者自己做扩胸深蹲、深呼吸亦可。

(三)撞裆

1.原因与征象:使用勾子和大得合极容易撞裆。撞裆后应首先了解伤情,进行必要的检查。如果紫肿变形或睾丸缩入,伤者剧烈疼痛或伴有休克者,应马上送医院就诊。

2.处理与康复:如无以上情况,只是疼痛,伤者自护其裆,施术者立其背后,双手抱其腰向上提,伤者用双脚跟落地,反复数次伤情可缓解。

(四)抽筋

1.原因与征象:常因过度疲劳或受寒着凉引起,多发于下肢腓肠肌。

2.处理与康复:伤者平躺,将伤腿置于施术者小腹处。治疗者双手掐按其足三里,上身向前倾,使伤者踝关节背伸,抽筋可立即缓解。另外,伤者也可自己将伤脚后蹬,呈弓蹬步,反复蹬压亦可缓解。

(五)软组织受伤的"RICE"自我治疗

1.软组织受伤的症状

发生在运动中的许多意外,在以后几天内,身体会出现肿块或青块。软组织受伤(包括在肌肉、肌腱、韧带和关节)会因发炎而红肿、发热,一触即痛。淤血,因外伤而引起血管受损,造成内部出血。血液流入组织,造成发炎和白血球增多。

2. 软组织受伤的"RICE"自我治疗

软组织受伤后的最初 48 小时内,应使用"RICE"急救法。采用了这种方法,症状会减轻,患部很快会痊愈。如症状不减轻,48 小时后伤部仍然疼痛,应去找医生。医生会诊断是否骨折或重伤。休息——让受伤部位休息,避免不必要的移动,都可以恢复受伤的软组织,减少进一步的出血和肿胀。

冰敷——每隔 3 小时冰敷伤部 10 分钟。冰可以减轻疼痛,收缩血管,遏止肿胀和淤血。

紧压—绑上绷带有助于减少出血和肿痛。需要别人帮你打绷带。绷带应把伤部包好,但不要绑得太紧,以免血液无法流到受伤部位。最好使用纱布或弹性绷带。

抬高—抬高受伤部位(高过心脏较宜),减少出血和肿胀。同时有助于排除因受伤发炎而积聚的液体。

知识窗:"RICE"代表休息(Rest)、冰敷(Ice)、紧压(Compression)和抬起(Elevation)。

3. 软组织受伤后的康复运动

疼痛和红肿减轻,移动伤部不会使疼痛加剧时,便可以做一些轻微的运动。如伤部进一步好转,增大运动范围,增加重复次数以及运动时间。医生或理疗师会建议你做康复运动。其中有:

①恢复灵活性和柔韧性的伸展运动;

②恢复患部肌肉力量的增强运动;

③恢复平衡与协调的运动;

④恢复体能的健身运动。

4. 重新开始日常活动

重新开始日常活动能完成下列的测试,就可以恢复日常训练。

①伤部可自由移动而不引起疼痛或僵硬;

②伸拉周围肌肉而无痛感;

③平衡和协调恢复正常;

④做阻拦运动时不疼痛;

⑤运动时或运动后不疼痛、不僵硬、不红肿;

⑥受伤的原因已查出,再次发生的机会减少。

5. 了解运动损伤的治疗方法

①急救:受伤后,在 48 小时内采取恰当的急救方法可以减轻疼痛,缓解症状,加速恢复。对各种不同的软组织损伤,有一些简便而又有效的疗法。按摩治疗:物理疗法包括按摩。这种方法可消除肌肉痉挛,使血液流经受伤的肌肉组织。

②运动：在康复初期，运动可在水中进行，称之为水疗法。因为在水中可以减轻地心引力对患部的作用力，使各种动作容易操作，减少疼痛，成功率很高。有助于康复的运动还有被动运动，也就是理疗师推拿受伤的部位，或部分身体的自主运动。即使采取了正确的措施，运动损伤的完全康复还需要好几个星期。如果你的症状未见改善，且持续疼痛、触痛、僵硬或红肿，应去请教运动医学专家。也许你的伤需要特别治疗，如物理治疗、可的松注射或手术。

③物理疗法：物理疗法可以减轻疼痛，治愈伤处或发炎的组织，加快恢复。对许多运动损伤来说，光休息不是解决问题的办法。理疗师运用运动理疗综合疗法，使用热源、超声波或激光，可使你尽快康复。

④激光疗法：低密度的激光光束可以减轻疼痛、消炎或消肿，有助于治愈受伤的组织。它促进血液流通，减少前列腺素的产生。前列腺素是一种运动受伤后会引起疼痛和炎症的化学物质。使用前应先用消毒过的棉花清理皮肤表层的油脂，以增强激光的穿透力。然后把探针轻轻地放在受伤处，以便激光可以集中射入受伤部位。为了避免激光伤及眼部，应戴上护目镜。

⑤热处理：热水袋、远红外线灯、短波电热器及其任何形式的热源器都可以用来缓解肌肉痉挛，减轻疼痛，促进血液流过受伤部位。受伤之后两天才能使用该疗法，因为血管需要时间愈合，否则会加剧出血或红肿。

⑥超声波：电流通过一块晶体而产生的高频声波可用来治疗许多形式的运动损伤。通过消炎，促进血液循环，超声波可止痛、消肿，快速治愈患处。把乳胶涂抹在患处增强传导率，经常移动仪器以免过热烫伤皮肤。

⑦非类固醇药物：非类固醇消炎药经常用来治疗意外伤痛。临床研究表明，这类药物比其他的止痛药更能有效地减轻疼痛。非类固醇消炎药的代表是阿斯匹林和布洛芬。这类药可以阻止引起疼痛和炎症的前列腺素产生。由于一受伤就能产生前列腺素，服用越快，疗效越好。

⑧电波干扰处理：这种电疗法是通过两种电流触及受伤组织，用吸盘把两根或四根电极棒固定在皮肤上。两种电流互相产生的干扰可以缓解疼痛及肌肉痉挛。这种疗法可有助于消肿、消炎，促进血液循环，快速治愈患处。

⑨类固醇注射：受伤处炎症不消，疼痛不除，可能要注射可的松。注射前，皮肤表面应先消毒，局部麻醉。通常麻醉药和类固醇可以用同一个针筒注射。注射类固醇以后，至少需要休息两天，麻醉消退后，疼痛稍有增加。一般说来，类固醇要五天以后才能完全见效。然后须再补打一针。